包和平　王学艳　编著

北京图书馆出版社

图书在版编目(CIP)数据

中国传统文化名著展评/包和平,王学艳编著.—北京:北京图书馆出版社,2006.12

ISBN 978-7-5013-3422-3

Ⅰ.中… Ⅱ.①包…②王… Ⅲ.传统文化—著作—简介—中国 Ⅳ.G12

中国版本图书馆 CIP 数据核字(2006)第 163190 号

书名 中国传统文化名著展评

著者 包和平 王学艳编著

出版 北京图书馆出版社 (100034 北京西城区文津街 7 号)

发行 010-66139745 66151313 66175620 66126153
66174391(传真) 66126156(门市部)

E-mail cbs@nlc.gov.cn(投稿) btsfxb@nlc.gov.cn(邮购)

Website www.nlcpress.com

经销 新华书店

印刷 北京地质印刷厂

开本 880×1230 毫米 1/32

印张 11.5

版次 2006 年 12 月第 1 版 2006 年 12 月第 1 次印刷

印数 1-3000

书号 ISBN 978-7-5013-3422-3/K·1429

定价 24.00 元

前　言

一个人在接受教育的过程中，有两种精神是必不可少的，一个是民族精神，一个是时代精神。作为一个中国人，如果他能系统地博览中国传统文化名著，他就应该对民族精神有着深刻的理解和感悟，对于我们民族精神的精华部分，即使不能如数家珍，也应该是耳熟能详。比如说，对中国历史上重要的文化人物、历史人物、文学著作、著名篇章等应该非常了解，这应该是一个基本的要求，只有非常熟悉这些内容，才能培养起热爱祖国、热爱民族的情感，才能在坚实的传统文化基础上，与时俱进，开拓创新。

中国传统文化名著历史悠久，浩如烟海，它们传承着中国五千年的灿烂文明，凝聚着中华民族的勤劳与智慧。古代先贤按照经、史、子、集类分图书的体系组成了我国历史文献的主体，也构成了传统文化的重要组成部分。其中，经、子、集部书籍通过著述以传播著述者自己思想的功能比较显著，而史部书通过记录客观史实来传播知识方面的意向更显著一些。

经指儒家的经典，如《易》、《书》、《诗》、《礼》、《乐》、《春秋》等，它们列于四部书籍之首，是先秦时期人们认识天人关系、人与社会、人与自然的思想成果，实际引导乃至统帅着后世中国人的思想方法。经书只有十三部，字数不过六十五万字左右，但是后代学者注经释经的著述极其丰富，散佚的也比较多，现存者约有三千九百余部，近五万卷。范文澜在《中国通史简编》的首编中指出：“不了解经学和儒家派别，很难理解中国文化的重要部分。”

史部收集各种体裁的历史著作，流传至今的尚存五千余部，约十万卷左右。

子部书籍由先秦“九流十家”以来各思想学术流派的代表性著述为主体组成，现存约六千部左右。

集部书籍主要由历代文学家的总集、别集、文集等组成，是研究中国文学发生、发展和演变的重要史料，也是后人了解历代社会经济、政治、文化、民族等问题的重要依据，现存约有八千种左右。

依据四部分类法，本书共遴选了八十八部传统文化名著，其中经部图书十部；史部图书十二部；子部图书三十三部；集部图书三十三部。各部下的书籍按成书时间先后排列。这些书籍体例多样，内容涉及了哲学、宗教、经济、教育、地理、历史、文学、艺术、天文、科技等。除介绍每部著作作者的生平、写作背景外，重点介绍每部著作的思想内容及其在中国历史上的重要地位。除此以外，由于这些文献成书历史久远，考证、校注的版本较多，而且良莠不齐，本书将经过时间检验、专家考证并适合初学者阅读的优良版本推荐给了广大读者，使广大读者在涉猎这些名著时有所遵循，不致盲从或被误导。

中国传统文化博大精深、源远流长，它的弘扬需要全社会的共同关心和努力。笔者编写这本书，旨在为弘扬传统文化尽一点绵薄之力。希望青年学生尤其是大学生们，在浏览这些传统文化名著的展评中受到启发，挑选几种作为精读的对象，去粗取精、去伪存真，汲取丰厚的精神营养，从而养成自强不息、厚德载物的民族精神，培养海纳百川、兼收并蓄的恢宏气度。

由于笔者才疏学浅，专非所长，错误和疏漏之处在所难免，恳请广大读者和专家批评指正。

编　者

2005. 7

目 录

子　部

集　部

《周　易》

《周易》又称《易经》，简称《易》。相传此书是周代人写的，所以名为《周易》。《周易》分为《周易古经》和《周易大传》两大部分。《周易古经》有上下篇，由卦、爻两种图像和说明卦象的卦辞、说明爻的爻辞两种文字构成，共六十四卦，三百八十四爻，被视为中国古代最古老的一部卜筮占卦之书，但其中也含有一些哲学思想。《周易大传》共有十篇，所以又被称为《十翼》，是儒家学者对《易经》所作的各种解释。在先秦典籍中，《易传》是思想最深刻的一部书，是先秦辩证法思想发展的最高峰。

《周易古经》和《周易大传》到底是何时何人所作，历史上说法不一。相传伏羲画卦，文王作辞；马融、陆绩等说："文王作卦辞，周公作爻辞"；司马迁、班固说："孔子作传"，这就是"人更三圣，世历三古"（《汉书·艺文志》）。我们的认识是：《易经》卦爻辞是逐年编纂而成，当时的编辑者是谁，无法具体确定，姓氏早已失传。《易传》七十种十篇，作者是否一人，姓氏为何？虽已失传，然从其思想内容考察，可以推定乃出于战国或秦汉时期的儒家后学之手。

《周易》一书致广大而尽精微，在哲学方面，该书把万物之源归结为阴阳的相互作用，提出"刚柔相推，变在其中"的朴素辩证法观点，并包含有数学、天文、历法等多方面的科学内容，一部中国哲学发展史，从头到尾，不论是哪个朝代，哪个学派，都没有离开过《周易》。不管唯物主义还是唯心主义，它们的理论来源均在《周易》，所以我们着重介绍一下《周易》的哲学观。

1. 关于唯物主义观念。《易经》从自然界中，选取了八种事物作为说明世界上其他事物的根源。这八种自然物中，天地又是总根源，天地为父母，产生雷、火、风、泽、水、山六个子女。这就是一种十分朴素的万物生成的唯物主义观念。

2. 关于运动变化的观念。 变化发展的观念是贯穿在《易经》中的一个基本思想。《易经》中的“易”，就是讲变化的，即承认事物是发展变化的，例如：六十四卦中的第一卦《乾》卦，以龙为比喻，龙从“潜”到“现”，由“跃”到“飞”，象征着事物发展变化的过程。利用变易思想来观察事物发展，是一种唯物辩证的观念。其实，《易经》对每卦的每一爻都作出一般原则的说明。认为事物在刚开始时，变化的迹象还不显著，继续发展下去，变化就深刻化、剧烈化，发展到最后阶段，超过了它最适宜发展的阶段，于是就出现了相反的结果。事物本来是有前途的，超过了它的极限，反而没有前途了。现代人所谓“真理再往前走一步就是谬误”就是这个道理。《易经》善于从交感的角度观察万物的动静变化，并认为凡有动象、有交感之象的卦是吉利的，有希望的，因为它符合事物发展的规律。

3. 关于矛盾对立和转化的观念。在卦爻辞中反映自然界中矛盾对立的现象：明—晦，天—地，枯—华（荣），西南—东北，东邻—西邻。而且在卦爻辞中也反映了社会上矛盾对立的现象：大君—小人，小人—大人，夫—妻，父—母等。但对立的矛盾是可以相互转化的，也就是说，坎“陷”可以转化为盈满，土丘转化为平地，平的转化为不平的，往可以转化为来。这种矛盾的事物相互转化的观念，显然是人们在社会生活中，对于日月递照暑往寒来现象的观察和对殷周之际人事代谢的思考，显示了古代原始的辩证思想。

总之，这些最简单的命题，概括了变化的普遍性和永恒性，肯定了对立面的相互转化是事物最根本的规律，并深刻地说明了变化的根源即潜存于对立面的相互作用。这些朴素辩证法思想，在先秦哲学中以及对后世哲学思想的发展具有巨大的影响。

在历史方面，《周易》通过象征天、地、雷、风、水、火、山、泽等八卦形式，推测自然和人事的变化，记录上古社会政治、经济、军事、中医药等方面的情况，具有较高的史学价值。

在文学方面，在《周易》的诗文中，保存了不少名言、警句、成语和寓言式的故事。寓言是文学作品的一种体裁，结构大多简短，主题是借此喻彼，使得深奥的道理，从简单的故事中体现出来。《周易》的卦爻辞中有些具有寓言的特点，也提出了一些文学理论，后来刘勰在《文心雕龙》中大加引用和发挥，对后代影响较深。《周易》中成语极多，如“不速之客”、“匪夷所思”、“穷则思变”、“见仁见智”、“自强不息”等；警句如“见善则迁，有过则改”（《益·象辞》）、“二人同心，其利断金”（《系辞·上传》）等。这些成语和警句至今我们还在运用，仍然有它的生命力。《易经》中还保存了数量可观的民歌民谣，有些和《诗经》中的诗歌不相上下，有人甚至认为《易经》是“甲骨卜辞”至《诗经》间的桥梁，在诗歌发展史上占有重要地位。在其他方面，如化学、教育学、书法和绘画等方面，都可以看到《周易》思想在其中留下了很深的痕迹。

《周易》在中国文化中的地位和影响是极大的：《周易》为传统经学中的“六经”之一，班固《汉书·艺文志》“六艺略”将六经排序为：易、书、诗、礼、乐、春秋。唐陆德明称《易》为“六经之首”。汉代儒学上升为官方正统思想，儒家经典已经成为天下儒生必读之书。宋朱熹去六经中的乐经，合四书，称“四书五经”。《周易》生生不息的进取精神、有“天地然后有万物”的有序的宇宙图式构成了儒家思想的主干，形成了积极进取、乐观向上的文化精神。而《周易》又为道家之经典，老子和庄子的智能与易的智能何其相同，“安不忘危”的生活辩证法，以屈求伸的处世哲学，成为善处危世的失意人哲学，它们共同练就了中国人在逆境中求生存，善于自我心理调节的本事和坚韧不拔，吃苦耐劳经得起大灾大难的顽强性格。北京大学哲学系教授张岱年先生曾说：“我多年思考这一问题，认为中国文化的基本精神的集中表述是《易传》中的两句话，一句是‘自强不息’，一句是‘厚德载物’。所以我们要深入地认识中国传统文化，就不能不好好读一下《周易》。”

古往今来，为《周易》一书注释解说者不止千家，但大致上可以分为象数、义理、图书三派。“象”包含现象、符号两层意义。汉代《易》学基本上属象数派，多着重于文本的解释；宋代胡瑗、程颐借解释《周易》来论述道德义理，这属于义理派；宋代邵雍利用道教的先天图、后天图来解释《周易》，这属于图书派。其他注本还有三国魏王弼、晋韩康伯的《周易注》，唐孔颖达的《周易正义》，唐李鼎祚的《周易集解》和宋朱熹的《周易本义》，清焦循的“易学三书”等。高亨是当代著名学者，是今人研究《周易》最有成就的专家。他的《周易古经今注》写于1940年，解放后曾于1957年由中华书局出版，1984年出版了重订本。此书不用汉、宋人的旧注而自立新解，颇多创见。他的另一部著作《周易大传今注》也是对易学研究的一个重要贡献。尽管两书注解难免也有牵强之处，但却可以说是今人注《周易》的最权威的著作，非常适合我们阅读。

《诗 经》

《诗经》是我国第一部诗歌总集。它堪称我国诗歌传统的起点和源头，并以其伟大的文学成就彪炳史册。

《诗经》原名《诗》，或称"《诗》三百"，后世才称为《诗经》。它被列为儒家"六艺"之一。《诗经》存目三百一十一篇，其中有六篇有目而无辞，所以实有三百零五篇。《诗经》在当时是为配乐演唱的乐歌总集。

《诗经》主要献自公卿列士，有一部分来自于民间，又经过周王朝各代王官、乐师加工修订。由于流传较久，经过的人手较多，因而具有集体创作的性质。《史记·孔子世家》称"古者诗三千余篇，及至孔子，去其重，取可施于礼义"，定为"三百五篇"，这就是孔子"删诗"说，但据后人推算，这种说法不足为信。《诗经》的确切年代已难以一一考定，可大致论定作于西周初年至春秋中叶（前11世纪—前6世纪）约五百年间。

《诗经》按照《风》、《雅》、《颂》分类编排。《风》即"十五国风"，包括《周南》、《召南》、《邶风》、《鄘风》、《卫风》、《王风》、《郑风》、《齐风》、《魏风》、《唐风》、《秦风》、《陈风》、《桧风》、《曹风》、《豳风》，共一百六十篇。《雅》分为《小雅》、《大雅》，其中《小雅》七十四篇，《大雅》三十一篇，共一百零五篇。《颂》包括《周颂》三十一篇，《鲁颂》四篇，《商颂》五篇，共四十篇。

"风"指的是音乐曲调，《国风》即指诸侯所辖地域的乐曲。"雅"即"正"，又与"夏"通。周王畿一带原为夏人旧地，周人也自称夏人。王畿是政治、文化中心，其言称"正声"或"雅言"，即标准音。宫廷和贵族所享乐歌为正声、正乐，《雅》指相对于各地“土乐”而言的“正乐”。《小雅》、《大雅》之分，主要依据于音乐的不同和产生时代的远近。《颂》用于朝廷、宗庙祭神祀祖，它以诗、乐、舞合一的形式祈祷神明、赞颂王侯功德。因而，《颂》诗大多简短，音调缓慢，韵律欠规则，不分章，不叠句。对神和祖先的虔诚崇拜，反映了奴隶制社会神权和王权的至上地位。《颂》在当时最受尊崇，但从文学角度看，价值远不如《风》和《雅》。从创作时间来看，《周颂》最早，主要为周初之作，《鲁颂》较晚，是春秋时鲁国的宗庙祭乐，《商颂》是春秋殷商后裔宋国的庙堂乐歌，而不是商诗。

《诗经》具有鲜明的地域特征。“十五国风”，其名称大多表明了产生的地域。《诗经》产生的地域非常广，以黄河流域为中心，向南扩展到江汉流域，延及当时中国的大部。

《诗经》里的诗都可以入乐供演奏歌唱，又可以藉诗言志、美刺、观俗，在春秋时广及诸侯政治、外交和社会生活的祭祀、朝聘、婚礼、宾宴等各种典礼仪式。孔子认为诗有“兴”、“观”、“群”、“怨”的作用，这概括了《诗》的感染、认识、教育和讽刺作用。春秋时政治、外交场合公卿大夫“赋诗言志”比较盛行，赋诗者借用现成的诗句断章取义，暗示自己的情志。公卿大夫交谈时也常引用某些诗句。这扩大了《诗》的应用范围，后发展为战国的“著述引诗”，对后世产生了较大的影响。

《诗经》的思想内容非常广泛。它们从各个方面反映了当时的社会生活，对于周人的建国经过、周初的经济制度和生产情况，以及某些重大的政治历史事件，都有直接或间接的反映；对于人民所遭受的痛苦、西周后期以迄春秋的政治混乱局面、统治者的残暴和丑恶行为，揭露得尤为深刻。具体说来，可以分成周民族的史诗、颂歌、怨刺诗、婚恋诗、农事诗和征役诗这几类。

周民族的史诗主要保存在《小雅》中，共有五首，记述了从周始祖后稷诞生到武王灭商的一些传说和英雄史迹。它以粗线条较完整地勾画出周族发祥、创业、建国、兴盛的光辉历史。因为远古传世的史诗极少，所以这组诗显得格外珍贵。其中有对战争场面绘声绘色的描述，对军阵、军容、战车、战马都作了描写。描绘战争时既有整体的鸟瞰，又有局部的特写，写出了雄伟壮观、惊天动地的大战场面。

《诗经》还开创了古诗的“美刺”传统，诗歌这种鲜明的功利性和实用性主要体现在颂歌和怨刺诗中。其中庙堂或宫廷乐歌大多为歌功颂德而作，出自乐官或公卿列士之手。这类颂歌在《颂》诗中保存最多，在《雅》诗中也有一部分。它们有的颂帝王歌天命，有的颂战功扬王威，有的则属颂宴饮赞嘉宾。这一类诗比较直接地反映了王公贵族恣意享乐的生活，具有一定的认识意义。与颂歌异调的是怨刺诗，这类诗主要在《雅》诗和《国风》中，前人称之为“变风”、“变雅”。《雅》诗中的怨刺诗大多是公卿列士的讽喻劝诫之作。有的借古讽今，有的针砭时弊，指斥昏君，有的斥责奸佞。《国风》中的怨刺诗更多的是对统治阶级种种无耻丑行的揭露和嘲讽。在讽刺中蕴含着深沉的怨愤，反映了广大下层民众正直的人格和高尚的情操，抒发了他们不平的心声。比起《雅》诗中的怨刺诗，《国风》中的怨刺诗内容更深广，怨愤更强烈，讽刺也更尖刻，具有更激烈的批判精神。这些怨刺诗在文学史上闪耀着特殊的思想光辉。

《诗》三百，精华在《国风》，而《国风》中又以婚恋诗最为精彩。婚恋诗是指以恋爱、婚姻为主题的诗歌。这类诗中包括情歌，体现了男女之间炽热的情感。另有一些恋歌则表现了青年男女对礼法压迫的反抗及其内心的创伤。“弃妇诗”也是婚恋诗中的一部分，这类诗最能反映社会问题。《国风》中的许多“弃妇诗”，真实地再现了在有中国特点的宗法制度下，处于社会最底层的劳动妇女受压迫、受凌辱，以至被遗弃的悲惨命运。

农事诗在《雅》、《颂》和《风》中都有，而最杰出的作品，当推《风·豳风·七月》。这是一首饱含血泪的奴隶之歌，充分揭示了奴隶们内心的悲苦和哀伤，真实而生动地展现了一幅古代奴隶社会的生活图画。

征役诗的主题是怨兵役之苦，抒怀乡之情，忧父母失养，思远方亲人，也有一些反映爱国思想的诗篇。这些诗歌，或慷慨激昂，或委婉沉郁，格调虽然不同，但都展现了高尚的心灵和威武的气概。

在艺术上，《诗经》由于作者不一，内容各异，因而艺术风格不尽一致。如《雅》和《颂》中的一些庙堂和宫廷乐歌，呆板无生气，艺术上没有多少值得称道之处。但《风》和《小雅》中的优秀诗篇，则具有鲜明的艺术特色。主要体现在以下四个方面：

1. 直抒胸臆的特色。无论是反映社会生活的婚恋诗、农事诗，还是积极干预时政的怨刺诗，抒写民间疾苦的征役诗，无不直面人生，表达真情实感，不作无病呻吟。真实、真率是这类诗歌反映现实生活、抒发情感的重要特征。

2. 赋、比、兴的手法。这三种表现手法，是《诗经》的基本艺术技巧。对于赋、比、兴的含义，人们侧重不同，解释大同小异。简而言之：赋即铺陈直叙，比即比喻，兴即起兴。《诗经》根据不同内容的需要，分别采用不同的手法。其中，赋是最基本、最常用的表现手法，比、兴运用也很广泛。三者相对独立，各有特点，但又交互使用，互为补充。

3. 讲究声律节奏的语言。《诗经》的语言是经过加工提炼的书面语，同时，又因都是入乐之作，其用语特点，多与入乐有关。《诗经》的句式以四言为主，节奏为每拍二句。这种四言二拍的形式，也是为适应当时入乐的需要。当然，为适应内容表达和感情抒发的需要，有时也变换句型。并能恰当运用比喻、对偶、夸张、排比、层递等多种修辞手法。用韵讲究从容、婉转和自然。《诗经》语言朴素优美，节奏鲜明，韵律和谐。写景抒情都富于艺术感染力。

4. 联章复沓、回环往复的特点。这也同《诗》皆入乐有关。《诗经》中的诗歌大都采取围绕同一旋律反复咏唱的形式。一首诗分为若干章，各章字、句大体整齐划一，仅改变其中少数词语，以适应反复咏唱的需要。这种形式也体现了民歌的艺术特征。

《诗经》作为中国文学史上的一座丰碑，奠定了我国古代诗歌的优良传统，哺育了一代又一代的诗人。对后代文学有着深远的影响。

《尚　书》

《尚书》是我国古代最早的一部历史文献，它收录了春秋以前历代史官所收藏的政府重要文件和政治论文。《尚书》是研究我国古代历史、文学、哲学不可缺少的重要文献。同时，它又是我国儒家经典之一，对封建社会的各个方面产生了极其深刻的影响，以下我们就从著作真伪，政治思想和文学价值三个方面来介绍一下《尚书》。

1．著作真伪。《尚书》由于成书时代久远，所以它的著作权和真伪问题一直是学者们争论的焦点。大约在先秦时代《尚书》已有了定本，但这部书究竟是什么人在何时所作，一直难以考证。汉代的学者大多认为《尚书》是孔子编纂的，但这个说法自宋代以来就受到了怀疑，两种相反的意见一直争论到清朝末年，现在也没有得到解决。《尚书》在汉代形成了两种版本，一种是今文，一种是古文。对于这两种版本的研究就分成了两大派：一派是今文学派，一派是古文学派。研究《尚书》首先必须弄清楚今文和古文的区别和真伪。

今文《尚书》是汉代伏生所传。据《史记·儒林传》记载，伏生是济南人，曾经在秦始皇时担任过博士。秦始皇焚书的时候，伏生曾经把《尚书》暗中保护在墙壁中，由于战乱，伏生一度流亡在外。汉朝建立后，伏生回来搜求原来暗藏在壁中的《尚书》，丢失了数十篇，只剩下二十八篇。伏生便以这二十八篇《尚书》作教材，在齐鲁之间教授门徒。汉文帝听说伏生能治《尚书》，便打算召见他。但这时伏生已经九十多岁了，无法行动。汉文帝只好派晁错去济南跟伏生学习《尚书》。由于这部《尚书》是用汉代通行的文字写成，所以这部《尚书》被称作今文《尚书》。古文《尚书》是相传为孔安国所献的。据记载，汉代鲁恭王为修建自己的宫殿而毁坏了孔子的住宅，在推倒的墙壁中发现了古文《尚书》，有《礼》三十九篇，《书》十六篇，后来孔安国把这些书献了出来。

在汉代，今文学派和古文学派的斗争是非常尖锐的。从表面上看，今文和古文的区别在文字，用汉代通行文字写经书，传授这种经书及其学说的称为今文学派；用战国时文字写经书，传授这种经书及其学说的称为古文学派。从实质上看，却不仅仅是这样。今文在汉代，特别是西汉时代，受政府支持属于官学；古文则是“在野巨儒”的私学。一般说来，在解经时，今文学派注重“微言大义”，而古文学派则注重文字训诂；今文学派竭力把经书和神学迷信相联系，古文学派虽然还未完全摆脱神学迷信的羁绊，但却竭力把经学和神学区别开来而表现出一种唯物主义倾向。所以，总的来看，古文学派比今文学派要进步一些。但是，后来经过历代的学者考订，确定古文《尚书》是东晋梅颐伪造，所以我们对于《尚书》思想内容的探讨，当然也只限于今文。

2. 政治思想。今文《尚书》二十八篇从时代的角度区分共有《虞书》二篇、《夏书》二篇、《商书》五篇、《周书》十九篇。这二十八篇文章，涉及原始社会末期、奴隶社会中夏商两个朝代，还有春秋之前的周王朝的政治历史，范围相当广泛。尤其是《尚书》与政治的联系更加密切。因为，统治者为了维护统治，非常注意总结历代统治经验，《尚书》就是应这种需要产生的。

奴隶社会的“政治”是神权政治。考察神权政治演变过程，是研究《尚书》内容的重要方面。从《尚书》的记载来看，神权政治基本上可以分为两个阶段。商以前是第一阶段，商以后是第二阶段。

在《尚书》中，属于商代以前的一共有九篇，其中虞夏四篇，商代五篇。虞夏四篇，显然属于后人的追记或假托之作，不能把它当作真正的历史。商代的五篇基本上是真的，从这五篇的记载可以看出，当时神权政治是相当权威的。如《汤誓》中有“夏氏有罪，予畏上帝，不敢不正，这是商朝的开国之君汤讨伐夏朝的讲话，汤在这里认为夏朝有罪，得罪了上帝，所以他不敢不讨伐夏。这样，这场王朝战争成了神的旨意，就得到了神的庇护，其他还有“有夏多罪，天命殛之”（《汤誓》），“先王有服，恪谨天命”（《盘庚》）。这里的“天”和“上帝”便是宇宙的最高主宰，天子是代天行令的人，所以不但一般人要绝对服从上帝的命令，就是天子也要服从上帝的命令，他是代表上帝来行使征讨和赏罚的。这就是神权政治的基本内容。通过这种神权政治，奴隶主阶级把自己的统治加以神化，把自己的意志解释为上帝的命令，以便随心所欲地剥削压迫奴隶，并使奴隶心甘情愿地屈服于这种剥削和压迫。这就是神权的实质。

但是，殷商王朝的被推翻，给宗教神学带来了危机。尽管殷纣王宣布他是“有命在天”，但是殷王朝还是被推翻了。这样宗教神学便失去了它的权威性。同时在殷末周初的社会大动乱中，周朝统治者逐渐认识到人民的力量，认识到像过去那样为所欲为地压迫剥削劳动人民是行不通的。基于这种认识，周初统治者对传统的宗教神学作出了修正。这样，便开始了神学的第二个阶段。周初统治者对神学加以修正的重要标志，就是提出了“德”。这个“德”不但跟“天”有联系，跟“民”也有联系。“德”是上天意志的体现，只有推行“德”政，上帝才不会断绝天子的大命，并使他永保大命。同时也只有推行“德”政，才能获得“民”的拥护，因而后人把这种思想归纳为“敬德保民”或“敬天保民”。这种“敬德保民”的思想在《尚书》中占有极其重要的地位，周书十九篇，从不同的角度，反复强调了这一点。但是，周初统治者并没有把自己的统治完全建立在“德”的基础上，除了“德”之外，周初统治者还提出了“罚”，并且把“德”和“罚”结合在一起，叫做“明德慎罚”，虽然说是“慎罚”，但从《尚书》的记载上看，这种罚也是十分严厉的。

总的来说，《尚书》中的“敬天保民”思想，对后代影响很大。《左传》的“民本”思想，就是在《尚书》的基础上发展起来的。《尚书》中的“明德慎罚”思想对后代影响也很大。后代统治者的“恩威兼施”、“宽猛相济”的思想也是在《尚书》的基础上发展起来的。因此，深入研究《尚书》对于明了我国封建社会统治方式具有重大的意义。

3．文学价值。从文章体裁来讲，《尚书》属于散文，这些散文，最为古老，它的风格不但与秦汉以后的散文有很大差别，就是和秦汉以前的散文，如《左传》和《国语》等书也有很大的差别。因此这些古老散文在写法上的特点具有非常重要的文学价值。

首先是佶屈聱牙的语言特点。《尚书》由于时代久远，很多语音语义多与后来差别很大，而且《尚书》很少或不用“也”、“乎”、“哉”这样的文言虚词，所以读起来非常拗口。它代表了在《国语》、《左传》以前书面语言发展的重要阶段。

其次，运用比喻说理。《尚书》的有些篇章已经注意运用比喻来说明道理。比如《盘庚》中，盘庚说服臣民迁都时，把旧都比作“颠木”，把新都比作“由櫱”（仆倒及砍伐的树木冒出的新芽）；把散布流言所起的影响之大，比作燎原之火；把不听告诫而造成的危险，比作乘船不愿渡过河而坐待船的朽烂。这些比喻都十分恰当，不仅把抽象的道理说的很形象，而且读起来亲切感人，能够收到较强的艺术效果。

再次，《尚书》在记叙人物的语言时，尽量通过描摹把人物谈话时的口气、感情表达出来。如《盘庚》中写盘庚的训话，《周诰》中写周公的训话，都给人以如闻其声，如见其人的感觉，这些写法都对后代影响很大。

关于《尚书》的注疏版本有清代阎若璩的《古文尚书疏证》、清代孙星衍的《尚书今古文注疏》值得参考。总之，《尚书》不但在我国思想史上，也在我国散文的发展史上占有一定的地位，它为春秋以后散文的发展奠定了基础。

《论 语》

《论语》是反映孔子思想的一部书，孔子是生活在两千五百多年以前的人，为了更好地了解《论语》，我们先来介绍一下孔子的生活年代和他的生活经历。孔子（前551-前479年）名丘，字仲尼，春秋鲁国人，生于鲁国昌平乡陬邑（在今山东曲阜东南）。祖先原为宋国奴隶主贵族，因在统治集团内部斗争中失势，移居鲁国，父叔梁纥做过陬邑小吏。孔子三岁丧父，孤儿寡母，生活十分贫困，长大后曾做管仓库和管放牧的小吏；三十岁时开始收徒办学；五十一岁时曾在鲁国做官，一年之内连升三级；但因为与当权者的思想和利益不合，很快就被罢官。以后他周游列国，到过卫、曹、宋、陈、蔡等国，一边办学，一边向各国君主宣传自己的主张，但都没有得到采纳。他一生的主要活动就是教育，他是中国第一个开办私学的人。在此以前，中国的教育都是由王室、官府掌握，没有民间的私学。到了春秋时期，王室衰落了，诸侯国强大起来；诸侯国又互相争夺、兼并，有的壮大，有的灭亡。原来王室和官府里掌握文化知识的人，有的就流散到民间，于是开始有了私学。这是当时社会文化发展中的一个大变化。孔子就在这样的背景创办起了第一所私学。他的弟子，据古代文献记载，说有三千之多，现在从古籍上可以查到姓名的有七十余人。他的弟子有的从政当官，有的收徒讲学，传播孔子的思想，这样逐渐形成了一个儒家学派。战国时期，儒家学派成为“显学”，但它只是一个民间的学派，没有为当权者所接受。在社会剧烈动荡、变革的情况下，儒家学说被认为是不合时宜的，所以孔子一直很不得志。孔子和他的学生经过十四年的艰苦奔波，最终还是在年近七十岁时返回了鲁国，于是他便开始集中精力传授知识、整理古籍，直到七十三岁去世。

《论语》之“论”是论次编纂之意，“语”即孔子及其弟子的言语。这部书是由孔子的弟子及其再传弟子编成的，它以语录体的形式主要记载了孔子与弟子讨论问题时的言论，也有一些关于孔子日常行为方面的记录和孔子弟子的言论。全书没有严密的体系，共有四百多章，分成二十篇；各篇没有中心内容，只是以这一篇第一章的头两个字作篇名。比如第一篇，因为第一章的第一句是：“子曰：学而时习之……”所以篇名就定为“学而”，这个篇名与内容之间完全没有关系，因此，我们没法从书的目录了解其大致内容。《论语》全书只有一万六千五百余字，内容却极为丰富，是儒家最重要的经典，也是后人了解孔子思想的最基本的一本书。其所体现的孔子思想学说大致可以概括为如下方面：

1. 以“仁”为核心的政治伦理思想。孔子思想的核心是“仁”，“仁”的基本含义是仁爱，“仁”即“爱人”，具体来说，就是“己所不欲，勿施于人”，“己欲立而立人，己欲达而达人”，“仁”的最高境界是“博施于民，而能济众”。“仁”不仅指主观的道德修养，也指客观的伦理教化，即按照周礼所规定的秩序，调整统治阶级的内部矛盾，维护“君君臣臣父父子子”的等级制度的和谐状态。孔子认为，执行“仁”必须以“礼”为规范，“礼”指统治阶级规定的秩序，包含政治制度、道德规范等内容。“仁”与“礼”互为表里，“仁”是目的，“礼”是实现“仁”的保证，在孔子看来，通过“克己复礼”便可以使“天下归仁”。“仁”是道德的最高标准，孔子大力提倡以“仁”为核心的伦理道德，宣扬“以德为政”，只有做到了“仁”，才能最好地处理人与人之间的关系，使社会安定，国家由乱变治。在汉代进入巩固发展的封建社会以后，他的政治伦理学说深为历代统治者所尊崇。

2. 哲学思想。孔子虽然相信天命，承认有鬼神，但在社会实践中却始终强调人的主观努力，注重人事，“子不语怪力乱神”。

他认为“未知生，焉知死”，“未能事人，焉能事鬼”，对鬼的迷信程度不像殷人那么深，多少含有唯物论的成分。不过孔子仍是宿命论和有神论者，他的哲学思想基本上属于唯心主义的范畴。在他看来，天仍然是自然与社会的最高主宰，天命不可抗拒，所以君子“畏天命”，孔子所讲的天是有意志有人格的神，而非自然的天。《论语》中还反映出孔子的一个重要的哲学思想——中庸。中庸就是以中为用的意思，其哲学意义即折中、平衡。孔子的中庸思想包含着丰富的辩证的观点，如“乐而不淫，哀而不伤”，“温而厉，威而不猛，恭而安”等，而且孔子在强调折中的同时又强调权变，并不拘泥顽固，如“无适无莫，无可无不可”。

3. 教育思想。孔子是中国第一位伟大的教育家，在丰富的教学实践中，孔子建立了系统的教育理论，总结出不少可贵的经验和行之有效的教学方法。他主张有教无类，并亲自实行“自行束修以上，吾未曾无诲焉”；主张以德为先，全面发展，“志于道，据于德，依于仁，游于艺”；在教学方法上，他贯彻因材施教的原则，教学有明确的针对性，根据不同人的不同个性，甚至根据一个人在不同场合不同时间的具体表现，进行恰如其分的教育。他循循善诱，运用启发式的教学方法，“不愤不启，不悱不发”；他强调辩证地对待学与思的关系，在《为政》篇中说：“学而不思则罔，思而不学则殆”，把学习与思考统一起来。同时，他重视实践，提倡学以致用，《学而》篇曰：“学而时习之，不亦说乎！”他所讲的“习”，有温习复习和实习实践两种含义。这样，就使孔子的治学思想有了一条比较正确的认识路线和一套行之有效的教学学习方法。

4. 文艺思想。孔子不仅是先秦诸子中最重视文艺的人，也是中国美学史、文学批评史上最早对文艺进行系统论述的理论家。对文学艺术的衡量标准，他提出了文质说，主张文与质，形式与内容相统一，《雍也》篇中明确提出：“质胜文则野，文胜质则史，文质彬彬，然后君子。”与文质说相联系，他还提出“善美”

说，主张文艺作品应当尽善尽美，高度的思想性与完美的艺术性相结合。在文艺作品的社会作用方面，他提出了兴观群怨说，“诗可以兴，可以观，可以群，可以怨。迩之事父，远之事君；多识于鸟兽草木之名。”其中注重文艺的政治和教化作用，可算是中国最早的文艺评论，对后代文学尤其是诗歌的发展和文学批评都有很大的影响。

《论语》是一部优秀的语录体散文集，除了内容以外，它的艺术特色也相当突出，对后代散文的发展有着深远的影响。一方面，它语言简练形象、雍容和顺、意味深长，有高度的概括力和精深的哲理性，字里行间闪烁着智慧的光芒，具有经久不衰的艺术魅力。另一方面，它还善于通过神情语态的描写展示人物形象，如孔子思想深沉、学识渊博、循循善诱、不忧不惧的哲人风度；子路的直率、鲁莽、刚烈；颜渊的安贫乐道、温雅贤良等，都刻画得鲜明生动，具体传神，具有非同一般的感染力。

《论语》中孔子以“仁”为核心的思想的基本范畴和基本概念，涉及人类社会的政治、经济、伦理道德、科学技术、教育和哲学等多门学科。在中华民族的思想和文化发展史上，影响最大，时间最长，程度最广最深。中国历史悠久的灿烂文化、中国在世界上被誉为“文明古国”和“礼仪之邦”都与孔子思想分不开。中华民族宽厚宏廓的伟大气派，扶颠持危、当仁不让、见义勇为的崇高风格，可以说主要源于孔子思想。《论语》也被翻译成了多种语言，在世界上受到了越来越广泛的称道。

《论语》的版本，在西汉时有三种：《鲁论语》、《齐论语》和《古论语》。今通行的有清康熙年间内府刻本、《十三经经文》本等。较好的注本有：三国魏何晏的《论语集解》、南朝梁皇侃《论语义疏》、宋朱熹《论语集注》、清刘宝楠《论语正义》、近人程树德《论语集释》、杨树达《论语疏证》等。中华书局 1980 年出版的近人杨伯峻的《论语译注》，是为了帮助一般读者正确阅读《论语》原文而著的，初读《论语》从此入手较好。

《礼　记》

《礼记》又称《小戴记》、《小戴礼记》，可能是孔子弟子及其再传、三传弟子等所记，编纂者是西汉今文经学家戴圣。

《礼记》是战国至秦汉间讲礼文章的选集，为十三经之一，是儒家经典著作。与《礼记》共同列入十三经的还有两部礼书，即《周礼》和《仪礼》。这三部著作合称“三礼”。《诗》、《书》、《礼》、《乐》、《易》、《春秋》“六经”之名，始见于《庄子·天运》。其中，《礼》经大概指的是《礼古经》。西汉时立于学官的“五经”中的《礼》是指《仪礼》十七篇而言。《礼记》只是关于《礼》的“记”。清代邵懿辰《礼记通论》说：“《礼》之有记，犹《易》之有十翼，《春秋》之有三传，虽各自为篇，实相比附。”《礼记》是解释、说明《礼》的，而非经本身。自从东汉学者郑玄为《礼记》作注后，其地位逐渐上升，到唐代，已与《周礼》、《仪礼》并列进入“九经”之中了。

西汉初河间献王共得到关于礼学的著作一百三十一篇。西汉末，刘向考校整理经籍，共检得二百一十四篇，戴德删去其中重复的部分，辑为八十五篇，这就是《大戴礼记》，戴圣又将《大戴礼记》加以删节，整理为四十六篇，这就是《小戴礼记》。东汉末年，马融传《小戴礼记》又增补了《月令》、《明堂位》、《乐记》三篇，共十二卷，四十九篇，这是我们今天看到的《礼记》。

关于《礼记》各篇的作者，一般认为《中庸》是孔子的孙子孔伋所作，《缁衣》为公孙龙子所作，《月令》为吕不韦所作，《王制》为汉文帝时的博士所作。其他已不可考。

夏商两代都已经有了各自的礼。到周代，为了限制诸侯僭越，以下犯上，更制定了从典章制度到风俗习惯的详细礼法。《礼记》是关于礼的论文集，所以它的内容很庞杂，包括礼制的内容、礼制产生和变迁的历史、礼论等。

礼可以划分为吉礼、凶礼、军礼、宾礼、嘉礼五类，称为五礼。

吉礼，就是祭祀的典礼。因为祭祀是“国之大事”，所以吉礼为五礼之首。对上帝、日月星辰、社稷、五岳、山林川泽以及四方百物的祀典，都属于吉礼。

凶礼，一般指丧葬，还包括对天灾人祸的哀悼等。

军礼，主要指战事，包括校阅、出师、乞师、致师、献捷、献俘等。还包括一些需要动员大量人力的活动，如建造城邑、田猎等。古代大规模的狩猎是依军事组织进行的，实际上也就是军事训练和演习，所以也包括在军礼的范围内。

宾礼，指诸侯对天子的朝觐，各诸侯之间的聘问和会盟等。

嘉礼，包括冠礼、婚礼、投壶礼、射礼、乡饮酒礼、立储等。

所以，礼不仅是社会生活中的各种规定和仪式，更主要的还是政治法律制度。正如章太炎《检论》所说：“礼者，法度之通名，大则管制、刑罚、仪式是也。”

关于礼的起源和变迁，《礼运》一篇作了概括的描述：“夫礼之初，始诸饮食，其燔黍捭豚，污尊而抔饮，蒉桴而土鼓，犹若可以致其敬于鬼神。”认为礼起源于远古原始社会的祭祀活动，大体上是不错的。《礼运》提出历史上有过“天下为公”的“大同”时代，“大道之行也，天下为公，选贤与能，讲信修睦。故人不独亲其亲，不独子其子，使老有所终，壮有所用，幼有所长，寡、孤独、废疾者皆有所养，男有分，女有归。货恶其弃于地也，不必藏于己；力恶其不出于身也，不必为己。是故谋闭而不兴，盗窃乱贼而不作，故外户而不闭，是谓‘大同’。”进入阶级社会后，“大道既隐”，私有制、君主世袭制、人与人之间的矛盾战争产生了，礼成为上层建筑的一部分。它规定了统治阶级和被统治阶级的严格区分，规定了社会各个等级的尊卑贵贱，成为维护当时社会等级的有力工具。

下面说一下《礼记》中《礼运》、《乐记》、《中庸》、《大学》等篇体现儒家鲜明思想的内容。

《礼运》的作者认为，“人情”是“喜、怒、哀、惧、爱、恶、欲”，应以“人义”来治七情，使君子小人各得其所。礼还是道德修养和各种人伦关系的基础。从自身的道德修养开始，修身、齐家，进而治国、平天下。按照礼的规定，便能处理好夫妇、父子、兄弟、君臣、朋友五种关系，人人都依礼的规定去做，便不会犯上作乱，天下也就太平了。《礼运》记载孔子论礼的话：“夫礼，先王以承天之道，以治人之情，故失之者死，得之者生。……是故夫礼必本于天，殽于地，列于鬼神，达于丧、祭、射、御、冠、昏、朝、聘，故圣人以礼示之，故天下国家可得而正也。”充分表达了古代统治阶级对礼的极端重视。

“治人情”还要用“乐”。《乐记》说：“凡音之起，由人心生也；人心之动，物使之然也。感于物而动，故形于声。声相应，故生变。变成方，谓之音。比音而乐之，及干、戚、羽、旄，谓之乐。乐者，音之所由生也，其本在人心之感于物也。”外物感动人心，产生感情。感情形于声，声有变化，成为音；把音调谐和起来，形成歌咏，再加上盾、斧、羽、旄的动作配合，就是乐。音乐既然表现感情，声调就随感情而变，所以音乐反映世情。乐利用声的大小清浊不同互相调配，构成“和”，它作为上层建筑可以达到天下皆宁的目的。

中庸是儒家讲人性修养的一种境界——“和而不流”、“中立不倚”，既不太过，也不不及的境界。这样才能有完善的人性，即成为有德之人，从而达到“君惠臣忠”、“父慈子孝”、“夫义妇顺”、“兄友弟恭”、“朋友有信”的五“达道”，以及“智”、“仁”、“勇”三达德。还有一种常人难以做到的道，需要“修身”来达到，这样才能治国平天下。这样做的目的是达到社会的“和”。《中庸》里反映了辩证法的思想，有关于对立面和发展变化的观念。

《大学》中提出三纲领——明德、亲民、止至善，八条目——格物、致知、诚意、正心、修身、齐家、治国、平天下。也可以说这都是“修身”的内容。“格物”、“致知”、“诚意”、“正心”是修身的方法，是明德。“齐家”、“治国”、“平天下”是修身的功用。修身达到最完全的程度就是“至善”。格物指的是知识方面，人应把格物和修身结合起来，为修身而求知识。这样就把个人与社会结合起来，表现了儒家的入世思想。

礼对中国古代社会和文化有非常重要的意义。我们研究古代社会，要了解其等级和阶级的构成，研究古代的典章制度，要把握其原则和精神，理解我国传统文化，尤其是儒家文化，《礼记》是一部重要著作。

《孟　子》

孟子（约前372—前289），名轲，字子舆。邹（今山东邹县东南）人。战国时期思想家、政治家、教育家。他是继孔子之后的又一位儒学大师。后世多以他与孔子并称“孔孟”，将儒学形象化地称作“孔孟之道”。战国时，“思孟学派”不过是儒学一派。唐韩愈倡“道统说”，扬孟抑荀，才定孟子为孔子之道的唯一继承者。此后，孟子被历代封建统治者奉为孔门儒学正宗，有“亚圣”之称。

孟子所处的战国时代正是我国古代一个大动荡大变革的时期。一方面，社会生产力进一步发展，但适应生产力发展需要的相对稳定的政治局面却尚未出现。这时不仅周天子徒具虚名，各国诸侯也渐为各国大夫所架空，不论是新兴的地主阶级，还是被压迫被剥削的农民和小生产者，都希望结束这种诸侯大夫割据的局面，建立一个统一的、中央集权的封建帝国。另一方面，社会纷争，统治秩序松弛，此时的文化、学术思想却得到了繁荣发展，形成了“百家争鸣”的局面，各种学术流派风起云涌，互相之间既大加批驳、挞伐，又相互吸收、融汇。孟子正是在这种社会、文化背景下站出来，作为儒家继承人，忠实地为维护儒家地位而与其他流派展开争鸣。同时，他又受到时代影响，对儒家有所变革和发展。

孟子受业于子思门人，曾游说齐、宋、滕、魏诸国。因政治主张被时人视为迂阔而不见用，晚年退而与弟子万章、公孙丑等著书立说，作《孟子》一书。司马迁《史记》有“轲退而与万章之徒序《诗》、《书》，述仲尼之意，作《孟子》七篇”一段话，一方面指出《孟子》一书共有七篇，另一方面也可以看出，《孟子》是由孟子本人和他的学生万章等人共同完成的，但主要作者还是孟轲自己，而且基本的思想是他在生前完成的。《孟子》一书共有三万五千字，主要有两方面的内容：一方面是道德观，另一方面是政治观。《孟子》将这两方面的内容结合起来，形成了中国古代最有影响的一种政治观——儒家的伦理政治观，也叫做道德政治观。下面我们从伦理观和政治观两方面对《孟子》加以介绍。

1. 伦理观。首先“性善论”是孟子思想的基础和出发点。关于人性问题，是战国时期诸子百家争论的热点之一。在当时关于此问题的看法有三种：一种是认为“性无善无不善”，即“食色，性也”；一种认为“性可以为善，可以为不善”；还有一种认为“有性善，有性不善”。孟子否定了以上的三种观点，提出自己的“性善论”。孟子认为人性至善，并说“人无不善，水无不下”《告子·上》，性善来源于人的四种本心，第一种是恻隐之心，即爱心。他举出一例：人看到小孩要掉到井里去时，会产生怜悯之情，而牛羊则没有这种感情。这种天赋的道德因素只有人才有。第二种是羞恶之心，知道羞耻。第三种是辞让之心，指人应懂得谦让。第四种是是非之心。由此“四心”就派生出仁、义、礼、智四种道德。将恻隐之心这种天赋道德因素加以扩充发挥出来就形成了“仁”；将羞恶之心发挥出来便是“义”；有辞让之心就应知道人服从礼仪规则；有是非之心就会将真假是非区分开来，就有了智慧。他认为这四种本心与生俱来，就像人生来都有四肢一样，人人都是相同的，但之所以有的人不能成为善人，并不是其人性本质有差别，只在于他不去努力培养、扩充这些本心而已。因此，人性虽有善的本性，也需要不断培养。

孟子“性善论”应用于社会的一个重要内容，即是由此而建立起来的社会伦理关系，这就是他的仁义观。仁，即性善的意思，这是一个人性情的基础，孟子反复提到“仁”，称“仁者爱人”、

“仁者无敌”、“仁也者，人也”（《尽心·下》）等等。仁与义的区别，在于仁是从自我的人格修养角度讲的，而义则是从对待他人的态度上讲的。孟子的“仁”和墨子的“兼爱”虽然在本质上有相通之处，但孟子却对墨子的“兼爱”大加贬斥，因为孟子认为“兼爱”所提倡的爱无差等，有违孝悌之道，“是禽兽也”。从中可以看出，孟子的“仁”是时时刻刻和现实社会，和他所提倡的“礼”、“乐”相融合而存在的，仁义礼乐应当构成一个完整不可分割的伦理思想体系。

在性善论、仁义观方面，孟子不同于前代和同时代其他儒家的一个重要内容就是对人的重视，极力高扬个体人格之美。他充分肯定了个体人的主体地位，指出“天下之本在国，国之本在家，家之本在身。”由这种独立人格出发，孟子就极力肯定一种自强不息、勇于进取、敢为天下先的人性，推崇战胜苦难终有所为的人生，“天将降大任于斯人也，必先苦其心志，劳其筋骨，饿其体肤，空乏其身。”孟子十分注重自我人格道德的修养，“我善养我浩然之气”，这种至大至刚的浩然正气，具体表现为崇高的气节、志向和人格，认为“富贵不能淫，贫贱不能移，威武不能屈”，才能算得上大丈夫。这些耀眼的思想光芒，不但是孟轲思想的精华，也是中华民族优秀品格的生动体现，作为一种民族精神，它具有巨大的思想动力，两千多年来，对无数仁人志士产生过极其深刻的影响。

2. 政治观。孟子性善论、仁义观应用于社会的一个重要内容，也是孟子一生所追求的，便是“仁政”思想。性善、仁义归根结底要为政治服务。在战争纷乱的战国时代，孟子认为只有推行仁政才能统一天下，历史上能够完成统一大业的君主，都是施行仁政的，而这种仁政的具体表现有四点：对于知识分子，要“尊贤使能，俊杰在位”；对于商人要减轻他们的负担；对于耕者要恢复井田制，而不要另加赋税；对城市居民要免除他们的住宅税等。这些主张都体现了新兴地主阶级关心生产、爱护劳动力的方面。

同时，孟子指出，促使君主推行“仁政”的方法有两个：一是应当有一个相对独立的知识分子（士）阶层，可以较自由地对君主的政治提出批评和建议，督促君主的行为；二是君主应当有反求诸己的自省精神，“仁者如射，射者正己而后发，发而不中，不怨胜己者，反求诸己而已矣。”

在孟子的政治观中有一个很突出的观点，就是“民贵君轻”的民本思想，他认为“民为贵，社稷次之，君为轻”（《尽心·下》）。这些观点对后世影响极大，黄宗羲在《明夷待访录》的《原君》、《原臣》二篇，就表达了这种“民本”思想，具有极强的战斗性，这种思想在今天也是难能可贵的。

需要指出的是，孟子讲仁政，推行王道政治，主张关心人民疾苦等，在后世起过一定作用。但是，这种以民为本的政治依赖于人治（即依赖于治者的觉悟和实际措施），这和近代社会的法制不同，与近代以民为主体的思想政治学说并不一样。还有，“仁政”主张以道德服人，其理论依据只是“性善”，是“恻隐之心”，因此，他的学说不可避免地带有软弱性。

除了思想理论方面的成就外，《孟子》一书在中国文学史上也占有重要地位。孟子以好辩著称，故书中文章气势充沛，感情强烈，巧譬善喻，笔带锋芒，富于鼓动性和论战性。书中的许多比喻和寓言故事如“五十步笑百步”、“揠苗助长”等都十分精彩，有的小故事如“齐人乞墦”已初具后世小说的雏形。

清以前为《孟子》作注的约有七十五家。其中主要的注本有东汉赵岐《孟子章句》、宋朱熹《孟子集注》、清焦循《孟子正义》、戴震《孟子字义疏证》。

《说文解字》

东汉许慎著。许慎（约58—约147），字叔重，汝南召陵（今河南郾城）人。经学家、文字学家。关于许慎的生平事迹，范晔的《后汉书·儒林传》有简要叙述：“（许）慎性笃实，少博学经籍，马融（东汉大学问家、经学家）常推敬之。时人为之语曰：‘五经(指《诗》、《书》、《礼》、《易》、《春秋》五部经书)无双许叔重。’以五经传说臧否不同，于是撰为《五经异义》（已佚）。又作《说文解字》十四篇，皆传于世。”

独体（如山、水、牛、羊等）为文，合体（如嵩、江、牡、羔等）为字，“说文解字”的意思就是说明解释文和字。许慎撰书的目的，是要驳正今文学家的“巧说淫辞”，而于“六艺群书之诂（训诂，解释），皆训（同诂义）其意”。于是写出这部研究篆体的文字结构、追溯造字的起源和本义的学术著作。

《说文解字》共十五卷，包括本文十四卷，叙、目一卷。今本每卷分上下卷，共三十卷。是许慎历经二十二年艰辛编撰而成。俗称《说文》，是我国第一部按部首编排的字典，也是最早的一部有系统的分析文字的形体，并探究文字的原始意义的文字学著作。该书共收字九千三百五十三个，其中重文（就是古籀异体字）一千一百六十三个。全部字头按部首排列，共分五百四十个部首。部首的顺序是“始一终亥”，就是说从“一”开始，以“亥”结束。这与汉代的阴阳五行学说的“万物生于一，皆终于亥”的思想有关。中间大致根据形体相近的原则，“据形系连”，例如：“页、自、面、首”，“有、左、支”等。每一部首中，又把意义相近的字排列在一起，如“言”部有“讪、讥、诬、诽、谤”。

“肉”部有：“肓、肾、肺、脾、肝、胆、胃”等。只有是同一意符下的字才可以隶属于同一部首。而每一部首内的字，基本上做到以类相从。譬如“木”部字的顺序，大致是先列木名，再列举树木的各个部分，后列木制品。当然，并非所有的字都能以这种办法组合在部首里面，所以，其中也有一些字的排列，没有明显的规律可循。

对字书来说，以部首分类查阅很方便。据学者分析：（1）根据部首，可以辨明每个汉字的属性。如厂，本义是就山石的厓岩（厂）作屋，因此凡是和房屋有关的字，都在“广”部。（2）辨明部首，可以确认汉字的形体，不致误认误读和误写。如“肓”和“盲”，一是在“肉部”，一是在“目部”。（3）辨明形似的部首，对区别字义有帮助。如夕的本义是“日暮”，所以从“夕”的字多和夜有关；而“歹”的本义是“残骨”，所以从“歹”的字多属于疾病、残败、杀伤、死亡，而“残”就在“歹”部。（4）部首可以反映古代社会经济的情况以及意识形态的变化。如古代最早用的货币是贝壳，所以，一切有关钱财的字都从“贝”，如财、贿、赂、贡、赋、赀、贩、贸、赊、贷、购、赎、贾、赁、贪、贫、贵、贱等。

《说文》的文字分类原则。按文字学的原则分部，就是依靠六书体系。“六书”，就是古代造字和用字的六种方法：“象形、指事、会意、形声、转注和假借”。按照许慎的说法，象形是“画成其物，随体诘曲”，如“日、月”都是描画物象的实体，使人联想到它指的事物；形声是“以事为名，取譬相成”，如“江、河”，表达声音的叫声符，表示意义的叫意符；会意是“比类合宜，以见指㧑”，如“武、信”，并解释“武”是“定功戢（停止）兵”，所以由“止”和“戈”（古代的一种武器，可代指战争）组成，而“信”是“诚”的意思，所以由“人”和“言”组成，人说话要诚实；转注是“建类一首，同意相受”，如“考、老”，因为在造字之初它们是一个字。所以这两个字的意思相近，可以互相解释；假借是“本无其字，依声托事”，如“令、长”。一般认为，前四种是造字的方法，可以增加新字；后二种是用字的方法，不能增加新字。

说解文字的原则和程序。一般而言，每个字先列当时通行的篆文（小篆）为主体，但是因为篆书以前还有籀书（大篆）和“古文”，有时又加列它们。另外还列有“或体”字（即有另外写法的字体）和“俗体”字（即民间写法的字体）。

《说文》的释字体例。先分析部首，说明凡属于这个部首的字均从属这个部首，它们在意义上也有关联。譬如解释“一”：“一惟初太始，造分天地，化成万物。”《说文》对每个字都是用六书的方式，先解释字义，后解释字的形体结构，有时也指出字的读音。《说文》对每一个字的解释，一般只解释为一个意义，也就是字的本意。如果一个字兼有两义和两义以上，或者是有另外的书法的，就用“一曰”和“或曰”来表示。大约有两种情况：一是和本义相近：譬如解释“赇”，说“赇”的本意是因为违法犯罪，而用财物求取赎免，所以意符是“贝”，声符是“求”。许慎有时用了另一种说法，“载质”，就是用物品作抵押，意义和本义差不多。二是和本义不同。当然说解文字的具体情况很复杂，还有一些特殊体例，学者们正在研究。在许慎的时代，并没有发明反切注音的方法。归纳起来看，《说文》字的标音主要用了几种方法：（1）谐声，即一个字的读音，大多可以从它的声符的读音得知大概。（2）用另一个字的音来表示，叫“读若”。“读若”的音有的是同音字，如“椵”许慎注明读为“贾”；有的是近似音。今本《说文》的反切，是徐铉根据孙愐的《唐音》加注于每一个字的下面，但是与汉代人的读音不符。

《说文》引经据典，主要是起举例的作用。如引用《周书》的“罔敢湎于酒”来说明“湎”的意思是沉溺于酒。再如引用《诗经》的“报之琼琚”来说明“琚”是“琼琚”。

《说文》的影响。许慎知识渊博，其《说文解字》既有知识性，又有百科性，对后世影响很大。表现为四个方面：1. 现在的字典、词典，在本字、本义方面，仍要根据《说文》，可见《说文》在保存汉字本义方面的贡献。2. 自从甲骨文、金文出土，古文字学开始兴起，《说文》对古文字学的研究，起了桥梁作用。3.《说文》阐明了形体、意义和声音三者的相互关系，揭示了汉字构成的奥秘，为后世研究汉字提供了重要的研究方向和方法。4.《说文》一书对到东汉的文字有统一规范的作用。春秋、战国时期，语言和文字都不能统一。秦朝在政治上统一全国后，开始实行“书同文”的文化政策，对语言文字的规范有一定的效果。但是秦朝短命。到了许慎时，距秦大约有三百二十年，隶书已成为汉代的通行字体。文字本身的发展，加上汉代的今文经和古文经之争，使得人们在文字的字形和字义等方面各持己见。针对这种情况，许慎担负起文字的整理工作，以篆文为主要形体标准，又把古文、籀文和篆文的别体一千一百六十三字作为重文。因此《说文解字》也有规范之功。

《说文》在东汉当时就受到高度的重视。东汉经学家郑玄在注释《三礼》（指《周礼》、《仪礼》和《礼记》三书的合称）时，引用《说文》就有好几处。应劭的《风俗通义》和晋灼的《汉书注》也引过。模仿《说文》作字书的就更多了，如晋代吕忱的《字林》、陈朝顾野王的《玉篇》和宋代司马光的《类篇》等。历代研究《说文解字》的学者，都尊称许慎为“许君”，称《说文》为“许书”，称其学为“许学”。清代的大学者段玉裁称赞：“五百四十字可以统释天下古今之字。此前古未有之书，许君之所独创。”

《说文》的版本。现存《说文》的宋代善本是徐铉的校定本，世称“大徐本”，三十卷，有 1963 年中华书局的影印本。到清朝，有注解《说文》的四大家：段玉裁著有《说文解字注》，桂馥著有《说文解字义证》，王筠著有《说文句读》、《说文释例》，朱骏声著有《说文通训定声》，以段注最著名、最通行。近代丁福保把过去研究《说文》的著作汇编成《说文解字诂林》，共有八十余册。

《说文解字注》

《说文解字》是我国第一部以六书理论系统地分析字形、解释字义的字典，它不仅是中国语言学史上的一部巨著，而且在世界语言学史上也占有一席之地。它的作者是东汉著名的文字学大家许慎，许慎将九千三百五十三个篆文，归纳为五百四十部，根据形体联系字义，从一开始编到亥，即“分别部居，不相杂厕”，创立了部首检字法。许慎，字叔重，汝南召陵（今河南郾城）人，许慎兼收并蓄，博采通人，在吸收刘歆至贾逵等前人的文字训诂成就的基础上，历数十年艰辛，才写成汉语言文字学史上的经典之作——《说文解字》，并使其成为两汉文字学上的里程碑。《说文解字》博大精深，体例严谨，不仅包含了我国古代语言文字学方面的大量数据和研究成果，而且还包含着有关中国古代社会历史、科学技术、山川地理、文物制度、生活习惯等各方面丰富的资料。所以直到今天，《说文解字》不仅是阅读古籍，研究甲骨文、金文等古文字资料必不可少的工具书，而且还是探讨古代社会文化等方面的参考书。

《说文解字》在古文字学上占有重要的地位，但是由于《说文解字》解释的是古字的本义，体例比较复杂，是一部比较难读的字书，再加上历代的传抄和翻印，有很多地方已经不复原貌，所以有很多学者对它进行整理、校勘以及注释。最早为它作注的是南唐时期的徐锴，他作了《说文解字系传》，但是由于疏漏不确的地方很多，所以并不是最好的注。至清以后，由于乾嘉学派的兴起和小学的兴盛，为《说文解字》作注的人很多，著名的有段玉裁的《说文解字注》、桂馥的《说文义证》、王筠的《说文句读》及《说文释例》和朱骏声的《说文通训定声》，合称“说文四大家”，其中最负盛名，影响最大的是段玉裁的《说文解字注》，他对《说文解字》作了巨大的贡献，故其注成为当今最常见的《说文解字》注本。以至于《说文解字》是研究古文字的必备之书，而《说文解字注》则是解读《说文解字》的权威之作。

段玉裁（1735—1815），字若膺，曾字乔林、淳甫，又号砚北居士、长塘湖居士、侨吴老人，是江苏金坛县人。乾隆二十五年(1760)登第，乃举人出身，曾在贵州、四川等地任知县。他虽然没能闻达于诸侯，但是享誉于学林。他早年师从于著名的乾嘉学派皖派宗师戴震，后亦成为乾嘉学派著名的学者和杰出的文字训诂学家。他一生著述颇多，计有《古文尚书撰异》、《诗经小学》、《周礼汉读考》、《毛诗故训传定本》、《汲古阁说文订》、《六书音均表》、《说文解字注》、《经韵楼集》。《说文解字注》即为他的代表作，凝聚了他大半生的心血。

《说文解字注》开始写于乾隆四十一年（1776），历时十九年即在乾隆五十九年编成五百四十卷的长篇《说文解字注》；后来由于文字过长，段玉裁又加工提炼，历时十三年即于嘉庆十二年（1807）才最终成书，八年后才得以刊行。从编撰到刊发，历时四十年之久。故此书一问世，便赢得了极大的声誉，被公认为解释《说文解字》的权威著作，时人王念孙曾赞誉道：“盖千七百年来，无此作矣。”因为段玉裁师从于名师戴震，既精通经学，又长于音韵、训诂和校勘，而且对先秦两汉的古书和前代的字书、韵书深有研究，故在注解《说文解字》时，不仅能淹贯全书、发其意蕴，而且还能疏通古今音训、深知体要，所以深为学者推崇。

段玉裁的《说文解字注》，对说文学有很大贡献，其为：校订《说文解字》的伪误；阐明许慎《说文解字》的体例；根据古代群书训诂解释许慎的《说文解字》；阐发音义的关系；说明古今字、假借字，推陈字义的引申和演变。段玉裁的《说文解字注》有很多推陈出新的地方，如他突破了单纯的校订、考证的旧框子，全面地论述了字形、音、义的相互联系，因而是一部体大精深的注解《说文解字》的著作。它的特点不仅在于“究其微旨，通其大体”，全面细致地校勘和整理了许慎的《说文解字》，更在于他通过对《说文解字》的注解，提出并解决了许多关于汉语音韵学、文字学、词汇学、训诂学等方面的问题，而且还在他的说文研究中贯穿着明确的系统观和历史观。故《说文解字》的学术价值是多方面的，尤其对语义学、词汇学的贡献巨大。

但是，智者千虑，必有一失。段玉裁的《说文解字注》虽然体大精深，但是成书时段玉裁已经年近七旬，再加上他盲目尊崇许慎和过分自信，有不少地方流于武断。故《说文解字注》一行刊世，对它的匡谬、订误之作也纷纷出现，其中以徐灏的《说文段注笺》最佳，可以作为研读《说文解字注》的参考书。

许慎的《说文解字》原为十四篇，又加上《叙目》一篇，许慎的儿子许冲以一篇为一卷，故有十五卷，后来徐铉校订时，因为篇目繁多，又将每一卷分为上下两卷，故有三十卷。段玉裁的《说文解字注》也是一样，三十卷，但是因为十一篇上注文太多，又将该篇一分为二，于是《说文解字注》就有了三十一篇。并附有《六书音韵表》五篇。

段玉裁的《说文解字注》刻本除经韵楼原刻本以外，其他的都是重刻本。1981 年，上海古籍出版社以经韵楼原刻本为底本，合两页为一页印成缩小的影印本（16 开），字迹较清晰，除附有《六书音韵表》外，还校正错误，为其标点断句，便于使用。其他如浙江古籍出版社的影印本（32 开），也作了一些加工，但字迹较小，选时要慎重。

《孟子字义疏证》

清戴震著。它是采用疏注考证的方式来解释《孟子》的字义，从而表现了戴震的哲学思想的一部著作。本书的初稿是《绪言》，修订稿叫《孟子私淑录》，定稿就是本书名。

戴震（1723—1777），字慎修，又字东原，安徽休宁人。清皖派经学的创始人，著名学者、思想家。曾经向经学大师江永请教学问，与同时的另一位学者惠栋的关系也在老师和朋友之间。后来由《四库全书》的总编撰官纪昀推荐，参加了“四库全书馆”的编书审定工作，担任纂修官，皇帝赐同进士出身，授翰林院庶吉士。一生著作等身，广泛涉及经史、天文、历法、算学、地理、音韵、训诂、哲学等领域。而《孟子字义疏证》是戴震自己最为看重的一部书，他在《与段玉裁书》中说：“仆生平著述最大者，为《孟子字义疏证》一书，此正人心之要。”

《孟子字义疏证》分上、中、下三卷。上卷有《理》共十五条；中卷《天道》四条，《性》九条；下卷收录有《才》三条，《道》四条，《仁义礼智》两条，《诚》两条，《权》五条。书前有一篇序。在序言中戴震叙述了他著作本书的原由。他说，因为后人常常用他们自己的语言和理解混乱了孟子本人的话，使孟子的真正本意不为人们所了解。他认为知道了真相却不说出来，这是不忠诚的。对于古代那些圣人贤人来说，这是“自负其学”，对于后世的仁人来说，这又是自己远离了“仁”。因此，他就写了这部书，表明他的理解，以不愧对前人与后人。在这本书里，戴震采用的是一问一答的著述形式，根据考据训诂之所得，来阐发他对理、天道、性、才、道、仁义礼智、诚、权等中国古代哲学思想的重要范畴的根本意义的理解。

在《理》篇中，戴震针对以程颐、程颢和朱熹为代表的程朱理学倡导的“存天理，灭人欲”之说，提出了要“体察人民的情感，满足老百姓欲望”的政治主张。他认为欲望不能够没有，而所谓的“理”不在别处，就在人的欲望里。并指出过去的那些“尊者”、“长者”、“贵者”对于那些“卑者”、“幼者”、“贱者”，都是用“理”责备他们，即使这些责备是错误的，仍然要说是正道；如果那些官职低下的人、年龄幼小的人和地位卑贱的人也用“理”来与责备他们的人争论的话，即使他们的话是正确的，也要被说成是忤逆。在这里，戴震颠覆了程朱理学的“天理”的公正性。

在《天道》篇中，戴震否定了程朱理学的“道即理”和“理在气先”的说法。他认为正是阴阳二气的运动，才使得事物不断生成、变化，所以“道”是“气”的变化流行、生生不息的物质性实体，而不是什么虚空的东西。他又认为“太极”就是指“气化之阴阳”，所谓“形而上”就是“形以前”，所谓“形而下”就是“形以后”。因此，宋朝儒家强调的“理气之辨”，实际上失却了“道”的本义。

在《性》篇中，对于从先秦以来就开始争论不休又一直悬而未决的问题，人到底是“性善”还是“性恶”的问题进行阐述。戴震把“性善”解释为“人伦日用”中的道德观念，能够知道某件事的界限就能够不逾越；对于什么是该做或能做的事能够不困惑，那么，这就是“善”。

在《才》篇中，戴震认为人的材质或资质就是“性之所呈”，而“人与百物各如其性”，这种自然的“形质”就是孟子所说的“天之降才”。他又认为人才是各有所近，有的人近于纯，有的人近于清，但是都不容易兼有，他说“才虽美，犹往往不能无偏私”，可以说“性善则才亦美”，但绝不是说没有偏私就是善就是美。

在《道》篇中，他认为“人道”是一种人际关系与日常生活的活动，即“人伦日用身之所行”；对天地来说，就如同自然界的生成、变化，生生不息，是“气化之不可已”一样，对“人物”来说，“凡生生所有事”，也是道；只要努力，增益认识能力，就能够达到圣人的道。

在《仁义礼智》篇中，戴震把“仁”解释为“生生之德”，“一人遂其生，推之而与天下共遂其生，仁也”；把“义”解释为“条理之截然不可乱”，使“亲爱长养”合于“正大之情”；把“礼”解释为“天地之条理”，礼的设立就是为了制约和调节“天下之情”，或者裁损那些多余的，或者补足那些不足的，让人人都能知道天地的中和之意；他把“智”解释为人通过自己的思维心智，能通贯仁、义、礼的条理而不会混乱的一种心性能力。而“诚”就是“实”、“充实”的意思，所充实的是“智仁勇也”，又是“仁也，义也，礼也”。而所谓的“自诚明”，就是学习是为了把人伦日用的道理讲清楚，并且务必力求合乎仁、义、礼，那么人的智、仁、勇就会一天天地增益，以达到圣人盛德的境界。

在《权》篇中，戴震明确了“权”的含义就是权衡轻重，而要能权衡轻重，既要知道“恒常”不变的道理，又要知道“变化”不拘的道理。他指出，凡是认为天理就住在人的心中，而人的行为不是出于欲望就是出于天理的那种人，没有一个不是把自己的意见就当作天理并且祸乱了天下的。宋明理学家的“天理”、“人欲”之说就是这样。他还指出，要使天下人的情绪意见通畅，要能满足天下人的欲望，并权衡它们的轻重，做到“分”和“理”都不差。从而否定了程朱根据老子和佛家的“无欲”、“空寂”的含义而倡导的存天理灭人欲的主张，并认为这是以理来杀人，其危害甚至超过了用法来杀人。

《孟子字义疏证》继承了先秦的荀况，特别是北宋哲学家张载的唯物主义思想传统，对后世产生了广泛的影响，成为反对宋明理学的最重要的一部著作。清朝学者焦循在《雕菰楼集·申戴篇》中对戴震的《原善》和《孟子字义疏证》评价说："吾谓东原（戴震的字）即此二本，自足千古。"但是，落后保守的理学家方东树在《汉学商兑》中却指责本书是"缪辐乖违，毫无当处"，不免是身为理学家的偏见。一直到五四时期，一些民主主义思想家也利用过本书的反理学思想来宣扬自己的主张，产生了积极的影响。

《孟子字义疏证》的版本。戴震的著作在乾隆四十四年（1779），由曲阜孔继涵刊刻为《戴氏遗书》，收入《微波榭丛书》，称为微波榭本。但是，《绪言》三卷没有收入，而《粤雅堂丛书》本收入了。《孟子私淑录》没有单独刊行，只有张海鹏照旷阁的手抄本。现在主要的版本有清光绪时的《国粹丛书》本；1959 年北京古籍出版社出版了章锡琛点校的《原善》与《孟子字义疏证》合刊本；中华书局 1961 年的校点本，把《绪言》、《孟子私淑录》都一并收入了《孟子字义疏证》，另外还收录了戴震的《原善》；1979 年中华书局出版了安正辉的《戴震哲学著作选注》。

本书的最大特点是它的哲学性、思想性特别强，是一部立意在回归原始儒家的理念，反对宋明理学的以"存天理灭人欲"为代表的思想观点，而具有近代启蒙性质的思想著作。其次，它又采取了传统的问答形式来建构思想体系，使得一些思想总是隐藏在解说文字的背后，而不十分鲜明醒豁。再次，本书挑选出来讲解的这些词，都是中国哲学史上的根本观念范畴，可以说从先秦一直到清末，思想家们都在讲说，其间的歧异有时是既细微又关键；另外它又与现代哲学概念有很大差别，望文生义和妄加比附都为大忌。因此，阅读本书建议两点：一是在读本书前，先读一些中国哲学史的介绍著作；二是读本书时可先找有注释的本子来看，看的过程中再查阅相关人物的相关说法，做一些比较，这样对戴震思想脉络的了解当更清楚。

《广雅疏证》

《广雅疏证》，清人王念孙撰。王念孙（1744—1832），字怀祖，号石臞，江苏高邮人。王念孙和他的儿子王引之合称“高邮二王”，二王精通小学，擅长校勘，与段玉裁齐名，但比段氏更加谨严。王念孙幼年承家学，随父亲入京，有神童之誉。十岁时就通读了“十三经”，从戴震学习一年，就打好了治学的基础，得到戴震的称许：“君之才竟无不可。”乾隆进士，累官至给事中、永定河道。王念孙一生笃好经术，尤其精通小学（主要指文字学、音韵学、训诂学），是一位学养深厚、治学专精的学者。他的著作主要有：《古韵谱》、《广雅疏证》、《读书杂志》、《尔雅郝注刊误》、《释大》等等。

王念孙《广雅疏证》最初刊刻于清嘉庆元年（1796），段玉裁作的序言，赞誉说“尤能以古音得经义，盖天下一人而已矣”，评价相当高。后来皮锡瑞在《经学历史》中讲述经学复兴时代时，也说“经师多通训诂假借，亦即在音韵文字之中，而经学训诂，以高邮王氏念孙、引之父子为最精”，段玉裁的评语没有丝毫的夸张，皮氏也是出于公心，都公允恰当。综观《广雅疏证》全书，考证翔实，包罗丰富，在当时罕有其匹。

《广雅疏证》是一部非常重要的校注《广雅》的作品。王念孙认为魏张揖的《广雅》是继《尔雅》之后的重要的训诂书，因而对此书进行订误补正，同时加以校勘，以正传本中的错误。但王念孙的这部书又不是一般的注释校勘著作，他引证了大量的先秦到两汉的古籍、传注、字书等材料来疏证《广雅》，实际上就是以《广雅》为基础归纳众说，编纂成一部博大精深的名物训诂字典。其中所贯穿的科学训诂方法，集中了丰富的假借、声训例证和古今、正俗的文字形体数据，综合体现了王念孙在文字、音韵、训诂方面的巨大成就。

王念孙从乾隆五十三年（1788）就为《广雅》作疏证，日疏三字，从无间断，到乾隆六十年完成。其中第十卷用了他的儿子王引之的稿子。嘉庆元年（1796）正月，《广雅疏证》刊印。《广雅》一书自隋唐以来讹误较多，后人又以曹宪《博雅音》次于正文的下面，因而传写时更加纰缪：有正文讹入《博雅音》的，有《博雅音》内字讹入正文的等等不一而足，王氏在《广雅疏证》中予以一一驳正。全书校正错讹字有五百八十例，补脱文四百五十条，删除衍文三十九条，《博雅音》误入正文者五十一条等等。《广雅疏证》随条补正，征引博洽，文理缜密，在清代注释中实在是堪称一绝。

《广雅疏证》的著述宗旨，根据段玉裁在《广雅疏证·序》中所说“假《广雅》以证其得”，一语道破了王念孙的动机。王念孙最初是要写《说文考证》，但由于有段玉裁《说文解字注》先成，因而舍弃；又计划疏证《尔雅》，但是邵晋涵有《尔雅正义》在前而再次作罢；到三十六岁时，曾经作过《方言》的校正，可是戴震已作《方言疏证》，于是作了《方言疏证补》一卷就停止了。但是他对中国语言三部重要著作殚精竭虑，加上同时代人对这三部书的注释和各种启示，因而能够深入地去疏证《广雅》，并取得了超越前人的伟大成就。

王念孙在《广雅疏证》中说“窃以训诂之旨本于声音，故有声同字异、声近义同。”以声音贯穿训诂，来探讨中国语言内部的规律，是王念孙继往开来的最大的成就。中国古代训诂学总是把方法和理论相结合，王念孙采用的主要训诂方法就是因声寻义，所以有“字别为音，音别为义”的说法。王念孙将古韵分为二十一部分，运用声韵通转规律，纯粹以语音为准去探求语义，将顾炎武等人以来的因声求义的方法，应用到语义学的领域，建立了关于意义形成的“义类”理论和意义变化的“义通”理论。王念孙所用的因声求义的术语主要有“语之转”、“语之变转”、“声之转”、“一声之转”、“声相近”、“古同声”、“古声相近”、“声义相通”等等，综括来看，就是近、同、通、转四部分，用来说明词语假借的现象，辨析方言歧义。段玉裁很注意从文字形体上推求语言的意义，但王念孙却不囿于字的形体，而是搜求旧的体例，广泛搜集并比较声近义同的字，把词义的训诂从单个词义的训释推进到同义词的综合分析比较，有了明确的词义系统概念。王念孙还创造了语义学理论，使传统训诂从单科研究进而成为多科的综合运用，从具体言语的训释到语言内部规律的探讨，从而开创了我国语言学研究的新阶段。

王念孙在训诂学上有突出的成就，使用因声求义的方法更为自觉和精审。在《广雅疏证序》中他说：“窃以训诂之旨本于声音，故有声同字异、声近义同”，“今则就古音以求古义，引申触类，不限形体，苟可以发明前训，斯凌杂之讥亦所不辞。”可见他不仅仅表述了因声求义的观点，而且非常自觉地去研究，不为他人所左右。再次，王念孙能够旁征博引，通过文献相互论证，随文释训，参考成训的方法来确定训诂、文义，没有被旧的观点所束缚。他还精于字义的辨析，因为词义引申及文字假借等等原因，一个字往往兼有多个意思，王念孙对此非常留意，以确定这个字在行文中的具体意思。在校勘上认为古文献的整理和研究必须以精确的校勘为先务，而且擅长理校，其中又以小学校勘为主。王念孙还重视版本的选择，在作《广雅疏证》的工作时，广泛校勘，并选善本做底本。

运用归纳比较的方法。王念孙运用以归纳为基础的重实证的研究方法，从文字、音韵、语法、典章制度等各个方面综合考察语言现象，条理清晰，层次分明，虽驳杂而不紊乱。所以，“读《广雅疏证》如入武陵桃源，取径幽深而其中旷朗”。

此书历经十余年方才定稿，共有十卷，最后是王引之的稿子，每卷分上下两部分。1983 年，上海古籍出版社根据清代嘉庆元年初刊本出版有影印本，另外还有中华书局出版的平装一册点校本。

《左　传》

《左传》是《春秋左氏传》的简称。它是我国第一部记事详备完整的编年体史书，它的思想内容和艺术形式都有不少新特点，标志着史家之文发展到了一个崭新的阶段。

《左传》又名《左氏春秋》、《春秋古文》、《春秋内传》等。与西汉初年写定的《春秋公羊传》、《春秋穀梁传》合称“春秋三传”。《左传》相传为春秋时左丘明所作。左丘明约与孔子同时或稍前。《左传》记事起自鲁隐公元年（前 722），终于鲁悼公四年（前 464），比《春秋》增多十七年，其叙事更至于悼公十四年（前 464 年）为止。它包含了鲁国的国君十二公在位的年代，这十二公便是隐公、桓公、庄公、湣公、釐公、文公、宣公、成公、襄公、昭公、定公、哀公。《左传》大约成书于战国之初，与《国语》成书同时或稍后。

《左传》比较真实地反映了当时的社会现实，诸如统治者集团的内部矛盾，大小统治者荒淫残暴的罪行和他们所造成的战乱给人民带来的苦难，具有一定的进步意义。《左传》又是一部称先王之政、述五霸之业的史书。从它的内容来看，主要是代表春秋战国之际的奴隶主阶级改良派的思想。民本思想是其思想内容上的新特点，主要体现在如下几个方面：

首先，《左传》记事表明了民重于天、民为神之主、民重君轻、民为邦本的观点。这是因为春秋时期，神权政治日趋没落，人的作用日见突出，严酷的现实斗争，使神权衰落，君权受到冲击，民的地位较以前大为提高。

其次，《左传》非常重视民心的向背。一些政治家、思想家悟出了得民则兴、失民则亡这一真理，悟出了民心向背不仅决定着统治者的个人成败，而且直接关系着战争的胜负和国家的兴亡。这正是民本思想的突出表现。

再次，在讲天、神、君、民关系方面，以民为主。主张政治上听取国人的意见。这体现了当时比较开明的政治家的思想。

另外，《左传》重视舆论，尊重民意，这也是《左传》民本思想的一个突出表现。

《左传》的编撰者在思想上也存在着一定的矛盾，既有进步的倾向，也有消极保守的方面。首先，《左传》维护旧礼制、宣扬血缘宗法的思想很突出，对当时一些革新措施颇为不满。作者本于“实录”精神，无情揭露了暴君的丑行，但又反对“弑君”。《左传》的编者站在奴隶主阶级改良派的立场，认为暴君的行为和弑君的行为都是对于现存礼制的破坏。《左传》编者在社会变革的时代，对于旧制度的瓦解十分痛惜。其次，《左传》对妖怪、神鬼、占卜、报应之事，也屡屡称道，不厌其烦。

《左传》中还保存了许多礼俗制度。例如僖公六年楚逢伯述武王受降的礼节，成公二年及十六年晋韩厥、郤至称敌国君臣军中相见的礼节等等，不胜枚举。至于朝聘会盟之中，升降揖让献酬授受，以及坛场乐舞服章玉帛等等，都为研究古代文物提供了佐证。

《左传》一书的散文艺术，不论记言还是记事，都有新的发展和新的特点。超过了《尚书》和《春秋》，也超过了思想相似、文风相近的《国语》。叙事之工、辞令之美，已经达到这一历史时期的散文的最高成就。

《左传》散文艺术最突出的成就是长于叙事。《左传》构思工巧，结构严谨。记事精妙优美，达到了微而显、婉而辩、精而腴、简而奥的辩证统一，出现了结构空前完整、细节异常生动的鸿篇巨制。《左传》记事叙述完整，文笔严密。在叙述战争和复杂的事件时，能够做到有条不紊、繁简适当。其中最引人注目的是对战争的描述。《左传》描写战争，结构完整，情节精彩，运笔灵活，并不局限于正面的战斗场面描写，而能着眼于战争的前后左右，描述战争的来龙去脉和胜败的内外因素。编著者以历史学家的卓越识见，不仅生动具体地写出战争中间的各种动态，而且善于揭示战争的前因后果，总结战争的经验教训。即使是写小的战役，也能写得有头有尾，交代清楚战争的过程。《左传》中描述战争的篇幅大多能写得波澜起伏、跌宕多姿。并且还能以简练形象之笔，描写战争中的人物和事件，绘声绘色。这样描写战争，不仅前所未有，而且后难企及。《左传》对当时的一些著名战役，如僖公十五年的秦晋韩之战，僖公三十二、三十三年的宋楚泓之战僖公二十七年的晋楚城濮之战，僖公三十二、三十三年的秦晋殽之战，宣公十二年的晋楚邲之战，成公二年的齐晋鞍之战，襄公十八年的齐晋平阴之战，定公四年的吴楚柏举之战等等，都有非常出色的描写。《左传》之所以善于写战争，是有其时代原因的。春秋战国，是一个战争极为频繁的时代，书的编著者生于战乱之时，对战乱之事耳闻目睹，不必搜奇，便能涉笔成趣。

《左传》散文艺术的另一突出成就是善于写人。《左传》虽然以年为经，以事为纬，并非自觉地描写人物，但全书涉及了形形色色的历史人物，对于每一个重要人物都附带在叙事之中，活泼泼地将其性格描画出来，又善于从人物的语言、行动和其他的细节中描绘形象，突出性格。全书有姓名可稽者，接近三千之多。其中形象较为鲜明、具有一定个性者也为数不少。作者通过一系列政治、军事、外交活动的描述，刻画了许多各具性格特征的人物形象。例如写晋文公重耳避骊姬之乱出亡十九年，历经狄、郑、卫、齐、宋、曹、楚、秦诸国，备尝艰难困苦，饱经磨练，终于称霸诸侯。作者成功地刻画出了一个胸怀大志、深谋远虑、坚定沉着的国君形象。又如子产，作者也是以浓墨重彩着力描绘的。他刚出场便一鸣惊人，表现出政治家的卓识远见。他在矛盾重重中受命为相，敢于革新，采取了一系列内外措施，使动乱的郑国得以安定，由弱小变为强大，受到四方诸侯的敬重，子产也赢得人民的拥戴。此外，如虚伪狡诈、老谋深算的郑庄公，德高望重、达观机智的晏婴，积极进取、厉行改革的吴王阖闾，忍辱负重、志在雪耻的越王勾践等等，都堪称《左传》中出类拔萃的人物形象。此外凡是个性具有特点的人物，《左传》都有所描绘，例如卫献公的神气骄傲，鲁昭公的好讲面子，都使人如闻其声，如见其貌。《左传》所记的人物，未必能纤细无遗，但与其他古书所记对照起来，却少有重复之处。

工于记言也是《左传》散文艺术的一个突出成就。尽管《左传》以记事为主，但记言也很多，并且比以记言为主的《国语》更富于文采。文章已从前代的诰、命、训、誓中发展为委婉动听的外交辞令。这是因为，春秋以来，由于诸侯之间斗争尖锐，列国外交空前频繁，行人往来聘问，非常讲究辞令。辞令委婉有力，是《左传》文章最突出的特征。有些外交辞令还远远超过问答的范围，形成了长篇大论，这是论辩文章的重大发展。例如僖公四年齐率诸侯之师讨伐楚国，楚国的使臣与管仲的一段对话；又如僖公十五年阴饴生与秦伯的一段对话；还有襄公二十一年、二十五年、三十一年子产回答晋国质问的几番对话，都针锋相对，颇富于文采。像这些精彩的对话，在《左传》中不胜枚举。这些外交辞令经《左传》采录后精心提炼，都已成为千古传诵的美文。从《左传》中，一方面可以看到美妙生动的口语文章，另一方面还可以看到对内对外文告的惯例。

《左传》对于后代的散文影响非常深远。尤其是唐宋以后，古文家取法先秦，对《左传》极为推崇。《礼记》上有一句话：“属词比事，春秋教也。”《左传》对于属词比事这一点是非常注重的。属词是指文词的结构，比事是指事实的贯串。后来的史家文家从这里面得到无穷的启发，因而开辟了无穷的境界。自古文章之美，难于兼善，长于说理的未必长于叙事，长于叙大事的未必长于叙小事，《左传》却是应有尽有。总而言之，从一部《左传》里面学文章的技巧，是学不完的，它对后代撰写历史著作和叙事散文都有较大影响。

《战国策》

战国之史保存于后世的很少，最主要的代表是《战国策》。这部著述既称战国“杂史”，又号“纵横家言”。它既是重要的历史著作，也是一部优秀的散文集。它标志着史家之文的发展攀上了一个新的高峰。

《战国策》作者不可确指。但就其“纵横”色彩看，原本出于战国末或秦汉之际纵横家之手，并非一人一时一地之作。未经辑录前，曾有《国策》、《国事》、《短长》、《事语》、《长书》、《修书》等各种不同的名称和本子。在刘向之前，这部书已经有人编次过，但未订名，编次也很杂乱。西汉末年，刘向校订群书，去掉重复，互相补充，编定三十三篇，始定名为《战国策》。今本《战国策》分为《东周策》、《西周策》各一篇，《秦策》五篇，《齐策》六篇，《楚策》四篇，《赵策》四篇，《魏策》四篇，《韩策》三篇，《燕策》三篇，《宋策》、《卫策》合而为一和《中山策》一篇。所以，继春秋之后，到楚汉之起，包括二百四十五年间的史事，从中可以看出战国史上的重大事件。其书体例，与《国语》相同，是一部国别史，是研究战国史的重要资料。但书中多有夸张虚构之处，与史实不尽相符。

《战国策》汇集了战国时代一些重要史实和游说谈资。其中所记之事在当时社会上多有流传。战国是一个崇尚游说的时代，纵横家是战国时期最活跃的人物。纵横家的言行事迹受到当时人们的关注。纵横家的言论，在战国这样的乱世，颇为盛行。汉朝一统天下之后，纵横家便也失去了其活动余地。但作为一代之史的《战国策》，它反映了社会政治生活的某些重要侧面，而且，由于它本身多反映纵横家的言行，因而《战国策》代表了战国时代的文风。

《战国策》间杂儒、墨、道、法、兵诸家而倾向于纵横家，所记人物主要为活跃于各国政治舞台上的谋臣策士。在思想内容上出现了如下新的特征：

首先，反映在政治观上，主要为崇尚计谋策略，尊奉机巧权变。策士的计谋谋略成了决定一切的因素。而所谓的“计谋”，乃是策士们以实现某种功利为目的，为人或为己所谋划并实施的一套巧妙的策略。反映在人生观上，即公开宣扬追求权势富贵，争名逐利。这与儒家的重“义”非“利”针锋相对。

其次，在讲天人的作用时，《战国策》不再讲敬天、爱民，却反复宣传贵士、重士，强调游士的作用。这是民本思想的发展。《战国策》主要反映了苏秦张仪一流游士的思想倾向。他们讲究权术，追求个人富贵。《战国策》一书所反映的游士思想，不能一概而论。

《战国策》的基本内容是以纵横家的思想为主，但也杂有儒、道、法各家的思想。它也描写了不少儒家、道家等的言论。总的来说，《战国策》的思想内容是比较复杂的。主要原因在于：到了战国，诸子百家的思想不免互相吸收，纵横家虽然主要从事的是政治活动，但在学术上，他们常是杂学各家的。另外，由于《战国策》成书不在一时，编辑也出自多人之手，刘向最后编定之前，简策相当错乱。书中杂有各家文字，这是在所难免的。

和许多优秀的古典文史名著一样，《战国策》也存在某些局限性，需要我们去粗存精。主要表现在有若干史实和说辞出于编造，不可尽信。另外，过分夸大说客的作用。《战国策》中最不可信的，无疑是六国的君主只要听了游士的一番游说，马上表示要“敬奉社稷以从”。合纵连横的决策既然是关系到国家生死存亡的大计，六国之君不太可能仅凭一席谈话就把国家的命运交付给一个说客。《战国策》中有一部分篇章对功名利禄津津乐道，思想境界卑下，是书中的糟粕。“士为知己者死”，这也是《战国策》某些篇章着力宣扬的思想，具有一定的局限性。

《战国策》打破“编年”限制，以人物的游说活动为记述中心，并以此统率记言、叙事，描绘了形形色色的人物形象。上至国君、太后、公子王孙、谋臣武将，下至说客策士、平民百姓，涉及者相当广泛，其中尤以“策士”的形象最为突出。这些策士，大多具有崇尚计谋、巧于权变、明于时事、长于辩难的特征。例如苏秦、张仪、陈轸、公孙衍这四位纵横策士的头面人物，在《战国策》中分别有三十六章、五十三章、十九章、三十章叙及其人其事。作者既注意写出他们的共性，也描绘出其独特的个性。有些章节，还写出了世上的人情冷暖，人物的精神状态，已接近有声有色的人物传记。《战国策》多为一章一事，一人之事又分见于各章。尽管这些篇章不相连属，但通过一系列的描述，便多方面地展现了人物的性格特征。即使身份相同或相似的人物，也写得多姿多彩，不雷同。

从文学角度看，《战国策》也取得了多方面成就，不愧为一部影响深远的散文杰作。《战国策》具有十分突出的文章特点，最能代表战国时代的游士风格。历来评书的人，尽管对书中的思想看法不同，但对它的文辞大都持肯定态度。《战国策》的文辞颇具特色，表现如下：

首先，由于游士们的思想是打破传统的，说话是无所顾忌的，因而形成文章，便具有了“放言无惮”、直言不讳的特点。

其次，战国时游士的地位较高，受到尊重，游说诸侯时，他们往往抵掌而谈。于是，形成文章，也具有了气势雄壮、纵横驰骋的特征。策士说辞，大都酣畅淋漓，明快犀利，故其论形势，析利害，陈己见，破敌说，无不气势恢宏，文雄词隽。

再次，战国游士的游说，是为了说动人主。因而，为了“扶急持倾”，他们说话常常危言耸听。所以，形成了《战国策》言语耸人听闻的特征。

再有，一些游士们游说诸侯时，能列举事实，博引史事，并不抽象说教，而是注重语言的具体形象。策士们为阐明某种观点，使对方确信不疑，常引古证今，以古例今，展现一幅幅鲜明的历史画面，使对方得到启示和教益。

另外，由于战国时“君德浅薄”，文化水平较低，游士为了说服君主，非常善用通俗的比喻，以及一些寓言故事。比喻多以日常生活中习见的事物为喻体，令人一目了然，少有晦涩难解之处，这样一来，文字也更加形象生动。《战国策》载有近七十则寓言故事，散见于各策之中。这些寓言故事大多具有通俗有趣的特点。其中，许多故事已成为脍炙人口的名篇，如“画蛇添足”、“狐假虎威”、“骥服盐车”、“土偶与桃梗”、“江上之处女”等等。

总之，《战国策》的语言是精妙奇伟的。辩丽横肆是其总体风格。《战国策》的语言又是通俗的，非常接近于当时人民群众的口语，极少生僻的词汇、别扭的句式或怪异的表达方式。即使是引用《诗》、《书》、成语，也能把古语、今语、口语自然、和谐地熔为一炉，构成浑然的艺术整体，产生感人的艺术魅力。与《国语》语言的平实自然和《左传》语言的委婉含蓄相比较，其风格显然别是一家。《战国策》一书不像《国语》、《左传》那样侧重记言，而是既有纵横驰骋的文章，又有凭空虚构的故事。其中某些片断，已经初具独立成篇的人物传记的特征，这对于后代的传记文学和传奇小说都很有影响。《战国策》纵横恣肆的文风、富丽华赡的文采，对后世作家如贾谊、苏洵、苏轼等，都有重大影响。在史学史上也具有巨大影响，司马迁的《史记》就采取了战国纵横说辞九十多条。后来晋孔衍修《春秋后语》，记战国之事，内容也多采《战国策》。宋代司马光的《资治通鉴》和吕祖谦的《大事记》在述及战国史事时，也都离不开《战国策》。

从以上这些特征来看，《战国策》一书基本上仍是史家记事之文的发展，它主要记载了战国这一历史时期一部分纵横家活动的史实。同时，也不乏虚构成分。所以后代著录此书，有的将之归入史部，有的则归入子部。但从散文的发展来看，《战国策》不仅兼有史家记事之文和纵横家言论汇辑的性质，而且具有历史散文和诸子散文的综合特征。

《史　记》

《史记》原名《太史公书》，西汉司马迁撰。

司马迁（约前 145—？）字子长，夏阳（今陕西韩城）人。中国古代的史官是世袭的，相传司马迁的祖先，世代掌管太史的官职。司马迁在史官家庭中长大，受到良好的文化熏陶，并且勤奋好学，十岁就能通读古文史籍，还向儒学大师孔安国学习古文《尚书》，向董仲舒学习公羊派《春秋》。他父亲司马谈任太史令，知识广博，熟知天文地理，写过《论六家要旨》，分析了先秦到汉初阴阳、儒、墨、名、法、道六家学术流派的特点，精辟而且深刻。司马谈对司马迁说："自获麟以来，四百有余岁，而诸侯相兼，史记放绝。今汉兴，海内一统，明主贤君忠臣死义之士，余为太史而弗论载，废天下之史文，余甚惧焉，汝其念哉！"（《史记·太史公自序》）司马谈有意继承古代史学传统，弘扬汉代辉煌，论载"天下之史文"，但终未如愿，临终时曾嘱托司马迁："余死，汝必为太史。为太史，无忘吾所欲论著矣。"（《史记·太史公自序》）司马谈死后，司马迁继任太史令，他接受父亲修史的嘱托，开始收集史料。司马迁能够接触到"石室金匮之书"，即皇家藏书，掌握了相当丰富的史料。司马迁二十岁时曾经到东南一带游历，在会稽探访大禹遗址，去长沙水吊屈原，广泛深入地领略风土民情，搜集轶文逸事，从而加深了对许多历史记载的理解。司马迁游历和任职期间的交游使他有机会接触到各个阶层的人物，从他们那儿得到许多历史知识。这些都成为《史记》丰富的材料来源。

天汉二年（前 99），汉武帝派李陵随贰师将军李广利征讨匈奴，李陵兵败投降。司马迁为李陵辩护而下狱遭宫刑，身体和精神均受到摧残。出狱后司马迁忍辱负重继续撰写《史记》，因此在写作中融入了较多的怨刺和慨叹，通过著述抒发心中的抑郁不平。

“史记”原来是史书的泛称。司马迁所著的史书自名《太史公书》，也称作《太史公百三十篇》、《太史公记》，汉末习称作《史记》，这是我国第一部纪传体通史。全书由十二本纪、十表、八书、三十世家、七十列传组成，各部分相互配合形成一个有机的整体。本纪按帝王世代顺序记叙各朝的兴衰，世家记录诸侯和贵族之家的历史，列传记录各个阶层不同类型的历史人物，十表谱列帝王侯国之间的大事，八书系统地记述典章制度的沿革。司马迁以五体分立的方式组织史料，纪传的同时兼及政治、经济、文化、军事、制度等，互相补充、贯通古今，展示了波澜壮阔的社会生活图景。人物传记的排列基本按时间顺序，又注意各传记之间的内在联系，相类的人物相连；既有单个人物的分传，又有几个类似人物合为一篇的合传。

《史记》富有实录精神和批判精神，司马迁对搜集到的史料力求准确，较真实地描写出社会各个方面的情况。《史记》“不虚美，不隐恶”，不回避汉代的最高统治者，《高祖本纪》既写刘邦统一天下的功绩，也写了他贪色、奸滑的市井无赖嘴脸。《孝武本纪》肯定了汉武帝，但在《平准书》、《酷吏列传》中写出了汉武帝的多欲政治与酷吏政治的因果联系，暴露了武帝与酷吏相互利用的关系。另一方面，司马迁对于忠而被谤、死而无悔的伍子胥、屈原，重义轻生、慷慨赴死的聂政、荆轲及情操高尚的平凡人给予肯定和赞扬。在《游侠列传》里有对为统治者贬斥的游侠的赞扬。司马迁在书中歌颂了一种积极豪迈勇于建功立业的人生观、价值观。

《史记》的人物刻画历来为人所称道。《史记》的本纪、世家、列传中写了四千多个人物，上自帝王将相下至市井细民，其中重要的有数百名。这些人物都富有鲜明的个性特征。不同类型的人自然迥然有别，同一类型的人也各有特色。同样是好士，信陵君与孟尝君、平原君、春申君各有风貌。司马迁在刻画人物时，把握住它的基本特征加以渲染，使之个性突出。同时，司马迁更注意人物性格的丰富性、多重性，例如项羽的个性，既爱人礼士又妒贤忌能，既残暴又常念及百姓疾苦，还兼有风云气概和儿女情，使形象真实富有底蕴。司马迁还运用互见法刻画人物的不同侧面。《高祖本纪》写刘邦的雄才大略、知人善任及他的发迹史，却在别人的传记中写到刘邦的另一面，《项羽本纪》通过范增之口写他贪财好色，《樊郦滕灌列传》写到刘邦战败逃跑为保全自己把女儿推到车下的卑鄙行径。

《史记》写人记事注意联系广阔的社会背景。

司马迁出色地塑造了一批悲剧人物形象，使全书具有悲剧色彩。司马迁的悲剧命运使他在人物身上寄予深切同情。“信而见疑、忠而被谤”，最终自沉汨罗江的屈原；“力拔山兮气盖世”的项羽；刺秦的荆轲；立过丰功伟绩却遭猜忌被杀害的白起、蒙恬、韩信、李广，读来不能不令人感动。

《史记》还善于构造富于戏剧冲突的情节，来表现人物间的矛盾冲突，使传记更为生动，如《项羽本纪》中的鸿门宴。

《史记》的文章常常夹叙夹议，敢于发表自己的见解；同时许多篇章也极富抒情性，如荆轲刺秦前的易水送别，悲壮而且动人；其语言风格洗练通达、朴拙浑厚、气势沉雄，形式自由，不拘一格。并且语言还能因内容的不同而各具特点，达到与内容的和谐统一。

司马迁在《史记》中大力弘扬人文精神，给后代作家以鼓舞和启迪。《史记》总结发展了先秦历史著作的成果，开创了纪传体，此后两千年的正史都依据这种格局。以人物为中心，篇末发议论的文章结构也为小说所学习，这在唐宋传奇和《聊斋志异》等文言小说中尤其突出。唐代韩愈反对浮靡文风提倡的古文运动，继承了《史记》内容、形式方面的优良传统；宋代的欧阳修、苏洵、苏轼、苏辙、曾巩、黄庭坚，明代的前后七子、李贽、归有光和公安派都极推崇《史记》，唐宋以来的古文发展史上，《史记》几乎有“文统”的地位。《史记》还多为后代小说戏曲所取材，其塑造人物、设计情节的基本手法为后世的小说创作提供了经验，比如运用符合人物身份、性格的语言，通过琐事显示人物性格等。并且司马迁所塑造的人物之精神气质也鲜明地影响着后世戏曲小说对艺术形象的塑造。

《史记》代表了我国古代历史散文的最高成就，鲁迅称之为“史家之绝唱，无韵之离骚”。宋代郑樵说：“使百代而下，史官不能易其法，学者不能舍其书，六经之后，唯有此作。”苏辙在《上枢密韩太尉书》中说：“太史公行天下，周览四海名山大川，与燕赵间豪俊交游，故其文疏荡，颇有奇气。此二子者，岂尝执笔学为如此之文哉？其气充乎其中，而溢乎其貌，动乎其言，见乎其文，而不自知也。”归有光是明代的文章宗匠，他在《五岳山人前集序》中说：“余固鄙野，不能得古人万分之一，然不喜今世之文，性独好《史记》。”他的《评点史记》开创了品评、分析《史记》文章的先河。《史记》还被译成几国文字，国外有许多学者研究《史记》，又以日本汉学家的研究成果为多。著名的有泷川资言的《史记会注考证》、池田英雄的《史记补注》等。

《史记》的注疏著名的有三家，南朝宋裴骃有《史记集解》，唐司马贞有《史记索隐》，张守节有《史记正义》。

《汉　书》

《汉书》作者实际上有班彪、班固、班昭、马续四人。其中又以班固为主。班固字孟坚，东汉扶风安陵（今陕西咸阳东北）人。约生于公元32年，死于92年。是我国著名的史学家、文学家，出生于世代官宦之家，从小聪敏过人，博古通今。其父班彪，才高而好述作，因不满于刘向、扬雄、刘歆、卫衡等所编写的《史记》续篇，认为“其言鄙俗，不足以踵前史”且“褒美伪新，误后惑众，不当垂之后代”。于是他“采前史遗事，旁贯异闻”，作《史记后传》六十五篇。班彪去世后，班固在居丧期间潜心阅读其父遗作而决心完成其未竟事业，二十岁开始编写《汉书》。三十岁被人控告“私改国史”而被逮下狱。其弟上书辩白，汉明帝审阅书稿后，非常赏识他的才能，因此赦免他的罪行并任他为兰台（皇朝图书馆）令史。次年，升为秘书郎，又写成二十八篇列传和载记，深得明帝赞许，因获许撰写《汉书》，从此以著述为业。

公元89年，班固跟随大将军窦宪远征北匈奴，大胜而归。三年后，受窦宪谋反案牵连而免官，后被洛阳令种兢逮捕入狱而亡。时年六十一岁。

班固死时，还留有“八表”和《天文志》没完稿，汉和帝命班固之妹班昭补作，令班之同乡马续协助编写《天文志》。

《汉书》为我国第一部纪传体断代史，分十二纪、八表、十志、七十传，共一百篇，八十一万字，记载了汉高祖元年（前206）至王莽地皇四年（23），共二百二十九年的历史。全书体例大致依照《史记》，把“本纪”省称“纪”，“书” 省称“志”，“列传”省称“传”，取消“世家”而并入“传”。这些变化，被后来的史书沿袭下来。

十二纪，叙述汉高祖至汉平帝十二代帝王的政绩，按每个人纪传的体裁，编年纪其大事。

八表，前六表分别谱列王侯世系，后二表是《百官公卿表》、《古今人表》。前者根据后代档案资料写成，讲述了秦汉官制设置情况，各种官职的权限和俸禄的数量，并用简表列明汉代公卿大臣的升降迁免。清晰地展现了当时的官僚制度和官僚的变迁。《古今人表》把汉以前的历史人物分成九等，因只记古人，不记汉朝人，后人多有指责此表不合断代的体例。

十志，是《汉书》的精华部分，上承《史记》的八书，又比八书记事丰富、系统，规模宏大，下启后世各正史“志”的撰修。十志包括《律历志》、《礼乐志》、《食货志》、《郊祀志》、《天文志》、《沟洫志》和新创的《刑法志》、《五行志》、《地理志》、《艺文志》。

《地理志》记录西汉的行政区划、历史沿革和户口数，及各地风俗民情、物产经济情况，是古代地理学的重要著作。

《艺文志》考证了各种学术派别的源流，记录了古代书目和书籍分类法，是我国现存最早的一篇目录学著作。

《食货志》由《史记·平准书》演变而来，记述西汉的社会经济情况，总括了西汉一代经济制度对前朝的沿袭和变革，尤其叙述了周朝至王莽时期的土地制度及货币制度。

七十传，是谱列西汉人物的传记。其中有一显著特色就是较多地收入了所传人物的著述，主要偏重于有关当时政治、经济的策论，也收入了不少抒情、记事、议论的文章。此外，“传”中还有关于少数民族的《匈奴传》、《西南夷、两粤、朝鲜传》、《西域传》。

《汉书》一出，影响很大，在当时及整个的魏晋南北朝时代，声望甚至在《史记》之上，其贡献不仅在史学和文学上，我国的地理学、目录学、经学都莫不受其影响。刘知几评说："如《汉书》者，究西都之首末，穷刘氏之废兴，包举一代，撰成一书。"（《史通·六家》）这种评价是精当的。《汉书》可谓"博洽"，班固堪称良史。当然，与司马迁相比，班固缺乏民主性的批判精神（封建正统观念太强）。但他更为忠于史实，纠正了《史记》的一些考订不详之处，对于某些历史人物如汉高祖、汉武帝的评价更为公允。章学诚评论说："迁书一变而为班氏之断代，迁书通变化而班氏守绳墨，以示包括也。""迁书体圆用神，班氏体方用智。"（《文史通义》）

《汉书》的思想特征大致如下：

1. 维护正统，批判丑恶：司马迁对汉高祖、汉武帝的品格多有批判，而班固则极力歌颂刘邦建国的功能，并按五德终始的相生说排出帝运传递的次序，从理论上证明刘邦伐秦建汉是继周之火德，竭力神化刘邦称帝是自得"天统"。同时，他也称颂汉武帝时期的人才之盛，并对武帝的雄图大略加以高度评价。从史学意义而言，这种评价比《史记》更为公正，因为评价历史人物的主要标准不应该是人品的高低。

从传统的封建道德出发，《汉书》也暴露了皇权的争夺，外戚的专横，鞭挞了封建统治阶级的骄奢淫逸，反映了人民的痛苦生活。如《霍光传》记盖长公主与燕王刘旦谋反，事发自杀。同谋上官桀等人全部族诛；霍光死，霍氏谋废天子，事泄，霍氏皆诛灭。这些都揭露了统治阶级的争权夺利；《王莽传》中对于王莽执政后以无情手段削除政敌，翦灭异己，毒死汉平帝，导演"禅让"丑剧给予了严厉的批评；《东方朔传》极写上林苑之奢华，《咸宣传》则写人民的痛苦生活及反抗。

这些篇章都充分地显示出班固的良史才能和封建道德尺度。

2. 阴阳灾异思想：《班固》虽对神学迷信有所怀疑，但宣扬天人感应、灾异迷信的东西仍然很多。他称述"推阴阳言灾异"而"纳说时君著明"的学者如董仲舒、夏侯始昌、夏侯胜、刘向、谷永等人。高度评价董仲舒，称其“始推阴阳，为儒者宗”。并大篇幅引用这些“阴阳学者”的言词以论述时政。《楚元王传》中引用刘向给元帝成帝上的奏谏，大言灾异，肯定刘向与董仲舒同是近于“命世”之才的人。甚至把五行灾异说看成一种社会规律。《天文志》中将五星迟速和日月薄食等天象变化与政治祸福联系起来，典型地反映了班固的时代局限。

3. 尊儒思想：《汉书》特撰《儒林传》一文，详细记述西汉一代儒学发展的流派及其演变，并为许多儒学大师立传，述其事迹。称萧亮“身为儒宗，有辅佐之能，近古社稷臣也”。对于以儒学居相位的公孙弘、蔡义、韦贤、匡衡、翟方进、孔光、马宫等人，都称为“传先王语，其醒藉可也”。当然，班固也指出了持禄保位，违离道本的“群儒之患”。但他还是将儒家置于最高位置，称其“于道为最高”。可以说，《汉书》体现了“以圣人之是非为是非”的政治思想。

4. 爱国思想：班固的“爱国思想”与民族感情在《汉书》中表现得很突出，这具体表现在对一批爱国英雄人物的刻画上，如《苏武传》、《卫青霍去病传》、《赵充国传》、《陈汤传》等。《苏武传》中，班固热情地赞扬了苏武坚贞的民族气节，充分展示了他不怕威逼，不受利诱，艰苦斗争的高风亮节；《陈汤传》中，班固精心描写并高度评价了有勇有谋，袭杀郅支单于而立功绝域的陈汤。

《汉书》不仅是史学杰作，同时也是文学杰作。与《史记》相比，班固缺乏激情昂扬的主观态度，而更为平实崇雅。文学成就虽不及司马迁，但也有自己的长处。

1. 人物艺术：在娓娓而谈的叙事过程中，以简练准确的笔调勾画人物，重点突出，层次分明，结构严密。《霍光传》重点写三件事，而霍光的个性，一生荣辱鲜活欲出。先写霍光受武帝托孤遗诏，辅佐昭帝，后在争权过程中将同受遗诏的上官桀、桑弘羊等族诛，委政十三年，威震海内，百姓充实，四夷宾服。次写霍光废昌邑王，谋立宣帝，突出了他迅速果断、思虑周详、有谋有略的大臣品格；再写霍光死后，霍氏诛灭。其文前后既写霍氏的奢侈荒淫，专权阴险，又写宣帝对霍光谦让却又怨惧的矛盾心态。从而将霍光一生得失充分展现出来。霍光生前死后众事纷繁，矛盾层出不穷，班固叙事，不加雕饰，却能有条不紊。难怪李景星称之为“在《汉书》诸传中当为第一”（《四史评议》）。

《陈万年传》，陈万年一生没有惊天动地的大事，班固却在娓娓而叙中将一个专以谄媚为事而平庸无能的老滑头刻画得入木三分。

2. 语言艺术：《汉书》语言不似《史记》气势雄放，但简洁规范、质直朴实、韵味深长，往往在典雅慎严的记述中，表现出对世态的观察和对人物的评价。褒贬自隐显其间。如《张禹传》写张禹以精习经艺的大儒身份而成为成帝的老师，多受尊宠赏赐，却无政绩可言。文字虽不多，却将一个奢淫、偏私、贪婪、圆滑的官僚形象传神地描绘出来。

《汉书》喜用古词，比较难读。东汉末年已有服虔、应劭作注。至唐代颜师古汇集前人二十三家的注释，纠谬补缺，完成了《汉书》的新注。

清代乾隆、嘉庆以后，研究《汉书》的人大为增加，但多从局部进行考证。清末，王先谦集各家的解释纂成《汉书补注》，近人杨树达又著有《汉书补注》和《汉书窥管》等书，可供参考。

中华书局 1997 年出版的标点本《汉书》，采用王先谦的《汉书补注》为底本，并参校其他三种版本，可谓目前最好的读本。

《史　通》

刘知幾（661—721），字子玄，唐徐州彭城（今江苏徐州）人。仕高宗、武后、中宗、睿宗、玄宗五朝。知幾自幼博览群书，喜读历史，二十岁中进士，任获嘉县主簿，自此更为专心史学。三十九岁时由获嘉县调至京城任定王府仓曹，不久被派去与李乔、徐彦伯、张说等编撰《三教珠英》，于长安元年（701）成书一千三百卷。次年起，开始担任史官，先后与人合撰有《则天实录》、《氏族志》、《睿宗实录》、《中宗实录》等。曾于长安四年，暂罢史职，自撰《刘氏家乘》十五卷及《刘氏谱考》三卷，刘知幾身处史馆，一切都得听从监修旨意，自己的高见卓识难以发表，因而于长安二年（702）自撰《史通》，以见其志。景龙四年（710）完成。

《史通》是我国第一部史学理论专著，因论述范围甚广，几乎囊括历史学的全部问题，可称为古代史学通论。全书分内、外两篇，各十卷，内篇十卷三十九篇，外篇十卷十三篇，共五十二篇。但内篇中《体统》、《纰缪》、《弛张》三篇早已亡佚，所以只有四十九篇流传下来，其篇目编次如下：

内篇：六家、二体、载言、本纪、世家、列传、表历、书志、论赞、序例、题目、断限、编次、称谓、采撰、载文、补注、因习、邑里、言语、浮词、叙事、品藻、直书、曲笔、鉴识、探赜、模拟、书事、人物、校才、序传、烦省、杂述、辨职、自叙。

外篇：史官建置、古今正史、疑古、惑经、申左、点烦、杂说上、杂说中、杂说下、五行志错误、五行志杂驳、暗惑、忤时。

这四十九篇文章广泛而深刻地阐述了史学观点、史学方法、史学源流、史学体例、历史编纂、史家修养诸方面的认识。第一次对唐以前的中国史学作了全面而系统的总结。本文将依次对上述内容加以扼要说明，但首先要介绍贯穿《史通》的史学基本精神——通识，因为它是《史通》的灵魂之所在。

“通识”就是要融会贯通、批判创新地看待问题。刘知幾给自己规定的任务就是对以往的史学进行综合批判，辨其指归，殚其体统，“因其旧义，普加厘革”。他志在“上穷王道，下掞人伦，总括万殊，包吞千有”。“通识”精神的形成，既得之于刘知幾的学识胆魄，又得之于前人的优良传统。刘知幾继承了左丘明、司马迁、班固、陈寿等人的史学传统，发扬了王充的唯物战斗风格，从而形成了自己的“独断之学”。

“通识”，首先体现于治史宗旨上，刘知幾非常强调史学的功能，他认为史家治史不仅要区分善恶，劝善惩恶，而且还要把史学作为治国安民的工具，史学与现实密不可分，史家应担当起“述往思来、继往开来、古为今用”的历史责任。

其次表现于通古今之变，刘知幾主张博通、变通。这既是史学精神，也是一种治史方法，《史通》之通就是既通古今又通左右，它是一部上下贯通，左右旁通的史学著作。

下面看看《史通》的主要内容：

1. 历史观点：自秦汉以来，神学历史观、天人感应说一直盘踞在人们的心头。刘知幾反对天命史观、批判阴阳灾异之说，他认为王朝的兴替、人事的成败，并非天命使然，而是人事的结果。《杂说上》阐述如果将成败归之于“命”和“运”的支配，就不能说明历史真相，更不能总结出有益的经验教训。当然，在这进步的观点中也还带有局限性，他的“人事”主要从帝王将相的德与才着眼，这就不可避免地陷入了唯心的英雄史观。

历史观上还有一个重大问题，即古今关系问题。历朝以来，人们认为今不如古。刘知幾大胆“疑古”，他认为“今不一定不如古，古犹今也”；“后之视今，亦犹今之视昔”（《言语》）。

他看到了历史的发展变化，察觉到了历史发展的阶段性，把历史划分为上古或远古、中古或中世、近古或近世，并且明确指出“古今不同，势使之然”（《烦省》）。“势”是一种客观的、不以天命或个人意志为转移的、促使时代推移和社会变化的力量。

刘知幾的这种历史观站得高，看得远，对后世发生了深远影响。

2. 史学方法：刘知幾提出的治史方法，除了贯通全书始终的原始察今的“通变”之法外，还有许多方法值得一提：

（1）“求名责实”法：刘知幾评论史家、史书时，总要先从事物分析中概括出一个标准，然后用以衡量评论对象，判明曲直和名实是否相符，这种方法运用得很普遍。

他认为“本纪”在于“列天子行事”，所以批评司马迁将仅为诸侯的西楚霸王列入本纪。批评陆机《晋书》：“列纪三祖，直序其事，竟不编年。年既不编，何纪之有。”（《本纪》），批评范晔《后汉书·皇后纪》本该为传，却称为纪。

（2）历史比较法：刘知幾采用这种方法进行比较的范围相当广泛，有史家之间、史书之间的比较，有史书不同体例的比较，有不同历史时代的比较，也有文史的比较等等。

在史家比较中，他把左丘明、司马迁视为“君子之史”，吴均、魏收视为“小人之史”，把司马迁、班彪视为“史之好善者”。董狐、南史视为“史之嫉恶者”（《杂说下》），又在《自序》里把自己同扬雄作了细致入微的比较。

在史书比较中，典型地体现于《春秋》三传的比较评论中，他的根本意见就是：“盖《左氏》之义有三长，而二传之义有五短。”

3. 史学源流体例：关于史流史体，刘知幾有著名的六家二体之说，这也是他历史编纂学体系中的重要部分，实质上可以归之于史籍目录学和史部分类法，这是《史通》一书的重要内容和最大特色。书中主要以《古今正史》、《史官建置》考证史籍源流，以《六家》、《二体》、《杂述》阐明史体分类及发展。

六家：是刘知幾在探讨古代史书编纂的整体构想中，根据史体形成和源流派别，将正史归纳为《尚书》、《春秋》、《左传》、《国语》、《史记》、《汉书》六家。这些流派相继发生和发展，各有特定的背景条件和得失。

他认为《尚书》记言，记人物不能尽其生平，记史实不能评其年月，同时，由于单独记言，致使某些大事缺而不载。并指出《春秋》记事的主要特点就是“属辞比事”，但其记事过于简单，记言又过于简略，以至于“缪公诫誓”这样重要的言论，也缺而不录。《左传》则依照《春秋》编年之体，叙事详博。刘知幾认为它不遵照古人之法，言语与事件都在记叙之中，然而繁简得当，使读者乐读不倦。《国语》分国，反映了春秋时期诸侯割据的历史状况。《史记》创纪传体通史体例，是秦汉大一统的政治需要。《汉书》演而为断代，则反映了封建王朝更替的现实，便于为一姓之王朝服务。

二体：刘知幾认为，时移世异，《尚书》等六家之体久已不用，只有《左传》和《汉书》二家沿用下来，六家（渐）归二体，即纪传、编年二体。这二体各有各的长处、短处，二体不可偏废，应该“并行于世”。但是由于纪传体更适合反映封建制度，因而被统治者大力提倡而处于独尊地位。所以《史通》将主要精力用于剖析纪传体，专门篇章有《本纪》、《世家》、《列传》、《表历》、《书志》、《论赞》、《序例》、《题目》等十几篇。

杂述：在六家二体的基础上，刘知幾将编年、纪传二体列为正史，其余就称为杂述，分为编记、小录、逸事、琐言、郘言、家史、别传、杂记、地理书和都邑等十种。

刘知幾这种分类方法基本合乎历史实际，立论高远而全面系统，但其中也有偏激之见。例如他将《汉书》抬到纪传史之祖的位置，贬低了《史记》的创例之功。实际上是偏好于班固而抹煞了司马迁的功劳。未免有源流倒置之嫌。再如他评论表志，就有很多任意褒贬之处。他在《表历》中指责《史记》列表是重复繁冗，《杂说上》又肯定司马迁的创表之功。至于书志，他是责备的多而肯定的少。尤其对于影响深远的《天文志》、《艺文志》，他力主删除。先批评《史记》作《天官书》，又指责班固循其例而作《天文志》，进而攻击晋隋史家篇目更多。总之，他全盘否定了史家作《天文志》的功绩。而对于《艺文志》，他则认为不全属当朝之事，应该删除。《艺文志》具有极高的学术价值，刘知几严格地按一定标准加以否定则未免因噎废食。

4. 史家修养论：在这方面，刘知幾提出了著名的“史才三长论”和“书法直笔论”。

史才三长：是指史才、史学、史识三条长处，《史通》里没有明确提出“史才三长”这句话，但评论史学时处处都以才、学、识作为尺度，并分别就三者进行了极为周详的阐述。

史才，是指史书的表达形式，包括文字表达及选择、组织史料的能力和史书编纂等；史学，是指史事，即材料；史识，指研究历史的观点和方法。三者缺一不可。

史才：主要见于《载文》、《言语》、《浮词》、《品藻》、《校才》、《烦省》、《点烦》、《叙事》篇里，刘知幾认为好的历史著作，必须善于叙事，必须以“简要”为主，还要做到“用晦”，即用简约的文字表达出字面以外的内容。

史学，刘知幾主张博学多闻，综览群书，广采众说。他认为“博闻”，是积累丰富的史料，扩大眼界，是治史的基础，但“博闻”还要同“择善”、“辨伪”结合起来，要对史料加以分析、鉴别。

史识，刘知幾提出了著名的“善恶必书”的书法直笔论。“直书其事”是我国史家的优良传统，刘知幾系统总结了这一传统，在《史通》中着《直书》、《曲笔》两篇，明确地把“直书”作为编纂史书的基本原则，在《惑经》、《疑古》篇中，对儒家经典《尚书》、《春秋》大胆提出批评。

《史通》一书，还提示了旧史记载失实的原因，这个主要在于史家为当时统治者威势所慑，及史家的品德修养所致。由此，刘知幾提出“兼善”、“忘私”的观点，即史家要善于兼取众家之长，不为个人的好恶所蔽。

史才三长论和书法直笔论是深具远见卓识的，但也由于时代限制而不可避免地带有浓厚的封建伦理色彩和封建等级观念。

《史通》自问世之日起，人们就对它一直褒贬不一。刘知幾的好友徐坚则高度评价此书，说：“为史氏者，宜置此座右也。”（《新唐书·本传》）目录学家晁公武也肯定《史通》“备载史策之要”。当然，有些批评也并非毫无道理。如宋祁说他“工诃古人，而拙于用己”，就有一定道理。

但不管褒贬如何，《史通》总结了我国史学的发展，肯定了史学的地位和作用，明确史学研究的方向，促使史家注重历史观和方法论，从而建构一个相当完整的理论体系，它标志着我国封建史学理论确立。

明清学者对《史通》的注释颇为不少。大致有明代李维桢、郭延年的《史通评释》，陈继儒的《史通订注》及王惟俭的《史通训故》，清代黄叔琳的《史通训故补》。浦起龙在博采众家之长的基础上作《史通通释》而使前者皆废。后来学者都在《通释》基础上进行补订工作，如陈汉章《史通补释》、杨明照《史通通释补》、罗常培《史通增释序》。评论《史通》的则有吕思勉的《史通评》、张舜徽的《史通评议》、程千帆的《史通笺记》。今人注本最完善的则是张振佩的《史通笺注》。

《资治通鉴》

北宋司马光撰。司马光（1019—1086），著名史学家、政治家。字君实，陕州夏县（今属山西）涑水乡人。世称涑水先生，谥号“文正”。官至翰林学士、御史中丞。通诗善文，著有《司马文正公集》、《稽古录》等。后来因为反对王安石变法，退居洛阳十五年，专心主编《资治通鉴》。

《资治通鉴》是一部编年体通史，记载上自周威烈王二十三年（前403），下迄后周世宗显德六年（959），包括周、秦、汉、魏、晋、宋、齐、梁、陈、隋、唐、后梁、后唐、后晋、后周在内的十六个朝代共一千三百六十二年的历史。共二百九十四卷，另有考异、目录各三十卷，合为三百五十四卷。

《资治通鉴》的编书目的，约有两方面：（1）在研究学习历史的过程中，发现当时史书中没有一部比较简明完整的通史，让学习的人感到很困难，以至史学大义“行将灭绝”。为挽救这种史学危机，他决定编一部新的史书，一要求简明，二要求通贯，用以取代繁重的十七史。（2）从政之后，鉴于北宋中期社会危机日趋严重，内而民怨沸腾，外而辽、夏侵扰，国势倾颓。“以史自负”的司马光，企图通过历史的编写，“叙国家之盛衰，着生民之休戚”，来总结历史经验，为巩固当时的封建政权服务。所以，他在《进资治通鉴表》中，希望宋神宗“鉴前世之兴衰，考当今之得失，嘉善矜恶，取是舍非”，藉以改进政治，安定国家。

《资治通鉴》的成就。它体大思精，在史学和文学等方面取得了伟大成就，具体表现在：

1. 为历史编撰学提供了极为宝贵的经验。（1）《资治通鉴》

是一部集体编撰的历史著作。司马光很好地发挥了统筹全局的首脑作用，并对全书的体例、书法、史料的考订、文章的剪裁，乃至句法的锤炼，都严肃认真，一丝不苟。协修是刘恕、刘攽和范祖禹，司马光的儿子司马康担任检阅文字的工作，下面还有许多专门抄写的书手。编写分三个步骤：最先是收集史料，按照年月顺序，标明事目，剪贴粘连起来，叫做丛目，要求史料尽量详备。第二步，对丛目加以考订，说明取舍理由，作为附注，叫做长编，原则是“宁失于繁，毋失于简”。丛目和长编大都由协修人员负责编写。最后由司马光就长编所载，考其同异，删其繁冗，修改润色，写成定稿。前后经过十九年的时间才编成这部以年为经、以事为纬的巨著。这种编撰方法为后来学者所经常使用。（2）司马光在运用史料时还建立了考异方法。由于《资治通鉴》采集繁富，往往一件事用三四个出处写成，其间传闻异辞，势所难免，既要选择其可信者从之，又要考辨其同异，辨证谬误，以明去取之故。把这些属于考辨的内容单独分开，作为《考异》三十卷，与《通鉴》并行，这是司马光的又一大创造。《四库全书总目提要》评论《通鉴考异》时说：“修史之家，未有自撰一书，明所以去取之故者，有之，实自光始。”后来胡三省注释《通鉴》，又将《考异》散注于正文之下，方便读者阅读。不过至今也还有《通鉴考异》的单行本行世。（3）在体例上还有一个创新，就是编写了《通鉴目录》。以前的史书目录，都限于纪传体，至于编年史是按年记事，头绪繁多，详略不一，不好编目。但司马光克服了困难，用年表之法，为目录之体，方便了读者检阅。

2.《通鉴》占有了广泛而丰富的历史资料。司马光奉诏编书，把书局放在崇文院，所以有条件利用丰富的国家藏书。他“遍阅旧史，旁及小说，简牍盈积，浩如烟海”。《资治通鉴》的取材除十七史以外，还有野史、文集、谱录等。根据近人张煦侯对《通鉴》和《通鉴考异》所引各书加以考索，分为正史、编年、别史、杂史、霸史、传记（附碑碣）、奏议（附别集）、地理、小说、诸子十类，共计三百零一种。今人陈光崇重加考订为三百五十九种，可见其引书之富。《通鉴》内容虽以政治、军事为主，但经济、文化等方面也有反映。另外，《通鉴》所引之书“已半亡佚”，不少资料赖以保存。

3.《通鉴》把编年体升华到一个新的高度，形成了史学上的“通鉴体”。既保持了编年体的以时间为记事中心的优点，又吸收了纪传体以人物为中心的优点，形成记人记事相对集中的纪传体式的编年体，而成为别具一格的“通鉴体”。之后，宋代刘恕的《通鉴外纪》、李焘的《续资治通鉴长编》、李心传的《建炎以来系年要录》、朱熹的《资治通鉴纲目》、袁枢的《通鉴纪事本末》，明朝薛应旗的《宋元通鉴》，清朝毕沅的《续资治通鉴》等，都继承了《通鉴》的体例，在中国古代通史领域形成了“纪传体”和“编年体”并驾齐驱的趋势。

4.《通鉴》结合史实的史学评论为我们提供了借鉴。司马光在《通鉴》中，对他认为重要的历史事件和人物都作了评论，据统计共有二百一十八条：“臣光曰”一百一十九条，前人论九十九条。这些评论是《通鉴》的重要组成部分，对事实和人物有解说和总结作用，既反映了司马光对史实的精辟分析，为现实服务；又可反映他的史学思想，提供研究他的思想资料。

5.《通鉴》是一部文学性很强的史学著作。他善于刻画人物，对人物的心理活动、特征、言谈、议论等方面用力很深，常常把人物放在具体的矛盾中去刻画，使笔下的人物各具个性，栩栩如生。叙事特别生动逼真，如对赤壁之战的描述，对李愬雪夜入蔡州的记叙，均堪称文学佳作。所以前人常把他和司马迁相提并论，称为前后“两司马”，俱为史学界巨擘。

《通鉴》有代表性的评价。由于它的伟大成就，从它一问世，人们的评价就很高。宋神宗说：“前代未尝有此书，过荀悦《汉纪》远矣！”朱熹说：“温公（指司马光，追封的号）之言，如桑谷麻粟。”强调它的实用性。胡三省说：“为人君而不知《通鉴》，则欲治而不知自治之源，恶乱而不知防乱之术。为人臣而不知《通鉴》，则上无以事君，下无以治民。为人子而不知《通鉴》，则谋身必至于辱先，作事不足以垂后。”强调它对君主、臣子和一般人都有教益。《四库全书总目》说它“网罗宏富，体大思精”，从学术上评价其特点。王鸣盛说：“此天地间必不可无之书，亦学者必不可不读之书。”梁启超说：“简繁得宜，很有分寸，文章技术，不在司马迁之下。后世有欲著通史者，势不能不据为蓝本，而至今卒未有愈之者焉。”现代著名历史学家岑仲勉说：“《资治通鉴》是我国极负盛名之通史，论到编纂的方法，史料的充实，考证的详细，文字的简洁，综合评论，确算它首屈一指。”评价很完备。从南宋到现在，研究《资治通鉴》已经成为一门学问，可称为《通鉴》学。今人崔万秋著有《通鉴研究》，张须著有《通鉴学》，陈垣著有《通鉴胡注表微》，都为一时大作。

《资治通鉴》在古代最好的版本，是清朝胡克家翻刻的元刊胡三省注释本，而且学者章钰校勘、考证并汇集了宋、元、明各本的长处，1956年中华书局就是根据这一版本点校出版了今本《资治通鉴》。

由于《资治通鉴》原书卷帙太过浩繁，通读不大方便也不容易。可读一些选本作为深入了解的基础。比如郑天挺主编的《资治通鉴选》。首先，可通观选本的目录，以对选本内容有综合了解。在阅读的过程中，应参看注释，可解答疑难。有必要还可看胡三省的原注，再要深入，可旁览明末清初严衍的《资治通鉴补正》。其次，以选本的选文为主要的阅读对象，可以兼看北宋以前的相关史书。因为《通鉴》大多有所本，对比阅读，可以找出异同。比如，读《张骞通西域》时，可同时阅读《汉书·张骞传》。第三，在正式阅读选本选文之前，可以先读附录。因为这些附录的学术性比较强，对司马光等人的情况可了解得更清楚。当然，不可避免的，阅读本书时要有辩证的眼光。因为这本书写作的一大目的就是“鉴于往事，有资于治道”，是为统治阶级服务的。

《文献通考》

《文献通考》的作者是马端临。马端临字贵与，号竹州，饶州乐平（今属江西）人。生于南宋理宗宝祐二年（1254），卒于元泰定帝泰定元年（1324）。马端临的事迹记载比较少，《宋史》、《元史》没有为他立传，在《文献通考·自序》中也没有叙述，在《南宋书》和《新元史》中虽然有传，但字数相当少。很可贵的是，在《文献通考》的《进书表》、《抄白》和清初编修的《乐平县志》中保存了一些马端临的有关资料，故而可知他是南宋后期马廷鸾的儿子。马端临是一位学识渊博的学者，他的父亲曾经任过史官，家中藏书很多，马端临有机会阅读大量的图书，因而相当有学问。他的父亲去世后，马端临在短期内做过慈湖书院、柯山书院山长，一生大部分时间在家乡著书、讲学。其著作主要有：《多识录》、《大学集注》、《义根守墨》等，而《文献通考》是其最重要的代表作。

根据《抄白》所记载，《文献通考》的编写大概花费了马端临二十多年的时间，一次偶然的机会被道士王寿衍发现，然后奏报朝廷，在元英宗至治二年（1322）由官府刊刻印行。此书分为二十四门，共三百四十八卷，分别如下：《田赋考》七卷，《钱币考》二卷，《户口考》二卷，《职役考》二卷，《征榷考》六卷，《市籴考》二卷，《土贡考》一卷，《国用考》五卷，《选举考》十二卷，《学校考》七卷，《职官考》二十一卷，《郊社考》二十三卷，《宗庙考》十五卷，《王礼考》二十二卷，《乐考》二十一卷，《兵考》十三卷，《刑考》十二卷，《经籍考》七十六卷，《帝系考》十卷，《封建考》十八卷，《象纬考》十七卷，《物异考》二十卷，《舆地考》九卷，《四裔考》二十五卷。《文献通考》是一部典章制度通史，在中国史学史上占有重要的地位。

1. 从体例上来看，发展了分门别类编纂材料的方法。《文献通考》全书分为二十四考，每考都是按照时代排比，并且有小序，每考还有子目。与唐代杜佑《通典》比较而言，其中田赋等十九考是根据《通典》的八门加以分解补充的，如《选举考》、《学校考》原来在杜佑《通典》的《选举典》中，《郊社考》、《宗庙考》、《王礼考》等三门原来在《礼典》中，等等。但是《经籍考》、《帝系考》、《封建考》、《象纬考》、《物异考》五考却是马端临的独创。其中七十六卷的《经籍考》是一部极其重要的目录学著作，对后世影响甚大。杜佑《通典》中《兵典》仅仅叙述用兵方法，《兵考》则详细论列古今兵制的沿革。

2. 内容广博，网罗宏富，材料珍贵。《文献通考》记载起自上古，终于南宋宁宗嘉定年间。就内容而言，实在是对《通典》的扩大和补充，在中唐之前以《通典》为基础，并作了适当的补充，中唐之后则为马端临广搜博采的结果，尤其是宋代部分，当时《宋史》还没有完成，而马端临所见到的宋代史料最丰富，所以其中很多为《宋史》所没有。在典章制度方面，成为两宋史料中最真实可靠的部分。

3. 独特的编著方法。清代考据学可谓发达，但马端临《文献通考》已经开其先河，那就是创造了文、献和注相结合的方法。“文”指叙事，就是从经史、会要和各种传记中选择材料，原原本本地把事实摆出来；原则是：取“信而有征”，舍“乖异传疑”，就是对于可靠的资料采用，对于不可靠的存疑。“献”是论事，把历代比较有名的人对各种历史现象、历史人物和历史事件的评论都采录在其史实下面，这一点可以让人们更充分地认识历史的本来面貌。“注”就是按语，就是马端临对历史上别人的记录和论断的看法，这一点很有启发意义。

4. 可贵的史学思想。在大量的按语中，可以看到马端临的出众的史学思想，有些看法今天也有很大价值。唐代杜佑的《通典》将《食货》放在全书最前面，显示了他对国家经济的重视，宋代郑樵将《食货》移到了《选举》、《刑法》等之后，到了马端临再次将《食货》列于全书之首，并且增加为八门，因而马氏的看法要高于郑樵。马端临看问题并不走极端，比如对秦国商鞅变法和唐代杨炎的两税法，马氏虽然否定了这两个人，但并不否定变法的重大历史意义。《通考》对五代、宋记述较详实，记混乱的五代时期，参加过唐末农民起义的张全义，曾经为恢复洛阳一带的经济作了大量的努力，但欧阳修《五代史记》，却因为张全义出身"群盗"，简单地记载了几句，马端临则详细叙述，并有自己的看法："全义本出'群盗'，乃能劝农力本，生聚教诲，使荒墟为富实。观其规划，虽五季之君号为有志于民者，所不如也。贤哉！"指出虽然是有志于百姓的君主恐怕也不如他，可见评价很高。

在《文献通考·自序》中，马端临指出司马光《资治通鉴》"详于理乱兴衰，而略于典章经制"，因而要补充司马氏的不足；其次，认为杜佑的《通典》叙述仅仅到唐天宝年间，"不无遗憾"，所以立志以《通典》为蓝本，重编一部"贯穿二十五代"关于典章制度的专书。如上所述，马端临的确取得了非凡的成就，但是也存在不容忽视的问题。这是一部规模宏大的典章制度专书，有些部分容易流于简略，比如《职官考》全录《通典》，对于五代的叙述寥寥无几；再者，《经籍志》内容全面，但大多依据晁公武《郡斋读书志》、陈振孙《直斋书录解题》，不能完备。因此学者对《通典》和《通考》的评价是：前者以精密见称，后者以博通为长，各有其独特的优点，应相互补充参证。《四库全书总目提要》给出了公允的评论："大抵门类既多，卷繁帙重，未免取彼失此。然其条分缕析，使稽古者可以案类而考。又其所载宋制最详，多《宋史》各志所未备，按语亦多能贯穿古今，折衷至当。虽稍逊《通典》之简严，而详赡实为过之，非郑樵《通志》所及也。”

《通志》、《通典》、《文献通考》都是以贯通古今为宗旨，而且都以“通”字为书名，故合称“三通”。《文献通考》通行的刻本有清乾隆年间武英殿校刊的三通合刻本，并附有考证，其后复刻的一般都以此为底本。1988 年 11 月浙江古籍出版社出版的“十通本”《文献通考》是目前比较不错的版本，并且有“十通”索引，方便查找利用。

《徐霞客游记》

明代徐霞客撰。徐霞客（1587—1641），地理学家、旅行家。名弘祖（一作宏祖），字振之，号霞客，明代南直隶江阴（今属江苏）人。他的父亲是一位隐居的学者，重视名节、操守，他的母亲是一位很有见识的女性，对少年徐霞客很有鼓励和影响，对成就他的一生事业有过十分重要的影响。徐霞客从小就“特好奇书”，博览古今地志，十分向往“问奇于名山大川”的生活。他二十二岁开始旅行，足迹遍及今十多个省区。每到一个地方，就考察奇山异水的成因，并按日详细记录所见到的情景，用了三十余年的时间。这部《徐霞客游记》就是后人根据他的记录而编辑整理成书的。

《徐霞客游记》是徐霞客三十年来探索和研究大自然奥秘的成果结晶。全书目录分为十卷，卷分上下，实际为二十多卷，约四万多字。其中大部分是关于西南和新疆地区的考察记录或者专题的论述，特别是对石灰岩溶蚀地貌的记载，内容丰富多彩，记述翔实精确，具有相当高的科学价值。

《徐霞客游记》的自然地理内容非常丰富。他开辟了地理学上系统观察自然、描述自然的新方向。徐霞客经常走小径，尽量不留空白，每到一地也是尽可能地登高，以便于观察地形，了解山河走势。徐霞客对江河的考察，极其谨慎认真。比如，过去提到《禹贡》有“岷山导江”的说法，然而徐霞客就冲破了此种观念，在历史上第一次论证了金沙江才是长江的正源。在水文方面，徐霞客非常重视江河水量的涨缩，对于颜色的变化、江面的宽窄、水流的缓急也极其重视。最为可贵的是，他对河流的流速与流程的关系、河水的侵蚀作用、喷泉发生的原因等都作了科学的说明。在《徐霞客游记》中还有大量的关于气象的记载，徐霞客用了三年多的时间进行气象观察，详细地记录了每天气象的变化，保存了我国古代最详细的气象观察记录。不仅能注意到气候和植物的关系，也注意到气温和海拔的关系，并重视地理位置对气温的重要影响。还有就是对物产的记载也相当丰富，有花卉、林木、动物、矿物、药材等等，并尽力做出标本。徐霞客深入地研究了植物的特征、用途、地理分布等等，比如记载西南花木，比专门记载云南名花的《滇中花木记》多出数十倍，可见记载之丰富。

另外对政区、交通、熔岩、地热等均有翔实的记录，而且此书是我国也是世界上最早的研究石灰岩地貌的科学文献，因此具备不可多得的价值。

徐霞客在其《游记》中还表现出了很高的文学成就。首先，名山游记是写景的佳作，被古今游记选本多次选入。比如记述湘江遇盗、鸡足山顾仆逃跑诸篇，情节曲折生动、跌宕起伏，描写极其细腻，是叙事性散文的名篇。另外他的政论性代表作有《随笔二则》、《近腾诸彝说略》等，议论中肯，切中时弊。再次，《徐霞客游记》由于记载时日多，篇幅大，内容宏富，实在是古今第一。《四库全书总目提要》说："游记之夥，遂莫过于斯编。"其体例恰恰是为了更好地容纳如此丰富的内容而分类的，有日记正文，是主要部分；有文中说明，是用小字夹注；另有专门条目，是用来补充当地的风土、物产、历史、人物等等的，附于每篇日记后面；部分地区可以独立出来，比如《永昌志略》、《丽江志略》等，能够更集中反映当地的历史。日记正文按旅游路线安排，属于纵的线索；后三部分是对各种问题的展开，形成为横的解剖，因此产生了所谓的"徐霞客游记体"，丰富并发展了日记体游记。

《徐霞客游记》记载了不少的史料，徐霞客能够广泛接触社会各阶层，能够了解国史、邸报等无法反映的社会底层的生活状况。《游记》比较忠实地记载了当时的历史，展现了从江南到西北边疆社会生活的千姿百态，生动绚丽，内容丰富又可靠。首先是关于人民生活的记载，其中所到之处有杭州府、衢州府、桂林府、云南府等大城市，也记载了中小城镇和广大农村的人民生活，对人民的衣食住行、风俗习惯等都有翔实的描述。在反映人民生活时，徐霞客的可贵之处在于，他不是像其他帮闲文人粉饰太平，而是如实地记录了包括王公贵族巧取豪夺的社会现实。同时统治阶级的腐朽生活也描述得淋漓尽致，比如衡阳的桂王，烧香拜佛的寺庙规模巨大，“八庵联络”，也是导致农民起义的重要原因之一。其次，还有关于农民起义的描述。明末北方农民起义的资料不乏记载，但对南方农民起义的资料记载就少之又少，《徐霞客游记》则透露了江南农民起义的线索。比如记载土司镇压当地农民起义的时候，土司兵则事先向农民军报讯。再次，关于宗教的史料。徐霞客是四处游荡之人，多与僧侣相交往，对各地佛寺、道观记载尤其详尽。就他本人而言，也深受佛教的影响，有唯心主义的倾向，但他并没有宗教偏见。《游记》关于佛教的资料已经引起重视，陈垣先生在写《明季滇黔佛教考》时就引录很多，并说：“今欲考滇黔静室及僧徒生活，《霞客游记》为最佳史料。”复次，就手工业、商业、农业也有相当的记载。比如对各地农村集市就记载了米价、油价等等；另外对手工业中的采矿业描写最为突出；对农业的时令、耕作制度、使用各种工具都有细致的介绍。

《徐霞客游记》的重要地位早已引起注意。英国著名科学家李约瑟在《中国科学技术史》第五卷中说：“《徐霞客游记》读来并不像是十七世纪的学者所写的东西，倒像是一位二十世纪的野外勘察家所写的考察记录。”对于它的文学上的伟大成就，明末著名文人钱谦益曾经评价道“当为古今游记之最”，为“世间真文字，大文字，奇文字”等等，其褒奖之词溢于言表。在当时没有先进仪器设备的情况下，徐霞客能够利用野外考察的第一手资料，得出很多与近代科学原理接近的推论，是极其难得的，所以对它的评价很高。

《徐霞客游记》在他本人去世后，由后人整理成篇。乾隆四十一年（1776），他的族孙徐镇将《游记》刊刻成书，是为最早的刻本。后来嘉靖年间、民国年间均有刻本或印本行世。1980 年，上海古籍出版社出版的诸绍唐、吴应寿整理的《徐霞客游记》，采用徐镇刻本、季会明抄本为底本，另外参校了很多家抄本，是为最好的版本。书前有徐霞客像、手迹，另有季会明等人抄本书影，有徐霞客旅行路线图。

《明　史》

《明史》三百三十二卷，包括本纪二十四卷，志七十五卷，表十三卷，列传二百二十卷，清代张廷玉等奉敕撰。《明史》的修撰，开始于康熙十八年（1679），完成于乾隆四年（1739），前后经过了六十多年，最后由张廷玉奉表将书呈上，故署其名，是我国历史上编修时间最长的一部官修史书。

张廷玉（1672—1755），字衡臣，号研斋，安徽桐城人。张廷玉是大学士张英次子，康熙三十九年进士，授检讨，历任侍讲学士、内阁学士、刑部侍郎。雍正期间，升礼部尚书，曾经做过保和殿大学士，和鄂尔泰同为军机大臣等。因为非常周敏勤慎，为清世宗所倚重。乾隆四十年，以老病回归故里。谥号文和，有《传经堂集》。

清统治者入关建立政权后，明遗民与农民军合作，坚持抗清。到了康熙初年，清政权慢慢稳定，抗清斗争转入低潮。明遗民相当重视《明史》的修撰，比如黄宗羲有《明文海》、《明史案》；顾炎武有《皇明修文备史》，这些都是为修《明史》而准备的史料。清朝统治者抓住这个机会，于康熙十八年（1679）下诏修撰《明史》，并以开设博学鸿词特科的名义，网罗在野的名人才士。这不仅是一般的编修史书，同时更主要的是让明遗民全身心地投入到修书中，消磨他们的反清意志，达到巩固清朝统治的目的。

《明史》编修的基本过程和这一过程中的历史真相。康熙十八年开始编修《明史》，其中像黄宗羲、顾炎武这样的明遗民本来热心于编修《明史》，但不愿意和清朝统治者合作，于是黄宗羲不得不让儿子黄百家和门人万斯同参加，但是他为这项工作提供了巨大的史料资助，并成为解决主要问题的关键人物；顾炎武的门人潘耒也参加编书，顾氏的外甥徐元文和徐元一兄弟在朝中做官，有问题多向潘耒请教。

关于《明史稿》署名王鸿绪撰的问题。在编修《明史》过程中，起到最大作用的当属万斯同，虽然他不是正式纂修人。康熙十七年（1678）他被推荐为博学鸿词，力辞不就第二年来到北京参加《明史》的编修，但他不署名，不受俸，只是以馆外人的身份参加修书，历时十九年之多。万斯同对明代掌故特别熟悉，因而为该书的编修做出了巨大贡献。《明史》全部经过万斯同审阅定稿，在康熙三十年（1691）初稿完成。后来万斯同去世，同时明史编修馆中旧人越来越少，而王鸿绪因为曾经长久地担任总裁，于是在康熙五十三年（1714）把列传稿删定为二百零五卷，呈送于朝廷，雍正元年（1723）把整理的纪、志、表合为全稿进呈上去。至于万斯同原来的稿件已经不可见到，只有这部《明史稿》流传于世。黄宗羲、万斯同等几十个学者的成果被王鸿绪窃取，他的《明史稿》实际是建立在数十位学者的心血上，这一点毋庸置疑。

《明史》的最后完成是在《明史稿》的基础上改编修订的。雍正二年（1724），下诏根据旧稿撰成定稿，经过十五年的时间，到了乾隆四年（1739）《明史》最后成书奏进，因为张廷玉是总裁，故署其名。《明史》全书共三百三十二卷，目录有四卷。

《明史》在官修史书中成就很高。张廷玉在进书表中就讲："惟旧臣王鸿绪之史稿，经名人三十载之用心"，是肯定万斯同等人的工作。比较而言，其他的历代官修史书，大都是以国史、实录为依据编成。而《明史》则不同，在康熙年间参加修史的人，大都有浓郁的爱国思想，这促使他们认真踏实地去努力编修《明史》，能够集中精力、并且花费更多的时间一心扑在史书的编修上，因而质量较高。其次，就《明史》本身的体例和内容而言，有很多的成就：

1. 本纪。建文皇帝和景泰皇帝在《明实录》中是分别附于《太祖实录》和《英宗实录》下的，但在《明史》中就分别单独成篇《恭闵帝纪》和《景帝纪》。

2. 志。《明史·艺文志》的突出特点是，仅仅著录明代的著作，这一点不同于以往的史书“求博不专”，对于更好地、更清晰地认识明人的撰述有很大帮助。另外，明朝二百七十余年的历史中，为了维护其统治而设立的厂卫制度等等，在《刑法志》中有细致的叙述。

3. 《宰辅表》和《七卿表》，前者关于宰相和大学士，后者关于六部尚书（吏、户、礼、兵、刑、工）和都御史。《七卿表》采自谈迁的《国榷》，能够采纳他人之长为己所用，比前代诸史进步。

4. 列传。关于少数民族的史料记载，比如《土司传》和《西域传》，记载了各民族之间的往来史事，对于民族史的研究多有裨益。关于宦官有《阉党传》，关于农民战争有《流贼传》。以上所列反映了明代比较突出的社会问题，可以从中寻找到集中而系统的各种资料。

当然《明史》存在的问题也不少。概括来说主要有三个：第一，仇视农民起义。《流贼传》中对农民起义多有污蔑之词，《流贼传·序》讲：“盗贼之祸，历代恒有，至明末李自成、张献忠极矣。史册所载，未有若斯之酷也。”第二，极力宣扬封建伦理道德、纲常名教。在讲南明历史的时候，对能够自始至终跟随唐王、桂王的各位大臣，就称颂其尽忠守节等封建道德。另外专门列《忠义》、《孝义》、《列女》三个类传，大肆渲染忠孝节义等封建思想。这些无非是为了维护封建统治，让百姓臣民都俯首帖耳。第三，歪曲史实、详略不当。关于清朝的兴起就有含糊其词、不合史实的地方。说清朝先世出于满洲，根本掩讳女真、建州、金可汗等称号，否认与明朝统治者建立过从属关系。清先世本来出自女真族建州部，他们的酋长在明朝初年就受封为建州卫世袭指挥，后来增加三卫，历代向明廷“朝贡”。万历年间由努尔哈赤统一各部，并公开举兵抗明，建立后金汗国；皇太极时，改国号为清，并向关内发展，《明史》对此就多有歪曲。另外，对在南明史上出现的很多抗清斗争的事件也忽略不提，安排详略方面很不得法。

乾隆四年（1739），《明史》撰写完成后，就刊行于武英殿。民国张元济有百衲本《明史》，后面附有《明史考证捃逸》四十二卷，为吴兴刘氏嘉业堂刊行。中华书局有点校本《明史》。

《廿二史劄记》

《廿二史劄记》三十六卷，补遗一卷，清人赵翼撰。赵翼（1727—1814），著名史学家、文学家。字耕松，号瓯北，江苏阳湖（今武进）人。他的父亲赵宽，字子容，以授徒为生。赵翼自小随父亲在私塾读书，对古诗文词特别感兴趣。乾隆六年（1741），赵翼才十五岁父亲就去世，因为他的学行优异，得以继承其父职务，因此在其后的几年中以教家塾为生。乾隆三十一年（1766）曾被授予广西镇安府知府，三十八年（1773）回到家中，从此以读书赋诗为乐，开始了他的著书生活。主要著作有：《瓯北诗钞》十七卷；《檐曝杂记》六卷；《唐宋十家诗话》十二卷；《皇朝武功记盛》四卷；《陔馀丛考》四十三卷。《廿二史劄记》为史学论著代表作。

此书为清代三大考史名著之一，其余两部分别为钱大昕的《廿二史考异》和王鸣盛的《十七史商榷》。《廿二史劄记》名为二十二史，实际所考证系二十四史，因为其中的《唐书》和《五代史》皆兼新、旧二书而言，故称二十二史。

《廿二史劄记》在初期并没有受到足够的重视，虽然赵翼、钱大昕、王鸣盛的三部著作并称三大考史名著，但不同的是：赵翼侧重于史学，而其他两位则侧重于经学。恰恰是由于这个原因，赵翼的史学成就虽高，但不被一般士人所看重。因为清代学术以经学为中心，虽然乾嘉时期考据学盛行一时，却并没有将《廿二史劄记》提到相应的高度。但这部著作在史学上具有特殊的成就，是读二十四史的入门之书。

赵翼考辨史事，用归纳法将各种重要史事汇集一处进行系统地论述，或者对史事的真伪做出判断。魏晋时期，九品中正制产生，并在此后保持了数百年的影响。《廿二史劄记》第七卷中有《九品中正》，就阐明了六朝时期上层社会的特点及其和政权的内在关系。世人讲“上品无寒门，下品无世族”，反映了当时高门豪宅的显赫，庶姓寒士则被阻塞一边。直到隋唐时期才出现选举制度的变化，这种支配选举数百年的制度，在史书中却没有明确而系统的记载，故而《廿二史劄记》填补了这一空白。就宋代而言，赵翼集中而又深刻地论述了统治者是如何压榨百姓，他们内部又如何享受各种待遇。诸如《宋制禄之厚》、《宋恩荫之滥》、《宋恩赏之厚》、《南宋取民无艺》等等，大都反映了以上诸问题。《宋制禄之厚》总结击中肯綮：“恩逮于百官者唯恐其不足，财取于万民者不留其有余，此宋制之不足为法者也。”至于明代，在《明内阁首辅之权最重》中，详细地说明了明代统治机构的特点。《明代先后流贼》中对正德年间河北流民大起义、福建邓茂七起义、江西和四川等地的起义军均有具体介绍，有利于了解明代阶级矛盾和斗争。

就赵翼的史学方法来讲，横的看是比较分析的方法，对纪传体史书体例和编纂、对各史书的史料价值的高下、编写方法的优劣、所运用的书法和编写经验都有一些有益的评论。比如《史记》和《汉书》；《南史》和南朝《宋》、《齐》、《梁》、《陈》四部史书；《北史》和北朝《魏》、《齐》、《周》、《隋》四部史书；《新唐书》和《旧唐书》；《新五代史》和《旧五代史》；《宋》、《辽》、《金》三部史书。比较《史记》和《汉书》时，有《史汉不同处》将两部书直接比较，从中看出它们的得失。对《宋书》、《齐书》有一定的看重，比如《宋齐书带叙法》、《齐书类叙法最善》，此中着重讲了带叙法、类叙法的优势，很有独特见解。《魏书》有“秽史”之称，《魏书多曲笔》、《北史魏书多以魏收书为本》，指出《魏书》固然有很明显的缺点，但也有可取的地方，不可一笔抹杀。赵翼的论评能中肯綮，很有说服力，值得借鉴。纵的看在考辨中综合运用了以经治史的方法，即以经证经、以史证史。赵翼在所用的资料上，对正史的纪传表志做相互比较校勘，用本史互相证明，或用各种史料相互证明，掌握得非常严格。

另外《廿二史劄记》很重视史实的真实性，通过考异、辨识、纠谬等各种形式，对史书记事进行了辨析和订正，对于深入认识各书的史料价值，对于正确利用史料都有裨益。而且考史注意于社会的变革、历史的变化，大有继承顾炎武“经世致用”的思想，在当时是非常可贵的。

但是，《廿二史劄记》也有很多缺点，比如记事谬误很多，主要原因在于粗疏散漫。第六卷《裴松之三国志向注》篇，称“松之所引书，凡五十余种”，而所列书名已达一百五十一种，是非常明显的前后不相符合，而且所引书目有更多的谬误。再如卷十五《北朝经学》说“在朝知名之七十余人”。根据《隋书》和《北史·刘炫传》都是“知名之士十余人”，大概是“七”因为与“士”形相似而误增的。第二十七卷《辽燕京》认为“辽以巡幸为主，有东西南北四楼曰捺钵”，究其实际，四楼为具体的建筑，各有固定的地点，四捺钵为随皇帝所到的地名而称呼的，并非实际建筑，地点并非固定，赵翼却把两者换了。还有就是比如三十卷《元杖罪以七为断》，“囊加台以妄言惑众，杖一百七”，这件事中被杖打者是杜岩肖，根据《元史·文宗纪》“以其妄言惑众”，于是使杖人者成为被杖的人了。诸如以上的失误还是相当多的，但是《廿二史劄记》对史书有单独的论述，也有综合的考察，全面地探讨了二十四史，因而在史学领域里开辟了一条新的路子，其成就是突出的。

《廿二史劄记》后来逐渐引起了人们的重视，梁启超在《中国近三百年学术史》第十四节中说：“其职志在考证史迹，订讹正谬。惟赵书于每代之后，常有多条胪列史中故实，用归纳法比较研究，以观盛衰治乱之源，此其特长也。”中华书局有《廿二史劄记》，在《提要》中说“在清代史学书中，其实用盖在钱大昕《廿二史考异》、王鸣盛《十七史商榷》上也”，把《廿二史劄记》放在钱、王两书之上，评价是有道理的。

《文史通义》

清代章学诚撰，共八卷，分内篇五卷、外篇三卷。另外还有补遗、补遗续各一卷，共收入文章一百五十余篇。章学诚是一位著名的文学家、史学家、目录学家，生于乾隆三年（1738），卒于嘉靖六年（1801），字实斋，号少岩，会稽（今浙江绍兴）人。他的父亲章镳在乾隆七年举进士后，数十年未仕，在家乡教书为生，后来侨居应城数十年，在此期间，章镳为章学诚请了老师柯绍庚。少年章学诚不怎么聪明，身体也不好，直到十五六岁后才对史学发生兴趣，并逐渐有了独到的见解。乾隆二十五年，他曾经赴顺天府参加乡试，但未中。二十七年再次落第，其后于三十年、三十三年均没考中，乾隆四十三年（1778）举进士。曾经做过国子监典籍。曾主持北方各书院讲席，编修各种地方志。精于史学，所修方志见解精辟，在校雠学上提出“互著”、“别裁”两种方法。

《文史通义》是研究文史的名著，其中包含丰富的思想，史学理论也有重大成就，在方志理论上有独特建树。

章学诚在《文史通义》中表现了他的杰出思想，能够远承先秦诸子朴素的自然思想，近承明末清初进步思想家经世致用思想。首先是朴素的自然天道观念。《文史通义》对天和道做了唯物主义的辨证的分析和说明。《内篇》第六《天喻》说“夫天，浑然而无名者也”，在《匡谬》中说“盈天地间惟万物”。并指出了世界的物质性，认为世界万物离不开变化，认为“一阴一阳谓之道，是未有人而道已具也”，反映出规律是先于人而存在的观点。其次，表现出社会发展进步的思想。内篇第二《原道上》说：“法积美备，至唐虞而尽善焉”，“至成周而无遗憾焉”，就是说，社会是逐步发展到文明时代的，是有它的必然趋势的。再次是蕴含了丰富的经世致用的思想。章学诚提出了社会改革的思想，在其学术理论上多有表现，比如《天喻》就以制定历法来说明今胜于古：“如治历者尽人功以求合于天行而已矣，初不自为意必也。其前人所略而后人详之，前人所无而后人创之，前人所习而后人更之。”经过章氏的浅显的说明，可以明白他的观点就是，社会是进步的，人不必泥古，后人的认识应该比前人高出一筹。并且在章氏的思想中，常常闪耀着厚今薄古的观点。内篇四《说林》讲得好：“所谓好古者，非谓古之必胜乎今也。正以今不殊古，而于因革异同求其折衷也。”古人有他的局限性，学古更应知今，研究过去是为了从过去吸取经验教训，不是为了盲目好古，学者应该知古，但最终还是知今更为重要。

章学诚在外篇《家书》中说：“吾于史学，盖有天授，自信发凡起例，多为后世开山。”章氏在史学方面的确有独到的见解。他在史学理论上的重要贡献有如下几个方面。首先是“六经皆史说”，并论述了史料和史观的关系。王守仁在《王文成公全书》卷一中就表达“六经皆史”的思想，章学诚将经书等同于史，在外篇三《报孙渊如书》中说：“六经特圣人取此六种之史以垂训者耳。子集诸家，其源皆出于史。”同时他反对空谈义理，强调经世致用。其次，认为历史学家应该具备才、学、识三才，还应该具备史德。唐代刘知幾就提出“史才有三长”，“三长谓才也，学也，识也”。大体来说，才是文字的表达能力，学是史料的组织能力，识是对史实的判断能力。但，章氏认为，“刘氏之所谓才学识犹未足尽其理也”，说“文史之儒，竞言才学识，而不知辨心术，以议史德，呜呼可哉！”，可见史德是根本的立场和观点问题，所以史家还需要史德。再次，章学诚对撰写历史和注意学风是相当重视的。认为撰述历史不可能是纯客观的，要有鲜明的立场，有对史料的组织能力，在文字上有感染力。这在他的《文德》、《文理》、《质性》、《俗嫌》等篇章中均有论述。另外，章学诚还提倡写通史，反对刘知幾贬低通史的意见，内篇四《释通》中说“通史之修，其便有六：一曰免重复，二曰均例类，三曰便铨配，四曰平是非，五曰去抵牾，六曰详邻事”，并指出通史的两个长处，可以具“剪裁”，可以“立家法”。

方志学理论是章学诚在实践中总结出来的，梁启超在《中国近三百年学术史》第十五讲中说：“方志学之成立，实自实斋始也。”从章氏的一生来看，穷困不得志，无法完成他为国家修史的愿望，不得不依附于地方官吏，编纂方志，但却取得了丰富的成就。他对自己的成果也颇自负，比如对乾隆四十九年（1784）编成《和州志》就非常满意。在《文史通义》中保存了章氏的大量的方志思想。1. 首先认为方志并非一般的地理书，而是保存地方文献的史书。应该说章学诚的一大贡献就是确立了方志是历史而不是地理，反对向来认为是地理书的观点，就此还和戴震进行过辩论，说“方志如古国史，本非地理专门”，认为如果像戴震那样修方志，“考沿革者，取资载籍。载籍具在，人人得到考之”，就无法做到“切于一方之实用”，达不到经世致用的目的。2. 从体例上来讲，撰写方志应该是合乎史书的要求，这还来源于他的六经皆史的思想，在外篇三《与石首相明府论修志》中说：“志为史载，全书自有体例。”3. 更重要的思想是，章学诚主张在各州县设立编修方志的机构。《州县请立志科议》中，认为撰写方志和设立修志机构是相辅相成的，应该并重。通过设立修志科，可以保存丰富的地方史料，不需要高明的史学家也是可以办到的。州县设立了志科，地方文献得以保存，为后人修史提供了方便。

《文史通义》的版本有清道光十二年（1832）在开封刊刻的所谓大梁本，其中内篇五卷，外篇三卷，后面附录有《校雠通义》三卷。1985 年中华书局出版了 1948 年叶瑛的《文史通义校注》十一卷，其中内篇五卷，外篇三卷，并附有《校雠通义》三卷，主要内容基本和大梁本相同。此外，1920 年还有吴兴刘承幹刊刻的《章氏遗书》五十卷，其中《文史通义》内篇六卷，外篇三卷。《文史通义》初无固定体例，基本内容按内外篇编排，章学诚去世时没有编成定本，篇目次序互有出入，主要内容则为辨章学术、考镜源流，对校雠学等也提出了独到的见解。

《帝王春秋》

作者是清末民初的资产阶级革命者易白沙。易白沙（1886—1921），原名坤，字越村，湖南长沙人。因为他居于白沙井，又羡慕白沙陈文恭的为人，故更名为白沙。并以“白沙子”自署其名。易白沙乃是将门之后，人说将门出虎子，但是易白沙与其兄培基却独好学。白沙六岁即能诵《论语》、《孟子》，数百日之后仍能牢记不忘；十二岁就已经通读《五经》和《资治通鉴》，可谓世间罕见之奇才。因此年仅十六岁就主永绥师范学校，连老先生都倾叹不已。后迁教于安徽，主怀宁中学。易白沙虽然年少，但貌宇凝重，接人待物以诚以信，所以人们不仅钦服他的学问，更叹服他的为人，以至于朱孔彰、邓艺孙、马其旭、姚永朴、姚永概、方伦叔等皖中耆宿都相与推重，引白沙为忘年交。

易白沙早年曾读郑思肖的《心史》以及梨洲（黄宗羲）、船山（王夫之）、亭林（顾炎武）等明遗大家的遗著，深晓清入关代明江山旧事，于是遂发驱逐鞑虏，恢复中华之志，故与国民革命党要人相交，随后走上推翻晚清的革命道路。1911 年，辛亥革命爆发，武昌首义之后，易白沙便积极游说皖中诸将响应，援助武昌的革命党人，所以安徽的起义仅次于湖南。安徽巡抚朱家玉逃走，于是怀宁无人主持大局，易白沙便组织学生为青年军，保卫乡里。后来，孙毓筠任督抚，主持安徽，而当时有一个瞎了一只眼人称“王瞎子”的人担任巡防统领，他本是盗贼出身，于是打家劫舍、强抢民女，无恶不作。易白沙不畏强暴，上书都督陈述王瞎子的罪恶，孙毓筠于是召王瞎子议事，准备在会上诛杀他。但是人人惧怕王瞎子的武威，无人敢先动手。此时，易白沙便冲上前，率领青年军击杀王瞎子，断其右臂，王瞎子开枪打易白沙，不中，人们蜂拥而上，一举击溃王瞎子。于是皖中父老皆说是易白沙一军救了安徽父老。

1912年，袁世凯夺取了辛亥革命的胜利果实，并在上海谋杀了国民党元老宋教仁，于是东南沿海的革命党人起兵讨袁。易白沙也从怀宁回到长沙起兵讨袁。讨袁失败后，易白沙逃亡日本，他与章行严一同创办《甲寅杂志》，以笔为枪，批判袁世凯的罪行，以至于袁世凯用重金收买。后来袁世凯称帝，全国各地纷纷发表讨伐檄文。易白沙亦南北奔走，曾先后执教于湖南省立师范、天津南开、上海复旦等大学，但是都是不久便辞行。后张勋又率辫子军进京，拥立末代皇帝溥仪，于是孙中山组织护法军，南北相持几达四年之久。此时的易白沙，已经了悟出光有军事武装是远远不够的，而要想彻底革除封建帝制，必须先改变人们的思想，于是著《帝王春秋》。

《帝王春秋》共十二篇，写于民国十年即1921年5月，易白沙深愤袁世凯的称帝之举，于是在序言里慷慨陈词："帝王宰治天下，不独攘夺人民之子女玉帛，并圣智仁义之号，亦盗而取之。"认为帝制只能使得民不聊生，国家衰微。于是他"举吾国数千年残贼百姓之元凶大恶，探其病源，以示救民之道"。他想用揭示帝制的腐朽和反动来拯救数千年来受帝制毒害的民众，唤起他们的自由之心和民主意识。此书中内容分为人祭、杀殉、弱民、媚外、虚伪、奢糜、愚暗、严刑、奖奸、多妻、多夫、悖逆十二个篇目。

作者在第一篇《人祭》中引用《后汉书·汉阴老父传》"请问：天下乱而立天子耶？理而立天子耶？立天子以父天下耶？役天下以奉天子耶？"作为开篇之问，继而博采群书，将我国史籍中有关帝王的史实分别采录阐述，以便揭露历代帝王荒淫腐朽、残暴害民的罪恶，并指出当时军阀割据乃是帝王宰制的余孽："今日武人割据，增兵筹饷，时时发生内讧；人民争夺家产，父子兄弟凶凶争讼者举目皆是。”其危害是巨大的，故他认为只有彻底铲除封建帝王旧制，才能真正解救人民于水火之中，因为遗业之制“不即废除，是一家尤有一帝也。督军之制不即禁绝，是一省尤有一帝也。省省称帝，家家有王，安得谓之共和”。

作者不但旁征博引，以示帝王旧制的危害，还在各篇附加按语、评论，对封建帝制进行批判。因而此书不仅为文史工作者提供了教学和研究的丰富资料，具有一定的学术价值，而且对当今人们认识封建帝王的罪恶，热爱民主与自由，珍惜今天来之不易的生活也具有相当的教育意义。可惜此著成书不久，作者竟在当年即民国十年端阳日（夏历五月五日）夜半乘小轮赴明朝大儒陈白沙故里陈村时，蹈海自尽！其家人在海上搜寻十天，但是求尸不得。易白沙其实性情本恬淡，曾对章炳麟说道：“夫淡泊以明志，宁静以致远，虽奇才不能越也。”而且在治学方面也很有成就，年方二十便治诸子学以及《说文解字》，均有记述，最后成书《帝王春秋》，乃是十余年革命经历，激于袁氏帝制而发。是应时陈论，厥志维均。但他为雪国人之愤，不惜牺牲自己的生命来警醒世人，是何等的悲壮！多少仁人志士为国家为民族抛洒青春与热血甚至牺牲生命，这些壮举与牺牲，应该为后人所铭记的。

革命志士易白沙所著的《帝王春秋》，曾在 1924 年由中华书局以繁体字直排印行，后 1984 年岳麓书社改用简体横排，并改正了一些文字和标点上的讹误，但对书中引文未符合旧籍的部分一仍其旧，不予改动。今所见书多为岳麓书社简体版。

关于革命志士易白沙的传述不多，在《帝王春秋》一书中，录有余杭章炳麟的《易白沙传》和其兄易培基的《亡弟白沙事状》，可作为了解易白沙虽短暂但光辉的人生的参考。

《太平天国文选》

《太平天国文选》是太平天国重要历史文献汇编，由罗尔纲主持编著。罗尔纲(1901—1997)是我国著名的太平天国史研究专家。1901 年 1 月 29 日出生于广西省贵县，1930 年 6 月毕业于上海中国公学文学系。1932 年至 1933 年任广西贵县小学教师，同时兼任广西贵县修志局特约编纂，担任太平天国史部分的编纂工作。1934 年 11 月任北京大学文科研究所助理员，整理艺风堂金石拓本，1936 年 8 月任助教，兼任中央研究院社会研究所助理员。1937 年秋北京沦陷，社会研究所迁往长沙，同年 11 月，罗尔纲转入该所工作。解放后，社会研究所改为中国科学院经济研究所，1954 年罗尔纲从经济研究所调至近代史研究所工作。但从 1950 年 12 月起，罗尔纲先生就在南京参加太平天国革命史展览，调查太平天国史迹，发掘并编纂太平天国文献资料，接受筹建南京太平天国历史博物馆的任务，同时兼任南京大学教授。至 1964 年 4 月工作完竣，才从南京返北京近代史研究所工作。在罗尔纲先生研究太平天国史的过程中，主要对太平天国的历史进行了辨伪和考信。他的主要著作有：《太平天国史稿》、《李秀成自传原稿笺证》、《李秀成自传原稿注》和《太平天国文选》等等。不少书籍经过多次的修改增订再版。

《太平天国文选》共分为十类：一、论文类，二、典志类，三、诏旨类，四、谕檄类，五、奏议类，六、叙事类，七、书翰类，八、碑序类，九、自传类，十、诗歌类。在论文类中，收集了《原道醒世训》、《原道觉世训》和《英杰归真》等三篇。在典志类中收集了太平天国组织群众的规条《天条书》和政纲《天朝田亩制度》。在诏旨类中，收集了洪秀全的六篇诏旨。在谕檄类中，收集了十一篇有关太平天国谕文。在奏议类中收集了后期重要文献《资政新篇》。在叙事类中收集了三篇记事文。在书翰类中，收集了体现太平天国英雄们反封建反侵略的坚定立场的八篇文章。在碑序类中，收集了一篇拥护太平天国、歌颂太平天国的文章。在自传类中，收集了洪仁玕和赖文光两人的自传。而在诗歌类中，共收集了十三首诗歌，其中有太平天国领袖的作品，也有民众爱戴太平天国英雄的心声。太平天国的史料非常丰富，远远不止以上十类，但是，罗尔纲先生以他渊博的学识，将其中最重要的和最能体现太平天国特点的文章辑选出来，为我们研究太平天国的历史提供了很大的方便。是研究太平天国历史不可或缺的重要参考资料。

太平天国革命反对封建统治，因此也反对为封建统治服务的封建文学。在《太平天国文选》收集的文章中，"纯以俗语，不用故实"的占绝大多数，太平天国编写的起义史"叙事如闲书"。由此可见太平天国打倒封建文学的明确主张和坚定立场。而且从太平天国用白话演义文体写太平天国史书可以看出，太平天国提倡白话体不仅限于主张，而且还将其付诸了实践。

太平天国反对脱离群众语言的封建贵族式的古典文体，反对专门玩弄辞藻而内容空洞的文章，提倡使用明白晓畅、人人易解的文字，确定了革命的对象和革命的方向。通过革命的实践，太平天国的领导者更加明确地认识到人民反对封建文学的要求。洪秀全在决心抛弃多年来渴望走的科举道路之后，走上了打倒封建王朝的革命之路。他利用《劝世良言》，加以附会，创立了拜上帝会，打倒了封建制度的维护者孔子，并打破了八股文的束缚，在文句中采用了一些语体的文句，如"我们兄弟姐妹"等等。但是，在文章中，洪秀全还是运用了很多典故和历史事实，这些典故和历史事实很多是一般的群众难以领会的。尽管如此，我们仍然应该肯定以洪秀全为首的太平天国领导人在文学方面的改革。

经过太平天国的革命扫荡，推动了文学方面的革命。这是《太平天国文选》的文学价值所在。

从《太平天国文选》中，我们可以看到，它利用原始基督教对富人的憎恨以及在上帝面前一律平等的教义，与中国农民“人人平等，土地平分”的朴素平等思想结合起来，创造了一个“革命的上帝”，打破了中国几千年以来封建制度的等级观念。同时，太平天国利用上帝打击了地主阶级用来压制农民的一切封建迷信和权威，把农民从旧神权的束缚之中解放出来，号召农民同封建统治阶级进行政治斗争。在此基础上，太平天国利用原始基督教天国降临地上的信仰，与中国农民所渴望的天下太平的要求结合起来，建立了一个没有剥削、没有压迫、“天下一家，共享太平”的“太平天国”。此外，还利用基督教的一些固定的教条和仪式作为组织革命群众的重要方法。

由于太平天国利用宗教作为发动群众的工具，披着一件宗教的外衣，因此，全书的行文中往往出现人们认为荒诞不经的内容。但是，我们应该注意，太平天国是一场大规模的农民革命，在特殊的历史形势下，他们不仅要反对本国的封建主义，而且还要反对外国的侵略。因此，《太平天国文选》在内容上往往体现了反封建和反侵略的思想。在阅读时，我们应该揭开这一层宗教外衣，体会其真正价值。

《太平天国文选》的编注者在编撰时采取了一定的体例编排。在选文上，以作者的顺序进行编排，在同一类中出现了几篇文章属于同一作者时，即按照时间先后为顺序。在每一篇选文之后，罗尔纲先生都加上作者的小传、选文的版本以及解题。保持了原文的风格，凡是太平天国改的字都照书，除极少数常见字之外，其他太平天国时期改字都用“（ ）”注明本字。而编注者加上的字则用“[ ]”加以辨别。以上种种，为读者阅读和研究提供了极大的方便。

《太平天国文选》1956 年 1 月由上海人民出版社出版发行，以后多次重版。

《列　子》

相传战国列御寇著。列御寇，战国隐者，生平事迹不可详考。《庄子》书中时常提起。大致生活于庄子之前，与庄子性格相类，崇尚清虚无为，顺性体道，穷而不肯出仕。著有《列子》一书，班固考订为八篇，现已失传。今本《列子》是魏晋人托名伪作，以老本《列子》为底本，集众家之说而成，但是成就极高，文气简劲宏妙，内容首尾呼应，思想自成体系。故被列入道家四部经典之中，奉为《冲虚至德真经》，列子也被尊为“冲虚真人”。

《列子》最大特色就是运用大量故事阐明自己的思想，思维理论水平已达到相当的高度。主要体现于他的宇宙观与辩证法之中。

宇宙观：列子的宇宙观是以“通、易、机”三结合来探讨道与物的关系。他提出：“有生不生，有化不化；不生者能生生，不化者能化化。”所谓“生者”、“化者”，指具体事物；所谓“不生者”、“不化者”，则指“道”，它是对世界总体的称谓，是世界的本质，比具体事物更为根本。“道”的特性就是“往复、疑独”，也就是说，“道”在永恒的循环运动中化生万物，而本身却无增无减，独立不改。

在“道”的基础上，列子提示出宇宙万物的生成过程。他说：“有太易，有太初，有太始，有太素。太易者，未见气也；太初者，气之始也；太始者，形之始也；太素者，质之始也。”这是一个物质生成运动过程，由此一直发展到“天地含精，万物化生”。“太易”就是气的本体，是一种比有形之气更为原始的物质，万象世界都由它聚散变化而来。这样，就用“太易”把“道”与“气”

统一了起来。

同时，列子也十分强调“种有几”和“万物皆出于机，入于机”的观点。“几”就是“微”，指极细微的质素；“机”就是自然。总的意思就是说：“万物自身的来源都有几微，几微来自于自然，化为万物，万物复又化为几微，归回自然。这一观点是通过对有关生物进化的描述而得出的，实质上就是肯定了非生命物与生命物在物质基础上的统一。

列子通过对“道、易、几”三者的阐述，从不同侧面表现出“道”与“物”的有机统一，论证了世界的物质统一性。合而言之，“道”是“气”，是“几”；分而言之，“道”是体，“气”和“几”则是具体运动状态。

辩证法：列子丰富的辩证思想主要体现在他对物质与运动的关系、时空无限与有限的统一的论述之中。

列子指出，运动是事物的普遍规律，物质与运动同为一体，不可分割，物质在运动中发展，诚如张湛所注解的“化不暂停，物岂守故。”一物向他物的转化是绝对的，任何事物的常任性则是相对的。基于此，列子在《汤问》中回答了物质如何运动的问题：“物之始终，初无极已，始或为终，终或为始，恶知其纪。”这就是说：世界总体的运动转化无始无终，具体事物则有始有终，每一事物都是世界总体长链上的一个环节，一事物的终结，就是另一事物的开始，因此在物的始终相续的运动转化中任何事物都不是孤立的，世界万物都是普遍联系的。

最可贵的是，列子还意识到物质运动转化的无限性，就在于其本身结构层次的无限。他提出“无则无极，有则无尽”。第一个“无”是虚空的意思，指宏观世界，第二、三个“无”就是没有之意。“有”是指微观世界。那么，“无则无极”，是指宏观世界的无限，“有则无尽”就指微观世界的无限。此后，他又提出“大小相含，无穷极也”，命题使宏观与微观统一起来，其意味就是物质层次结构是无穷无尽的，而每一层次结构又都包含有限与无限的相互对峙。他既说“天地不得不坏”又说天地“含万物也故不穷”。其实就是说天地作为一个特定层次结构，在时空中的存在是有限的，而天地自身包含着无限的结构层次，各层次之间的运动和转化又是无限的，无限存在于有限之中，有限包含无限。

除此之外，列子还较多地论述了“养生”与“体道”的关系，“行”与“智”的关系，以及“命定论”的观点。

《列子》全书八篇，篇次如下：《天瑞》、《黄帝》、《周穆王》、《仲尼》、《汤问》、《力命》、《杨朱》、《说符》。下面分篇进行简要介绍。

《天瑞》：瑞指符瑞，列子认为，道是世界存在的本质或规律，它无形无象，却是万物生息的根本原因。自然界的阴阳变化，四时变迁都与之契合，有如符瑞之有信，故以“天瑞”为此篇名。全篇十四段可分三部分：

第一部分：从物质本体、宇宙生成和生物进化的角度阐明“道”的属性。形成了他独特的自然天道观。

第二部分：用“子贡倦于学”等三则故事提示“道”与具体事物的关系，“道”与运动的关系；从有限和无限，特殊和普遍的辩证中丰富了“道”的内涵。

第三部分：用“杞人忧天”的故事指出“道”的本质在于虚默无为，人也应遵循“道”的规律以笃守虚静的态度对待人生。其中“盗亦有道”的“盗天”思想，强调按道的规律征服自然，对后世影响不可低估。

《黄帝》：黄帝本是传说中的华夏各族的祖先，战国至汉初时，与老子同被尊为道家创始人，据说“清静无为”为他首倡。本篇以“清静无为”为主旨，用十九个神话和寓言故事阐明“养生”和“体道”的关系。

十九个故事大致可分为四层：

1. 借黄帝梦游华胥氏之国，提出“至道不可以情求”。意即不可用固定的概念（常情）去把握自然总体及其变化规律。接着又以“姑射神人”、“列子师老商”、“列子问关尹”、“列子试射”及“范氏之子”五个故事，强调顺乎自然而无私，至诚至信可感物。

2. 以“梁鸯饲虎”、“津人操舟”、“吕梁济水”等下层劳动人民的故事说明他们处事都自然地与客观规律相契合，阐明只有通过长期的实践，才能达到对至道的直觉体验。

3. 以“海上沤鸟”、“赵襄子狩猎”、“神巫季咸”三则故事，说明养生之道，在于不可有机心，应该含藏己意，和同于物，做到“至言去言，至为无为”。

4. 用“列子之齐”、“杨朱之沛”、“杨朱过宋”、“纪子斗鸡”四则故事阐明养生之道在于谦虚谨慎。

最后，本篇提到了智力与教化在养生体道中的作用。

《周穆王》：本篇八个故事，似乎都在说明世界万物“如梦如幻”、“虚妄不实”。周穆王西游而悟存亡变化在须臾之间；老役夫梦为人君其乐无穷，樵鹿争辩觉与梦难分；华子病忘入梦却返真。但其宗旨与佛教的“幻化生灭”有根本的不同。

首先，列子是在肯定世界物质本体的前提下谈觉与梦，其主旨在于强调不要为表面形象的纷纭变化所迷惑，而应该把握道的本质。

其次，列子并没有将觉醒与梦幻混为一谈，他提出觉醒时有梦幻，梦幻时有觉醒，并在此基础上尝试解释成梦的原因。

《仲尼篇》：本篇由十二个故事和三段议论杂纂而成，同《黄帝》一样，都谈认识论。但《黄帝》侧重于“养生”、“体道”，本篇则强调如何遵循“道”的本性去认识世界。

一开始，他就借孔子和颜回的对话，提出无知无为，方能无所不知，无所不为。接着，他分别以几个故事阐明如何做到“无知无为”。（1）必须顺物之情而不任逞意志；（2）要内观反省，不假于外；（3）要善于含藏，要大辩若讷，大巧若拙；（4）要忘怀彼我是非，就是克服名言概念的局限。

最后，本篇以关尹喜的话作了总结，他认为“物自违道，道不违物”，也就是说只有人去违反规律，规律不会违反人。他要求破除一切主观成见，顺应自然，如实反映客观世界。但他过分强调耳目感官和名言概念的局限性。

《汤问》：本篇借用十五个海外奇特故事来打破人们智力上的局限，开拓人们的眼界。

在“殷汤问于夏革”的故事中，列子针对人们各种认识局限，阐明了时空的有限与无限辩证统一的关系，用“南人祝发裸身”、“詹何垂钓”、“公扈与齐婴”等故事强调事物在相互作用中所产生的均衡。

“大禹迷途”、“小儿辩日”、“火浣之布”等故事说明天下之大，即使是圣人也有不知道的事，断不可固执己见。

“匏巴鼓琴”、“薛谭学讴”、“钟期知音”、“甘蝇善射”、“偃师造偶”、“造父学御”等故事则说明强中自有强中手，不可自以为是。

“愚公移山”、“夸父追日”两则故事相并提出，一褒一贬，愚公忘怀以造事，无心而为功，是顺道而行，教导人们不要急功近利。夸父则是违道而行，“恃道以求胜”，徒有勇力而无理智。

《力命》：本篇主要阐述命定论观点。共十三段，分两个部分。

第一部分：运用“力命问难”、“北宫与西门”、“管仲与鲍叔”、“子产诛邓析”等故事，揭露了“穷圣而达逆、贱贤而贵愚、贫善而富恶”的事实。然而它却将这些事实的原因归之于“命”，一种无可奈何的必然性：“生生死死，非物非我，皆命也。”

第二部分：劝导人们要“知命安时”，“季梁请医”、“杨布问难”、“东门吴丧子”等故事说明，只有相信命运，才能忘怀寿夭、荣辱、安危；而信命则不能被社会上大量的偶然现象所迷惑，应该洞察其中的必然性。

最后，本篇总结全文，提出“谋事在人，成事在天”的命题，它认为士、农、工、商务趋利而逐势，是人事；而水旱、成败、否泰则非力所能，是命使然，是天意。

《杨朱》：本篇直承先秦的“杨朱”学说而略有不同，它直接反对礼义纲常，强调顺从人的本性，享受当生的快乐。

全文十八个段落可分为四个部分：

第一部分：针对与礼教互为补充的功名利禄，以尧、舜、伯夷、叔齐、管仲、田恒等人的不同遭遇，说明礼义荣辱不过是人生的“重囚累梏”，人的本性在于享乐，生命短促，贤如尧舜，恶如桀纣，死后也不过一堆腐骨，人们应该“且趣当生，奚遑死后”。

第二部分：享乐的目的在于重生贵己，无论贫富，都不能累生。它提出：“损一毫利天下不与也，悉天下奉一身不取也。”基于此，它又提出“智之所贵，存我为贵”，就是说，每个人发挥主观能力以保存自己都是合理的。

第三部分：承认人是感性实体，有追求享乐的权力，但人人纵情享乐，在现实中则行不通，于是，它只能让人把欲望内敛，要人各安其性，制命在内。

第四部分：申明“名”也并非空无一物，“今有名则尊荣，亡名则卑辱，尊荣则逸乐，卑辱则忧苦”，“因此，名不可执着也不可抛弃”，全以是否遂顺人性作为取舍的标准。

《说符》：此篇可说是对全书的总结。符本是古人传达命令或调兵遣将的凭证，后引申为“符信”、“符验”等义。本篇“符”则指事物的普遍联系，“说符”就是解说人的主观意识、行为必须与客观规律相“符”，以求“心合于道”。

全文分三个层次阐述了如何才能“心合于道”。

1. 必须在纷纭万象中见微知著，知事物的本质原因，以知善恶之来去，祸福之所倚。用“关尹教射”、“列子不受粟”、“晋文公伐卫”、“赵襄卫攻翟”、“歧路亡羊”等十几个故事就说明此意。

2. 必须力克骄盛。“河梁济水”、“詹何论治”、“寝丘之封”、“腐鼠之祸”就反复告诫人们，凡事考虑长远才能取得先机。

3. 必须遵循道的规律而不凭借智巧，“至为楮叶”、“郄雍视盗”、“白公问孔”就着意于此。当然，它并没有一概抹煞“智巧”。如孟氏二子、宋国兰子、半缺等人的故事，就强调了“智”的作用，说明人们应该不失时机地主动把握事物变化的条件和环节。

本篇还指出了妨碍“心合于道”的种种因素，如“爱旌目拒食”、“不死之道”、“正旦献鸠”等说明不要贪求空名而应求实。“疑人窃斧”、“枯梧之树”则反对主观主义，“白公虑乱”、“齐人攫金”则告诫人们不要纵欲而迷性。

本书八篇文章，前后一贯，首尾一体，不仅具有极高的思想价值，而且文学造诣也颇为深厚。柳宗元甚至将它置于《庄子》之上。

《列子》版本较多，主要有《四部丛刊》的张湛注本《列子》以及汪继培校本和杨伯峻的《列子集释》。

《黄帝内经》

《黄帝内经》是中国医学现存最早的经典理论著作。简称《内经》，包括《素问》、《灵枢》两大部分。该书伪托是黄帝和他的臣子岐伯等人谈论医学的对话记录。关于它的作者和成书年代，历来争论颇大。但一般认为它的作者不止一人，成书年代是从战国到西汉前期，而主体内容的形成应是在战国时期，后来在传抄流布的过程中，又掺入了一些后人补撰的内容，并出现了多种不同的传本。《黄帝内经》的真正作者应是那些没有留下姓名的医家。

原书共十八卷，其中有九卷名《素问》，八十一篇。其传本又叫《黄帝素问》、《黄帝内经素问》，书名最早见于《隋书·经籍志》，载为“黄帝素问，九卷”。《素问》的传本很多，现存较完善的是唐代王冰注，宋代林亿校正、孙正改误的《重广补注黄帝素问》。另外的九卷无书名，汉代、晋代的医家以“九卷”为书名，它的传本到六世纪前后已经有《针经》、《九墟》、《九灵》、《灵枢》等不同书名，其中影响最大的是《针经》和《灵枢》，多数已经佚失。从南宋史嵩氏将他家藏的《灵枢》九卷重加校订而刊行后，《灵枢》的原文才基本定型，后世也称为《灵枢经》、《黄帝内经灵枢》。到现在为止，在流传《素问》和《灵枢》的单行本的同时，更多的是两者的合刊本《黄帝内经》。

1.《素问》。“素问”按全元（人名）注释的说法是“素者，本也；问者，黄帝问岐伯也”，所以用它作书名。全书的内容非常丰富，它以中国古代哲学思想为指导，对以往的医疗经验进行了系统的理论总结，深入讨论了人的解剖、生理、病理和疾病的诊断、治疗，提出并阐述了中国医学的阴阳学说、五行学说、运气学说、养生学说、脏腑学说、经络学说、病因学说、病机学说，以及诊法、治法、针灸、方药等方面的理论，现行本为二十四卷八十一篇。

各卷主要内容为：卷一，第一至四篇，论述养生、延年和不治已经病的而要在未病的时候治。卷二，第五至七篇，论述阴阳的关系，主张养生、祛病都应该取法于阴阳。卷三，第八至十一篇，论述脏腑的生理和它的主要病况。卷四，第十二至十六篇，论述治法，包括三因制宜以及针、砭、汤、酒、熨等方法。卷五至卷六，第十七至二十篇，论述诊断的方法，包括望、闻、问、切四种，着重论述了关于脉诊的方法。卷七至卷八，第二十一至三十篇，论述五脏、经络、正邪的病因、病机及其病症的诊治。卷九至卷十三，第三十一至四十九篇，论述各种疾病的诊治，包括热病、疟病、厥病、腹中病、风病、痹病、痿病、奇病等。卷十四至卷十八，第五十至六十五篇，论述经络、穴位、经脉气血的病状及其针刺的手法、补泻和禁忌。卷十九至卷二十二，第六十六至七十四篇，是唐朝的王冰补入的七篇大论，论述运气的学说及其在医学上的运用。卷二十三至卷二十四，第七十五至八十一篇，论述医道和医德，主张医生要知道天文、地理和人事，要疏远五种过失、力戒四种失误，以及临场诊治的注意事项。

2.《灵枢》。原书为九卷，八十一篇。现行本为十二卷，八十一篇。“灵枢”的意思按照明代张景岳的说法，是“神灵之枢要，是谓灵枢”。全书内容广泛而丰富，论理概括精要，在基础理论、临床诊治方面与《素问》互为补充、各有所长；而在经络、针灸方面比《素问》更丰富、详实，所以又有《针经》的称呼。它的核心理论是脏腑经络学说，论述的重点是经络、腧穴、营卫气血、针灸疗法，论述了自然事物运动变化的规律、人与自然的关系、人体生理、病因病机、诊断、治疗、养生以及医德和医学教育等方面的问题。

各卷主要内容分述如下：卷一至卷二，第一至九篇，论述九针的形制、十二原穴、五腧穴、根结穴，针刺方法包括九变刺、十二节刺、三辞、五刺等，针法补泻，熨法，脏腑病候及其与人的感情、意志的关系。卷三至卷四，第十至十九篇，论述人体的经络，包括经脉、经别、经水、经筋，测定经络穴位的骨度、脉度，和营、卫、气、血，三焦所主。卷五，第二十至二十八篇，论述五脏病、寒热病、癫狂、厥病、热病、周痹、杂病等的病候和刺法。卷六，第二十九至四十篇，论述脏腑的解剖、色诊、不同体质的刺法、泻血，以及四海、五乱、阴阳清浊、逆顺肥瘦理论和胀病、癃病的针治。卷七，第四十一至四十七篇，论述阴阳对应十二月、五行与五腧，针刺之道，疾病传变，梦与疾病，五变病等。卷八，第四十八至五十六篇，论述脉诊、望疹、疼痛疾病、灸法补泻，以及人体的发育、要穴、禁刺等。卷九，第五十七至六十四篇，论述阴阳二十五种人体类型、动输、百病始生、病之逆顺、卫气失常、贼风、水肿病等。卷十至卷十二，第六十五至八十一篇，论述人与自然的关系、五行所主、九宫八风、五人、尺肤诊法、卫气行、九针论、行针法、刺五节，以及上膈、无言、寒热、目不瞑、虐病、风病、眼疾、痈疽等大病的针治。

3.《黄帝内经》的成就。由《素问》和《灵枢》组成的《黄帝内经》是到秦汉为止的中国古代医学的大成，是中国医学现存最古老也最重要的经典著作。该书理论深刻，吸收、运用、发挥了中国古代哲学的唯物论和辩证法思想，包含了丰富的朴素系统论观点，奠定了中医学之不同于西医学的思想根基，因此，也可以说它是中国古代的一部重要的自然哲学著作。该书学术内容丰富，系统而全面地总结了中国古代医学的临床经验和理论成就，引用和辑录了前人的几十种医学典籍和文献资料，提出并阐述了天人相应、解剖、生理、病理、诊断、治疗、养生、方药、针灸等学说，标志着中国医学理论体系的建立。两千年来中医学的发展就是从《黄帝内经》开始，并一直没有脱离它的理论体系，至今仍然是学习和研究中医学必读的最重要的参考文献。特别是其中有大量理论内容，临床应用十分有效的而现有的科学知识还难以作出说明的，正成为现代生命科学和人体科学研究的重要课题。

《黄帝内经》一书在古代就在亚洲地区广泛流传，在日本、朝鲜、越南等国都把它作为主要的医学经典著作，有多种传本、刊本和大量的引录，对亚洲医学的发展作出了贡献。现在，世界范围内的医学界都在对它进行研究。

《黄帝内经》的读本。由于该书内容博大精深，医学术语很多，又涉及中国古典哲学天人合一的文化观念以及阴阳五行等思想学说，还与炼丹术等服食、养生等生活理念以及穴位、针灸等技术性的体系有密切的关联，因此，可以先读一些较好的注释本或翻译本，有必要还可参看一些中国古典哲学的相关研究，从文化背景上理解中医的独特医疗理念和方案。这里推荐几本：清代张志聪的《黄帝内经素问集注》、《黄帝内经灵枢集注》，有清光绪十六年（1890）浙江书局刻本；汪昂的《素问灵枢类纂约注》，有上海卫生出版社 1958 年本；程士德等著的《素问注释汇释》，有人民卫生出版社 1982 年本。

《老　子》

《老子》传说为老子所作，一般认为，老子即李耳，字伯阳，谥曰聃，又称老聃或老子，春秋时楚国苦县（今河南鹿邑）人，曾任周王室的守藏史，管理王室图书，又称柱下史。周王室衰微，他就弃官而去，不知所终。他与孔子同时但长于孔子，道家传说与儒家传说中都有孔子问礼于老聃的记载。传说老子西游过函谷关，关令尹喜远望紫气浮动，知有真人将至。不久果见老子骑青牛而来。关令尹喜请老子留下真言，老子遂作道德五千言，即《道德经》，亦称《老子》。但据后世学者考证，《老子》一书并非成于老子，而是成于后人之手。有如《论语》之为孔子语录，《老子》一书也大体荟萃了老子的语录并基本上反映了他的思想，大约于战国前期由道家后学纂辑、整理、加工而成。今存《老子》共八十一章，分上、下两篇，上篇三十七章，又称“道经”；下篇四十四章，又称“德经”，合称《道德经》。

“道”和“德”是老子哲学的基本概念和最高范畴，“道”包含“法则”和“普遍规律”的意思，老子把它看作产生和支配万物的精神实体，“德”则是“道”的基本特征和体现。《老子》五千言，文约而意丰，意蕴深邃，具有较为完整的思想体系，在先秦诸子中独树一帜，其主要思想可以概括为以下几个方面。

1. 以“道”为核心的哲学体系

老子哲学是以“道”为核心的，“道”这个字作为名词，在《老子》这本书里一共出现了七十四次。《道德经》的第一章说：“道可道，非常道；名可名，非常名”，意思是道是不可以说的，不能给一个准确的描述的，如果你能够描述出来，那就不是真正的道了。任何一个名词、名称，如果能给出极其明确的界定，这个名称也是可变的，也就不是一个根本的名称。这是老子对于“道”的一个基本观念，由此可见，老子认为“道”是不可以界说的。在第二十一章他又说：“道之为物，惟恍惟惚，惚兮恍兮，其中有象，恍兮惚兮，其中有物。窈兮冥兮，其中有精。其精其真，其中有信。自古及今，其名不去。”意思是，“道”是一种恍惚的东西，不能界说，但是其中有象和物，物是东西本身，象是它表现的现象，象和物本来是一表一里两个方面，代指所有的万物万象。这些万事万物都在恍惚的道里，所以人能看见的是窈冥，是黑暗，看不见的，其中却有最精粹、最光明的东西，这种光明、精粹的东西，里面有“信”，就是可信的真理。在第二十五章中他说“道”“强为之名曰大，大曰逝，逝曰远，远曰反”，意思是我们勉强形容一下“道”就是一种伟大的东西，因为它大，所以周行不已，因为周行不已，所以就远，没有限制，因为没有限制，所以它又回来，又循环。

归纳一下老子关于“道”的种种说法，可以总结出“道”的三种含义：一是他认为“道”是我们具体世界的原始，或者说是宇宙的本体。一切万物，芸芸众生，基本就是道。二是“道”无法界说，也不能感知。三是“道”本身还有规律的意思，道总是周行不殆的，使整个天地万物运转，所以叫做“道”。也就是说，“道”既是一个本体性的东西，同时又是人生遵循的一种规律，也是天地万物的规律，这就是老子的本体论和宇宙论。

2．对立转换的辩证法思想

《老子》五千言还包含有极为丰富的辩证法思想。《老子》触及到了矛盾普遍存在的原理，他提出了一系列的矛盾概念：大小、高下、前后、生死、巧拙、美恶、胜败、有无、贵贱、荣辱、雌雄等等，他认为这些矛盾与对立普遍存在于世界万事万物之中，而且对立的双方处在相互依存之中，“故有无相生，难易相反，前后相随，恒也。”（《第二章》），对立双方是相互依存的、又是相互成就的。“有之以为用、无之以为利”，即“用”之所以发生作用，是因为有“无”为它作铺设。对立双方更是相互转化的，这是因为矛盾的双方是相互包含的，我中有你，你中有我。以福祸为例，“祸兮，福之所依；福兮，祸之所伏”（《第五十八章》），世界上没有纯粹的福与祸，福和祸是相互包含的，福中有祸，祸中有福。某一种祸有时会以福的形式表现出来，而某种意义上的福又有可能是另一种意义上的祸。所以，祸与福，相依相伏。不过，对立的转化，并不是一蹴而就的，它有一个量的积累过程，因此，要达到某种质的跃进，不能不有所准备。此外，《老子》的辩证法可以说是来自实际，返诸现实的。他深刻地意识到：正向的努力有时会招致负向的效果，事物往往依循着对立面的方向发展，这是主观意愿与实际效果的对立，有鉴于此，老子提出了一种以反求正的辩证法：“将欲翕之，必固张之；将欲弱之，必固强之；将欲废之，必固兴之；将欲夺之，必固与之。”（《第三十六章》），即要使某一物向负面转化，必须使之达到正面发展的极致。而事物正面发展的极致，也正是它即将向负面发展的征兆。

3．“无为而治”的政治思想

老子的哲学思想反映于人世社会，便产生了“无为而治”的政治主张和“小国寡民”的社会理想。老子并没忘怀政治，仍欲治天下，不过是想以“无为”作手段达到“无不为”的目的。他倡言顺乎天道自然，清静无为，认为世道浊乱皆因“有为”而起，在《老子》看来，“大道废，有仁义。智慧出，有大伪，六亲不和，有孝慈。国家昏乱，有忠臣。”（《第十八章》）仁义礼智等道德规范、社会制度恰恰是社会动乱、贫困的祸根。因此在《老子》一书中，有不少激烈的社会评论和政治批评。老子反对用刑、礼、智来治理国家，他反对重税，反对强大的兵力，反对工商业，反对知识和文化，认为这些都违反了无为而治的原则。老子一再提醒统治者，如果违反这一原则，就会引起人民的变乱，以至无法维持和巩固自己的统治。与此相应，老子描述了乌托邦式的理想社会，极力颂扬“小国寡民”的美好生活，甚至主张回到结绳记事的原始社会中去：“小国寡民，使有什伯之器而不用；使民重死而不远徙；虽有舟舆，无所乘之；虽有甲兵，无所陈之。使人复结绳而用之。甘其食，美其服，安其居，乐其俗。邻国相望，鸡犬之声相闻，民至老死不相往来。”（《第八十章》）这是那种贫富均等，无阶级、无压迫的原始共产主义社会在《老子》作者意识中的回光返照。

老子是道家学派的创始人，在中国思想史上占有重要地位，道家学说长期影响着中国社会各阶层的思想，在中国封建社会里成为唯一可以与儒家学说相抗衡的最大的思想流派。魏晋南北朝的玄学，宋明的理学，都和道家思想有密切联系。在政治方面，汉初黄老学说提倡休养生息的政策，就是以老子自然无为思想为主要内容的政治学说。

老子又是我国古代伟大的思想家。其思维方式异于传统、常人、时俗，是一种否定思维方式，带有强烈的批判色彩。对于我们民族外柔内刚、含蓄谦让性格的形成，无疑有着重大的影响。

老子还是我国文明社会的伟大批判家，中国传统文化所注入的大无畏的批判精神，首源于老子对文明社会批判的深刻性、彻底性。道家较之儒家更具有人民性，历史上农民起义也多半打着由道家演变出的道教的旗帜，其因在此。

《老子》五千言，以韵文的形式为之，这部道家学派的开山之作，古往今来两千余年，对其研究皆经久不衰。特别是近十余年来，中外学者的研究呈持续上升的态势，范围更大，视点更多。新中国成立三十年间，有关老子、道家的研究文章总计一百七十篇，年均不足六篇，而 1987 年仅《哲学动态》部分目录索引所载，该类研究文章即有六十篇。我国典籍浩繁，许多国家有所翻译，唯《老子》译本最多。20 世纪 80 年代中，美国《纽约时报》曾将老子列为世界古今“十大作家”之首，足见《老子》的价值与影响。

《庄　子》

《庄子》是战国中期著名哲学家庄子及其门人、后学的著作总集。庄子（约前 369—前 286），名周，宋国蒙(今河南商丘东北)人，是继老子之后，战国时期道家学派的代表人物。同时他也是一位优秀的文学家、哲学家。他以其代表作《庄子》（又被称为《南华经》）阐发了道家思想的精髓，发展了道家学说，使之成为对后世产生深远影响的哲学流派。庄子曾担任过管理漆园的“漆园吏”，所以有时也称庄子为“漆园”，但他在职不久就辞官不作了，后来便从事讲学著述。庄子生活清贫，曾“往贷粟监河侯”（《庄子·外物》），但庄子气节非常高，不媚权贵，视浮华如烟云，曾拒绝了楚威王的千金之聘，而自甘于“隐君子”的卑微地位。同时他也不以贫困而颓唐。当初魏王见他衣衫褴褛，曾问他何以如此困顿，庄子答道，自己只是生活上遭遇贫困，并非精神上有所困顿，因为他始终致力于道德的推行。庄子对于生死持达观态度，妻子死了，非但不哭，反而敲打瓦盆歌唱；临死之前，弟子准备厚葬，庄子却说宁愿以天地为棺椁。庄子的朋友不多，门徒也有限，当时学术界的名人中只有惠施同他经常往来，《庄子》一书中便有不少惠施与庄子两人的辩论，可以看出他们既亲密无间又针锋相对的友情。庄子求学务博，广泛涉猎，但其思想总体上还是与老子一脉相承的。

《庄子》之书以“庄子”标题，但其文章并不都是庄周自己作的。今郭象本内外杂三十三篇中，只有内七篇出自庄周本人之手，其余外杂二十六篇，皆为弟子后学所作。因此，近人研究《庄子》的思想，倾向于把庄学与庄周后学分别开来。

庄子的学说，大致可以分为天道自然观、人生观和认识论三个方面。

1. 天道自然观方面，突出表现为“道”论。老子是道家学派的创始人，因为他创造并阐述了有别于天道、人道的“道”的观念；和老子一样，庄子也以“道”作为最高范畴，并且进一步明确了“道”的性质、作用及其普遍性。庄子所谓的“道”，主要有两个内容：一是指世界的本原；二是指认识的最高境界。庄子认为“道”是天地之宗，万物之母，就连鬼神都是“道”的产物。庄子肯定“道”是真实的客观存在，它的存在是无条件的，在空间上无穷无尽，在时间上无始无终。庄子认为“道”有生命，“道”的生命就是万物的生命，万物的生命也就是“道”的生命，因此“道”无处不在，它是万物存在的依据，决定着自然界和人类社会的存在秩序和发展方向。但是“道”又是玄妙莫测的，人不仅不能凭借感官去认识，不能依靠理性思维来把握，甚至无法用语言来表达，只能通过超越感官和思维的知觉体验去认识，这也就是所谓“体道”。庄子认为最高的认识境界应该是脱离具体事物、无差别、无是非、无好恶的，这样的境界就是“道”，达到如此境界，就是“真人”。

2. 人生观是庄子思想的核心，主要表现为对人生困境的认识和超越，对绝对的精神自由的追求。庄子认为“道”法自然，因此所谓合乎“道”，就是顺应自然。“自然”，也是庄子学说中一个极为重要的概念，它是指事物非人为的本然状态。庄子指出，要达到“自然”的境界，必须无我无为，摒除一切人为的智谋、德行和工巧，因为天道无为，如果追求这些虚伪的东西，将不利于人的自然天性的发展。

庄子还认为，“道”就是虚无。虚无才能容物，因此“道”是包容并且拥有一切的。庄子强调“道”是虚无，是希望从根本上破除人对于世俗利益的执着追求。他认为，人之所以得不到自由，是因为失去了“自然本性”，而“自然本性”的丧失，则是由于人的精神受到身心内外的束缚所致。人要达到精神上自由的境界，不仅要破除外在条件的束缚，尤其要破除对于自我的执着，要忘记自我，即用“无我”来实现“真我”。“无我”不仅要求超功利、超道德、超对待，而且要求超越生死，超越自己耳目心意的束缚，这样才可以和自然融为一体，从而达到精神上的自由境界。

庄子将“道论”引申到人生修养方面，又构成了他“贵己养生”和“重神轻形”的理论。庄子认为“道”化万物，而“道”与万物的中介则是“气”，因此生命既是“道”的产物，也是“气”的凝结。“气”聚则生，“气”散则死。所以享有生命并不值得欢喜，面临死亡也不需要恐惧，生与死的界限以及由此引起的悲喜之情，在庄子那里都已不复存在。庄子认为生命能随着自然循环变化，因而主张开阔心胸，强调“相忘”，忘怀生死、忘怀名利、忘怀世俗规范，从而保持恬静自适的心境。

在庄子看来，人既然生而为人，当然有其形表，但“形”为宾，“神”为主，如果为“形”而伤“神”，则是本末倒置。因此，应当泯灭喜怒哀乐之情，保持无心、无知、无情、无欲的心境，避免是非彼此的世俗意识侵袭身心。这样才可以心灵清净、潇然无累，才可以与天地交流而遨游于自然。庄子重“神”轻“形”的思想，对后世影响极大，中国人的人生追求、艺术精神，与此密切相关。

3．认识论方面，庄子强调认识对象的易变性以及对象间差异的相对性。庄子首先讨论了“有”和“无”的关系问题。庄子反对将世界的本源规定为有或无，而把“有”和“无”视为事物的两种属性。而这两种属性是相互统一的，在庄子看来，“有”和“无”不仅没有本体论的意义，甚至没有宇宙生成论的意义，“有”和“无”仅仅是指事物的两种属性：“存在”或“不存在”。

庄子认为，事物处于永恒的运动变化之中，他将事物这种不息的运动、变化状态形象地比喻为处在“天钧”之中，“钧”是指一种不停地转动着的转盘。事物处于如此频繁的运动中，它们甚至难以保持其质的规定性，事物彼此之间的差异也是相对的，“天下莫大于秋毫之末，而泰山为小；莫寿乎殇子，而彭祖为夭。”（《齐物论》）大与小、寿与夭无不是相对而言的，事物间的差异性是没有什么实际意义的。庄子最后归结说：天地与我并生，万物与我为一。宇宙间的万物都可以泯尽差别，归于齐一，这就是所谓的“齐物论”。庄子在“齐万物”的同时，还要求“齐是非”，摒弃任何关于是非的观念，因为世间根本不存在认识正确与否的标准。他认为这主要有两种原因：第一，认识的虚幻性。庄子认为，人的认识如同梦幻一般，是不确定的，人生如梦，对于世界的认识也如同梦幻一般，并非真实。第二，认识者的认识角度与认识能力等主观因素决定了他们的认识必然是片面的，非决定性的，正如王嫱、丽姬，在人看来是美女，但鱼看见她们就沉入水底，鸟看见她们就高高地飞走，麋鹿看见她们就赶快跑掉了，这并不是她们长得不美，而是因为个体从不同的认识标准来衡量就会有不同的认识结果。

以上三点是从学术角度来看的，而从文学艺术角度来看，《庄子》也为先秦诸子散文之翘楚，如郭象在注释《庄子》时所作的评价：“其所以不经而为百家之冠。”鲁迅对《庄子》作过高度的评价：“其文汪洋辟阖，仪态万方，晚周诸子之作，莫能先也。”（《汉文学史纲要》）。郭沫若更说：“不仅‘晚周诸子之作莫能先’，秦汉以来的一部文学史差不多大半在他的影响下发展。”（《庄子与鲁迅》）

庄子是第一个将浪漫主义运用于散文创作的散文家，就浪漫主义创作艺术而言，庄子的散文与屈原的诗歌堪称战国文坛之双璧。《庄子》将深刻的哲理形象地寓于扑朔迷离、真伪莫辨的虚构情节之中，在超越现实的艺术氛围里巧妙地表达思想，把读者引入一个超越时空、不辨上下古今的恢弘壮观的艺术境界。

作为先秦时代著名的哲学家，庄子对传统和现实的激烈批判、追求个人自由的浪漫主义精神、仿佛得自天籁的精辟见解、广阔的知识领域、汪洋恣肆恢诡谲奇的文笔，使《庄子》一书在中国哲学史、思想史和文学史上都产生了巨大的影响。初读可用陈鼓应《庄子今注今译》，古注本可读清人郭庆藩《庄子集释》和王先谦《庄子集解》。可以先读内篇及《秋水》、《至乐》、《山木》、《知北游》等篇。《庄子》末篇《天下》，对当时百家争鸣的形势及各家学说作了评价，是了解、研究中国思想史的一篇重要资料，可特别予以注意。

《商君书》

《商君书》是战国时期法家代表商鞅等撰，又称《商君》或《商子》。商鞅是战国中期的政治家、思想家，约生于公元前 390 年，卒于公元前 338 年。他出生于卫国国君的疏远宗族，故称卫鞅或公孙鞅。后来，他为秦孝公所重用，任左庶长施行变法。为了赢得人民的信任，他曾把一根大木头立在国都的南门，下令说谁要把木头抬到北门就赏十金，但是大家都疑惑而没人做。商鞅又下令如有人抬就赏五十金，这时有个人试探着抬了过去，商鞅马上就赏给他五十金，并通过这件事赢得了百姓的信任。在推行变法的过程中，秦国太子知法而犯法，商鞅毫不留情地惩罚了他的师傅公孙贾和公子虔。随着商鞅新法令的推行，秦国迅速富强起来，商鞅因功被封於（今河南内乡东）、商（今陕西商州市东南）十五邑，号商君，人称商鞅。但是，在秦孝公死后，太子即位，为秦惠王。公子虔等人告商鞅谋反，商鞅逃跑不果，最终被捕，车裂而死。作为一位政治改革家，商鞅的结局是极其悲惨的。以下我们就《商君书》所体现的商鞅的哲学观点、变法主张和政治思想加以介绍。

1．哲学观点。《商君书》在哲学上以朴素的辨证观点看待历史的发展变化。他认为，随着历史和时代的变化，国家的政治措施也必须相应的改变。商鞅坚决反对守旧复古的主张，认为没有什么固定的法和礼。他提出“治世不一道，便国不必法古”，肯定了必须变法，才能强国利民。商鞅还认为历史的发展是有阶段的，“上世亲亲而爱私，中世尚贤而说仁，下世贵贵而尊官”（《商君书·开塞第七》）。虽然其中他以“亲亲”、“尚贤”、“贵贵”这些观念的东西来阐述历史发展变化的原因，但还是没有抓住根本所在，还是不科学的；然而，他终究是意识到历史是发展的，明确反对孟轲“法先王”的守旧观念，提出“不法古，不修今”的正确主张，指出“周不法商，夏不法虞”，都是由于“当时而立法，因事而违法”之故，那么秦国当然也不必效法西周了。商鞅的这种历史观是进步的，以此观察社会的历史和现实，他自然而然就大力倡导变革学说，成为变法的先驱和主持者。

2．变法主张。首先，商鞅废除井田制，这一变革摧毁了奴隶主的生产关系，解放了生产力，为建立封建的土地制起了巨大的作用。其次，他废除了西周的分封制度，建立郡县制度，与此同时也就取消了贵族的特权，特别是军权。《商君书》上说国旧宗室贵族没有军功的不再列入宗室的姓名册，这就在政治上比较彻底地取消了奴隶制的世袭制度，为把权力集中在封建的中央政府手中打下了基础。第三，商鞅施行重农政策来发展国家经济，施行重战政策来加强国家的武力。第四，商鞅提出以法治国，主张“壹刑”，就是刑无等级，从卿相将军以至大夫庶人，犯法必纠。同时他认为以法治国必须实施赏刑并用的方针，而且赏要厚、刑要重才能见成效。他还非常重视法治教育，使人人知法而不敢犯法。

3．政治学说。商鞅深刻地阐明了把握住“势”，把握好“数”的观点。所谓“势”就是国君的权力，也就是国君所凭借的客观形势；所谓“数”，即术也，就是国君驾驭群臣、推行政令的方法和手段。换句话说，就是要求一国之君善于运用客观形势之中的规律性的东西。这里的“势”和“数”，就叫认清形势，服从规律。商鞅比其他法家更富有战斗力，他具备军人的性格，这使他深刻体会到政治的成功，应该建立在军事上，所以他把统一的政治目标建立在以军事为基础的政治制度上。展读《商君书》，我们深深感到，秦国在商鞅的治理之下，全国人民埋头奋斗的只有农耕和兵战两件事，而农耕的目的就是为着兵战。全国统一政策、政令都必须对准这个目标。全国各阶层及各行业的人士，直接或间接都必须撤去任何阻力，让这些政策、政令畅通无阻。这是一种极具军事目的性的政治制度。为了农战，商鞅不但反对游谈、商贾和技艺，而且反对诗书礼仪，在《勒令篇》中，他把礼乐、诗书、孝悌、仁义等等都看作“虱”，总称为“六虱”，这是韩非“五蠹”的先声，是同儒家传统思想最明显的分歧，也是对于在奴隶社会中形成的一套礼乐制度的全盘否定。

《商君书》的思想内容是受前辈法家著作影响的，如李悝、吴起等。虽然就整个思想体系来说，这部著作还不够成熟，但是总的来说，商鞅的哲学观点、变法主张和政治学说是顺乎历史发展的进步潮流的。正是由于商鞅在秦国实践了自己的政治主张，建立起了新兴的封建制度，奠定了富国强兵的坚实基础，雄才大略的秦始皇才有可能灭亡了六国，完成了统一中国的大业。郭沫若先生从历史发展的高度来肯定了商鞅的不朽功绩：“秦王政后来之所以能够统一中国，是由于商鞅变法的后果，甚至于我们要说秦、汉以后的中国政治舞台由商鞅开的幕，都是不感觉怎么夸诞的。”（《十批判书》）

在这样的思想指导下，《商君书》就不可能太讲究文辞，因此它的文风是质朴的，但是也不是完全不要文采。在《禁使》、《定分》等许多篇章中，比喻手法都得到了恰当的运用，而且语言的简洁透辟也是本书的一个语言特色。

今人研究《商君书》有以下三种版本取得了较好的成果。首推高亨注译的《商君书注译》，附有《商君书》新笺，中华书局1974年11月出版，还有陕西人民出版社1975年12月出版的《商君书新注》、齐鲁书社1982年10月出版的《商子译注》都在校勘、注释、译文等方面做出了许多有益的探讨，订正了前人的错误。今天阅读《商君书》，从这三种书入手比较好。

《荀　子》

《荀子》是先秦哲学家荀况所作。荀况，又名孙卿，赵国人，约生于周赧王二年（前313），约卒于秦王政九年（前238）。荀况是先秦诸子百家的集大成者，也是先秦儒家的最后一位代表人物。据史书记载，荀况学问渊博，颇富秀才，曾多次游学齐国，三次担任齐稷下学宫的祭酒。荀况后来前往楚国，深受春申君的赏识，被任命为兰陵（今山东苍山兰陵镇）令。公元前238年，春申君被李园杀死，荀子废居兰陵，“序列著数万言而卒，因葬兰陵”（《史记·孟子荀卿列传》）。

荀子生活在战国后期，对于这一时期中国社会制度的性质，学术界尚有不同看法，但对中华大地实现统一这一点没有异议。“统一”二字可以作为那个时代背景的集中概括。统一最突出体现在强国的兼并战争上，尤其是秦国的兼并战争。荀子将二十岁时，秦国对关东诸侯的攻势越来越凌厉，可以说，自秦昭王起，秦国实际已开始进行统一中华大地的战争，这样的战争伴随着荀子全部的生涯，在他死后不到二十年，秦王政终于统一了中国。统一的趋势也表现在经济上，战国后期，由于商业和交通的发展，各个地区在经济上彼此间的联系和依赖已相当密切。政治、经济的统一趋向必然在意识形态领域有所反映。思想上的“兼并”战争也在进行。由春秋时代开始出现的百家争鸣发展到战国后期，出现了总结、合流的趋势，当时最著名的折衷、调和学派是后人所称的杂家。《汉书·艺文志》形容杂家是“兼儒墨，合名法，知国体之有此，见王治之无不贯”。荀子的思想也是在对诸子的批判总结中产生的，是诸子合流的产物。这里，我们主要介绍一下《荀子》一书所反映的唯物主义自然观、认识论、人性论、逻辑论。

1.《天论》篇主要论述了荀子的唯物主义自然观。荀子的自然观有以下几个内容：第一，“天道自然”。荀况认为，“天”就是客观存在的自然界，它是无人格、无意志的，荀子把“天”规定成“莫知其无形”的物质体（《天论》）；把“神”规定成自然界那具有阴阳风雨等隐秘神妙的功能。这种“不事而自然”的天道观对先秦哲学最后摆脱神学的束缚有极大的促进作用。第二，“天行有常”。荀况认为，“天有常道”，“地有常数”，天地都有固定法则，它“不为尧存，不为桀亡”（《天论》），是不以人的意志为转移的，人们只有遵循天道，才能获得良好的效果，否则，必然受到天道的惩罚。第三，“天人相分”。中国古典哲学，无不将“天人合一”奉为其人生理想的终极境界。荀况却不以为然，他认为，天地人并立为三，人世间的殃祸兴亡，纯由个人的行为与人事制度所决定，与天无关，应该把天道与人事区分开来加以考察，该由人事负责的不能推诿于天。能够明确天和人的区别，那便可以说是德行高尚、深明事理的“至人”了。第四，“制天命而用之”。荀子认为如果将天视作高不可攀、不可战胜的庞然大物而加以盲目地颂扬，还不如将天看作一般的动物那样，可以加以畜养而予以利用、控制。他提倡“敬其在卫者”，也就是重视人类固有的潜力，而不必“慕其在天者”，也就是不必一味地期待客观条件转向有利自己的方向。

2.《解蔽》篇主要论述了荀子的认识论。首先，荀子肯定客观世界是可以认识的，而人类又具有认知世界的能力，这是一种典型的可知论。《解蔽》：“凡以知，人之性也；可以知，物之理也。”他认为人类进行认识活动的器官是“天官（眼、耳、鼻、舌、身）”和“心”，通过“天官”感知外物，再通过“心”将感觉印象进行分析、辨别和验证，从而形成概念和判断。其次，荀子还研究了有效、正确认识的方法，以及错误认识“蔽”产生的原因。他认为，要进行正确的认识，必然达到“虚一而静”的心境，“虚”指“虚心”，即要求人们时刻以开放的心态来对待新异的知识，不固执己见，不因循守旧。“一”是指“专心”，即面对纷繁复杂的客观世界，我们在认识事物时不能平均用力，而是要分清主次轻重，必须有所专一。“静”是指“静心”，即我们在思考认识问题时，必须排除一切杂乱的思绪和偏狭的一己之见，才能获得真理。在提倡这种“虚一而静”的认识方法的同时，荀子还分析了错误认识“蔽”产生的多种根源，并指出要“解蔽”就必须发挥理性作用，尊重客观世界的自身规律。

3.《性恶》篇着重论述了荀子的人性论。荀子提出了“性恶论”，首先，荀子将“性”定义为“生之所以然者谓之性”（《正命》），然后，他又指出“今人之性”，生而有“好利”、“疾恶”、“耳目之欲”、“好声色”等欲望，如果任情恣欲，那便会万恶滋生，礼仪文理为之荡然无存。在这里，荀子把自然的情欲等同于人性，这是片面的。但在一定条件下，又是相当深刻的，因为人性中确实有流于邪恶的倾向。荀子从“性恶论”出发，提出了“化性起伪”的学说，强调后天教育，用礼义之道改造人性，这正是人类社会设立道德规范的根据所在。与“性恶论”相联系，荀子还阐述了他的国家学说。他认为，国家并非固有的，它有着一个产生与发展的过程。人类社会、国家制度、风俗礼仪的制定都是为了有效地制约人们之间彼此对立的欲求，以制止争端，使人的欲望得到有限度的、合理的满足，并维持人类自身的存亡。

4.《正名》篇论述了荀子的逻辑思想。首先，荀子探究了名言（概念）的功能。他认为，“制名”（制造概念）目的在于“指实”（表现客观实在）。概念是用以“明贵贱”和“辨同异”的，它既有认识功能（“辨同异”），又有社会功能（“明贵贱”）。其次，荀子还说明了概念成立的根据与基本原则。他认为，人们对事物的命名虽然有主观随意性的一面，但它主要还是要受到事物的性质和社会习俗的制约的，这就是所谓的“约定俗成”。那么，制定概念的原则如何呢？荀子认为名是受“实”制约的，“实”相同者名也相同，“实”相异者名也相异，单名可以说明清楚的则用“单名”（如白、马），否则就用“兼名”（如白马）。如果二者没有什么相违背的则用“共名”（如马）。最后，荀子还分析了“共名”与“别名”的关系。他在这里将概念分为“别名，大别名；共名，大共名”。“大共名”指最高的类概念（物），“大别名”指个别具体的概念（如鸟、兽）。“共名”和“别名”指一般的类和较低的类概念。荀况认识到，概念分类时，“共则有共”，“别则有别”，这实际上已意识到了概念的种属联系，这是很成熟的逻辑思想。

《荀子》一书具有鲜明的艺术特色，首先他善于运用比喻，他的政治哲理散文通过巧用比喻，使抽象的道理具体化，有深入浅出的妙处。《荀子》中的比喻不但多而且好，堪称先秦诸子用比之冠。其次，《荀子》一书十分注意句子的对仗和音节的协调，如《劝学》中的“积土成山，风雨兴焉；积水成渊，蛟龙生焉”，都是比较工整的句子。在其他各篇中，也不乏类似的句子。

后人对于荀子的评价非常多，结论差别很大。这是因为，荀子的思想作为先秦诸子合流的产物，具有相当的复杂性。其中主要的评价有三种：一是认为荀子是儒家最重要的继承人之一，如司马迁、归有光、汪中等；二是认为荀子不属于儒家正统，更多的带有法家的色彩，如韩愈、朱熹、章太炎等；三是认为封建礼教的根源就是荀子的学说，并对其大加批判，最有代表性的就是谭嗣同。这些观点出入极大，纠缠千年，充分说明了荀子思想的包容性和深刻复杂性，并使我们认识到对其进行深入了解的重要性。

《墨　子》

《墨子》是墨翟学派的著作集。墨翟，人称墨子，是春秋末年战国初年的鲁国人，是墨家学派的创始人。墨子虽然生为鲁国人，却长期在宋国做官，担任过宋国大夫。墨子交游广泛，他有一批非常忠于自己的弟子，形成一个有严格纪律的社团，这个社团有自己的纲领，它和现在的帮会不同，它不仅是职业的联系，还有共同的社会奋斗目标，有共同的人文理想，它的领袖叫“巨子”，墨子可以说是第一位巨子。当时墨子所在的宋国是一个贫弱小国，被夹在虎视眈眈的诸大国之间，苟延残喘。墨子为了宋国的安全，曾先后多次带弟子奔走于齐、卫、楚诸国之间，制止了鲁阳文君攻郑，说服公输班放弃攻宋的计划，墨子因此而备受各诸侯国君主的崇敬。

《墨子》现存十五卷五十三篇，亡佚十八篇，实有三十五篇。其中一部分是反映墨子本人的思想、事迹和活动的，还有一部分是后期墨家的思想言论。其中，《尚贤》、《尚同》、《兼爱》、《非攻》、《节用》、《节葬》、《天志》、《明鬼》、《非乐》、《非命》、《废儒》这十一篇，是反映墨子本人思想的。下面我们来介绍一下《墨子》的思想内容。

1. “兼爱”的伦理思想。在先秦诸子中，《墨子》一书最重要、最有影响的学说是它的“兼爱”思想。墨子认为，天下所有的罪恶和祸害都是因为天下人不相爱，交相恨。因此，他提倡“兼爱”，认为“诸侯相爱，则不野战；家主相爱，则不相篡；人与人相爱，则不相贼”（《兼爱》中篇）。就是认为，爱心是协调一切社会矛盾最有效的因素，只要实行最广泛的爱，那么，就一定不会出现以强凌弱，以众劫寡，以富侮贫，以贵傲贱，以诈欺愚的压迫现象。这样，天下自然就会出现一派君惠臣忠、父慈子孝、兄弟和顺，人人相亲的美好景象。那么，怎样才能做到“兼爱”呢？《墨子》认为，兼爱的原则只有一条：视人如己，就是“视人之国若视其国；视人之家若视其家；视人之身若视其身”，在墨子看来，个人利益和他人利益，家庭的利益和社会的利益本来是一致的，这个原则，和后来列宁讲的“我为人人，人人为我”是相通的，如果我们真能做到这一点，那么对我们个人和社会都是非常有益的。另外，“兼爱”里还有一个很重要的部分就是“兼相爱，交相利”，他认为爱，不光表现在情感上、思想上，也表现在有利于别人，在利益上相互帮助，以此来体现兼爱的思想。在墨子这里，义和利是统一的，不是超功利的，兼爱必须建立在“交相利”的基础上，这是兼爱思想的一个特点。

2. “尚同”的政治思想。墨子政治思想的核心是“尚同”，即要求“同天下之义”，就是要确定天下的指导思想，使臣民们有所归依，有所遵从。换言之，也就是要牢固地确立统一的国家意识形态。其思想的实质，是自上而下的、绝对的等级统治，是要强调君主集权。在社会普遍混乱的当时，这是一种符合历史发展趋势的进步主张。通过后来法家的继承和发扬，君主集权亦即成了两千年封建政治的基本格局。

“尚贤”是“任人唯贤”，即要求各级官员都由贤者、胜任的人员来担任，是从“尚同”派生出来的，是一种政权实现“尚同”的重要途径。它的特异之处在于：突破了原来的阶级界限，对于人的一切原有的社会、政治、经济地位，特别是由宗法血缘关系而取得的地位，都不予以承认，而提出了在贤能面前人人平等，这在当时的变革意义是十分巨大的。

同时，墨子还对天下大害的攻战提出了激烈批评，这就是“非攻”。“非攻”所反对的，只是侵略战争。它并不一般的反对战备和战争，而是明确地肯定战争的工具——武器的作用，非常强调战备，还直接地提倡正义的战争。墨子一生，为了止攻救守，奔波不息。

3．“节用”的经济思想。墨子经济思想的特色是重视生产、崇尚节俭。从人类必须依靠劳动生产才能生存的观点出发，墨子把生产状况的好坏、物质财富的丰乏提高到了内政、外交、军事等成功的前提。为了提高生产效率，墨子已经知道发挥劳动者的生产积极性和分工的重要，他还谈到了同一生产过程中内部的劳动分工以及体力劳动与脑力劳动的区别及联系，孟子的“劳心”、“劳力”思想实际上也发端于墨子。为了发展生产，他还非常重视劳动力以及人口的增加，成了中国历史上第一个系统地论述人口问题的思想家。墨子消费思想的总原则，就是“节用”，分而言之，为“节用”、“节葬”、“非乐”，这些观点一方面批评了儒家“厚葬”、“久丧”、“撞钟鸣鼓”等繁文缛节是极大的浪费，另一方面他也针对“以人殉葬”等奴隶制恶习，当时“天子杀殉，众者数百，寡者数十；将军大夫杀殉，众者数十，寡者数人”（《节葬》下）。但是，墨子“非乐”，认为音乐不应该有，这是他思想中消极的方面。

4．“非命”的哲学思想。墨子的哲学思想，首先表现在主观性与客观性的关系问题上。他注重主观能动性，即“尚力”，反对“宿命论”，即“非命”。墨子认为，事在人为，无所谓命定，他否认有“宿命”，并进一步分析了“命”这一观念产生的根源，就是平庸懒惰者用来推卸职罪的口实，他强调“尚力”：“赖其力则生，不赖其力则不生”（《非乐》上篇）。墨子虽然反对“宿命论”，崇尚“人力”，但他却肯定“天志”、“鬼神”的存在，并以之作为贯彻自己“兼爱”思想的最终保证。不过，墨子所谓的“天志”已不是指人格化的“天帝”的意志，而是指一种类似于“公民意志”之类的东西，它实际上成为衡量人的言行举止是善是恶的总标准。墨子设立“鬼神”的存在，是为了给他的政治理想披上一件绝对权威的外衣，以利于为统治者所接受和贯彻。

墨子哲学思想的另一个重要组成部分是认识论。在认识论方面，墨子首先探讨了认识的起源，他认为判别是否具有认识的唯一标准是“耳目之实”，也就是只有感官对客观外物发生了作用，才能有认识的发生。否则，“莫见莫闻”，是不可能产生认识的。这是相当朴素的感觉论，具有鲜明的唯物论倾向。墨子又进一步说明了认识的结果必须与实际相符合的认识论原则，他要求把名与实联系起来，以其实定其名。最后，他就认识的标准问题提出了著名的“三表”。也就是真理的三个标准。墨子在《非命》的上篇中说：“上本之于古者圣王之事；下原察百姓耳目之实；发之为刑政，观其中国家百姓之利。”意思就是说，一方面要考察历史上尧舜这样的圣王是否说过，是否符合古代的真理；另一方面要看是否符合老百姓的经验和感受；第三方面是将其用于治理国家，看看是否对国家百姓有利，是否具有社会效益。这就是说要从历史根据、现实经验和社会效益三方面予以判断。

墨子的思想在中国历史上产生了巨大的影响。墨子改革现实、尚贤使能、重视生产、强调节俭、讲求实效的治国方略，在后世以至今天，都发生过也还可以继续发生进步的作用；维护和平、反对侵略的“非攻”也仍然是今天国际关系的一个准则。他的道德思想充满劳动的气息，他本人的人格，大公无私、言行一致、劳身苦心、牺牲自我、强力从事、热诚救世、见义勇为的崇高精神，至今还闪耀着不朽的光芒。秦汉以后的所谓墨家亡绝，亡了的只是作为学派的墨家。墨家的精神则绵延不绝而未尝灭亡，在历代统治者的政策和学术思想以至民族精神中，都存在着它的积极影响。正如蔡尚思先生在《中国古代学术思想史论》中所说的：“墨子的大部分思想与精神，在中国思想文化史上是无比伟大的。中国出了一个墨子，是最值得中国人骄傲的！”

《山海经》

《山海经》是一部由几个部分组合而成的性质非常奇特的古书，是我国现存最古的一部地理著作，也是巫卜之辞向传奇志异方面发展的典型著作。《山海经》原题为夏禹、伯益所作，但从书的内容来看，实际当出于春秋、战国间人之手，秦汉间又有附益。它大约成书于从春秋末年到汉代初年这一漫长时期中，作者并非一人，大概都是楚地的楚人。《山海经》较为集中地记载了海内外的山川神祇异物，保存神话最多，对后世研究者具有非常重要的意义。

鲁迅将《山海经》视为“巫书”，指出了这部书的根柢。作为巫书，它的著者不止一人，成书也不在一时。其中的神话传说来自远古，而书之于后代。古时候《山海经》是有图画的，而且图画还占有相当重要的地位，故又称为“山海图”，但后来图画佚亡，只剩下文字。《山海经》一书，虽然仅仅三万一千多字，却是一部以神话为主流、包罗宏富的多学科的古籍。此书除保存有大量的神话资料以外，还涉及学术领域的各个方面，诸如历史、宗教、天文、地理、哲学、民族、民俗、动物、植物、矿物、医药卫生等等。可以说，它是一部古代人的生活日用百科全书。

《山海经》古本原有三十四篇，由于历代校订、删并，至今仅存十八篇。各篇著作时代也没有定论。后人将《山海经》分为《山经》和《海经》两个部分。两个部分从字数看很不均等，《山经》字数最多。但联系它的内容，还可将《山海经》作更细致的划分，即如下四个部分：

1.《五臧山经》共五篇，五篇中又分为二十六个小篇。内容多记山川地理、奇异的动植物和矿物、祀神的典礼仪式和所用的各种器具等等；间或也描述诸山山神的形貌、职司和神力，但不是很多。这五篇简称《山经》，分量很大，约占全书三分之二以上的篇幅。

2.《海外经》四篇。内容多记海外各国怪异的人、物，其中也记叙了一些古老神话，如夸父追日、刑天舞干戚等。

3.《海内经》四篇。这部分杂记了海内的各种神奇事物，如昆仑景象，建木形态，枭阳、巴蛇、贰负的状况等。间杂也记了一些国家和民族，如巨燕、匈奴、朝鲜、东胡等。其中《海内东经》一篇，又杂入了《水经》中的部分文字，因而实际本篇内容很少。

4.《荒经》以下五篇，这五篇又分为《大荒经》四篇和《海内经》一篇。这部分保存的神话资料最多，也最原始古朴，是研究古代神话的宝贵材料。它记录了有关帝俊和黄帝的神话，共有十余处。除此之外，还记录有颛顼使重、黎“绝地通天”的神话，有鲧、禹治水的神话，有禹攻共工、杀相柳的神话，有黄帝战蚩尤的神话，有女娲、烛龙、西王母、夏耕尸的神话，还有诸神子孙创造发明的神话等等。这几篇里汇集了大部分重要的神话材料。它的写作时期，可能比《山海经》其他各部分都要早，推测起来，应该是春秋末年至战国初年的作品。

《山海经》内容上的一大特色是包含有大量的逸文奇言。书中对巫术祭祀之礼有许多记述。它列举了诸山神祇，详细叙述各种祭祀用品，以及巫祝之舞。《山海经》中展示的巫师所从事的宗教活动，可以说是多不胜举。这类记载有详有略，但措辞千篇一律，纯属巫人记事。但这些文字体现了古人丰富的想象。如写诸山山神，有马面人身者，有鸟身龙首者，有龙身鸟首者，有羊身人面者，有龙身人面者，有豕身人面者，有三面人首者……奇形怪状，不一而足，或是动物形体的拼凑，或是半人半兽的组合，这也体现了原始宗教（巫教）自然崇拜的特色。这一部分文字总体上看来没有多少文采。另外，巫人欲神其术，或造为灵异，或流为巫医，这一类记载也占据了很大篇幅。在《海内西经》、《大荒西经》中都有这一类记载。从巫医给人畜看病，到神仙使人不死，便自然通向了神仙方术。战国、秦汉的方士以及神仙家一流人物，大抵就是从这些神巫演变出来的。再有，《山海经》中关于灵异的记载也相当不少。这一类记载，如祥瑞灾异，同阴阳五行的迷信有相通之处。《山海经》中这类文章是颇有迷信成分的。

《山海经》中记录了许多神话传说，它们虽然怪诞却非迷信，这构成了此书的另一特色。例如《海外南经》中记载的羿与凿齿之战的故事，《大荒北经》中记载的黄帝与蚩尤之战的故事，《海外北经》中记载的夸父追日的故事，《海内经》中记载的鲧禹治水的故事，《北山经》中记载的精卫填海的故事，《海外西经》中记载的刑天舞干戚的故事等等，都有一些片断。其中关于西王母的故事，记载尤多，在《西山经》、《海内北经》和《大荒西经》中都有涉及。《山海经》一书中，还记有许多神谱，有帝俊的神谱，有炎帝的神谱，有黄帝的神谱等等。

总的看来，《山海经》一书，内容是比较驳杂的。有神话传说，也有灵异怪物，虽然大多数属于幻想，但也并非全是虚构。所以后人在著录时，有的将其列于“数术”一类，有的则将其列于“地理”一类。但就其主要内容来说，则是传奇和志异。

中国最早的传奇志怪之文，流传至今者，当首推《山海经》。就全书行文的遣词造句来看，也体现了春秋战国文章的共同特征。

首先，从行文体例来看，此书很像《禹贡》。列述产物，颇似征实。无意为文，而自成文理。再从文章的造语来看，基本上是散体，但偶尔也会用韵。散韵相杂，春秋战国时期的文章往往如此。

其次，从行文的语气来看，职在叙述，不事争鸣，双句较多，偶句很少，但偶尔也用排比，以壮文章声势。《海外南经》的发端几句是很好的例证。像这样的文辞，在《山海经》中虽然不多，偶一有之，但也说明了这部书行文的时代特色。

《山海经》的主要内容为民间传说中的地理知识，它对于古代历史、地理、文化、中外交通、民俗的深化研究均有参考价值。其中的矿物记录，为世界上最早的有关文献。总之，古代的巫术，传到春秋战国，逐渐辑录成书，其中既有口耳相传的古代传闻，也有著录之时的若干当代的事物。尽管内容驳杂、风格独特，但其渊源所自，还是比较分明的。晋代郭璞作注，其后的考证注释有清代毕沅的《山海经新校正》和郝懿行的《山海经笺疏》等。袁珂的《山海经校注》(上海古籍出版社版，1985 年)，便于初学者。

《公孙龙子》

《公孙龙子》是战国著名的名家大师公孙龙所著。公孙龙，字子秉，赵国人，约生于周慎靓王元年（前 320），约卒于秦孝文王元年（前 250）。公孙龙生活的时代大约在赵惠文王与赵孝成王之间。这个时代是赵国由盛而衰的时期。赵国通过赵武灵王的“胡服骑射”，很快就兴盛起来，成为战国七雄之一。赵惠文王又重用廉颇、蔺相如，使赵国更加强大。但是此时，随着秦国势力的逐渐增长，赵国的地位也在逐渐下降，所以才有“完璧归赵”与“渑池相会”的事情发生。随着赵孝成王的“长平大败”，赵国遭受致命的打击，此后，赵国每况愈下，败势不可逆转，灭国只是时间的问题了。公孙龙就生活在这样一个时代和这样一个国家里。他曾一度作为平原君的门客，并受到厚待。公孙龙并不是一个纯粹的思辨哲学家，他关心时政，并经常为平原君出谋划策。他曾出使燕国，说服燕王“偃兵”，可见公孙龙在当时是相当善辩的，其辩才几乎到了天下无敌的地步。公孙龙生前显赫一时，名声甚隆，在其周围聚集了不少“辩者”，形成了名家学派。

公孙龙的著作原有十四篇，但大半已经失散。现存《公孙龙子》一书，共有六篇。其中《迹府》一篇是后人辑录的有关公孙龙的事迹。《白马论》、《指物论》、《通变论》、《坚白论》、《名实论》等五篇基本上是公孙龙的著作，是研究公孙龙哲学思想的主要资料。下面，我们就根据现有的资料，分别介绍一下他的政治思想、逻辑思想和哲学思想。

1. “以正名实而化天下”的政治思想。在战国中期，各诸侯国都进行了变法。由于当时人们的意识常常落后于变化了的存在，因而人们往往用旧观念来看待新出现的事物。于是，社会上便出现了不少“名（名称、概念）实（实际内容、实际事物）散乱”的现象。面对这种名实混乱的情况，公孙龙“疾名实之散乱”，主张用“正名实”的办法来治理天下。他的口号是 “以正名实而化天下”（《迹府篇》）。他认为，古代贤明的君王之所以能治理好社会，就是因为能够按照“审其名实，慎其所谓”办事的结果。因此，他主张名实不能混乱，名实应当相符。他尤其主张当时君臣之间的等级名位不能弄乱，否则就会产生君臣混乱，国家不稳的状况。而只有君臣名位正，国家才能强大，国运才能长久。从这里可以看出，他是站在维护封建君权的立场上来说话的，因而对于巩固当时新兴地主阶级的统治是有利的，这是他思想在当时进步的一面。

当然，公孙龙的思想也有消极的一面。虽说公孙龙在诸侯国内要用“正名实”的办法来维护已经建立的封建秩序，这种主张具有一定的进步性。但是，他又主张在诸侯国之间实行偃兵的政策，即偃旗息鼓，不要打仗。这就是反对当时的统一战争，企图维护战国时代的那种封建割据的局面。很显然，在七国称雄，非用暴力战争不能统一中国的情况下，公孙龙的这种论调只能起到阻碍社会进步的作用。

2.“名应当实”的唯物主义逻辑思想。公孙龙的哲学思想和他政治思想一样，也具有两重性。一方面，为了维护诸侯国内的封建新秩序，他反对名实混乱的现象，主张按照以实定名的原则来“正名实”，即主张抛弃当时的旧概念，而用新名称、新概念来反映新事物，巩固新秩序。这是符合当时社会发展要求的，因而，他的名实理论也具有明显的唯物主义倾向。另一方面，他又提倡“偃兵”、“兼爱”，这就违背了社会发展的要求，脱离了实现全国统一的现实，因而他的哲学思想又陷入了唯心论和诡辩论。下面我们就从他的逻辑思想谈起。

公孙龙为了实现他“正名实而化天下”的政治主张，首先着重研究了逻辑学上的名与实的关系问题。《名实论》就是他这方面理论的代表作。《名实论》一开始就对“实”下了定义：“天地与其所产者，物也。物以物其所物，而不过焉，实也。”这就是说，凡是天地以及天地所产的一切东西，都是物。而那个物的实际的存在就叫做“实”。而“名”就是对实的称谓：“名，实谓也。”因此“名应当实”，名必须与实相符，只有这样的用名才是正确的，就这一点来说，公孙龙的名实观在逻辑上是合理的。同时，在《名实论》中，他对“物”和“实”所下的定义还带有唯物主义的倾向。他认为“实”就是天地及天地所产的物的实际存在。这显然是把物当作客观的第一性的东西，而“名”则是第二性的东西。公孙龙主张以实为基础，来调整与实不符的概念和名称，从而克服当时社会上出现的“名实散乱”的现象；而孔丘所主张的则是以名为基础，使已经变化了的实际去符合旧有的概念和名称。公孙龙的《通变论》是《名实论》思想的进一步发挥。在《通变论》中，公孙龙强调在事物关系发生变化的情况下，名实关系仍然不能相乱，他举例说，牛和羊混合在一起，牛仍然是牛，羊仍然是羊，牛羊的名实不变，牛羊决不会因为混合在一起就能成为鸡或马的。

3．“白马非马”、“离坚白”、“物莫非指”的形而上学与唯心主义的哲学学说。

《白马论》是公孙龙的一篇著名论文，他的诡辩论思想集中体现在这篇著作中。在文中，公孙龙遵循他的以实定名原则，认为白马的名只能称谓白马这一实，马的名只能称谓马这一实，白马与马这两者不论是名还是实，都不是一个东西。但是，在这里，公孙龙虽然看到了白马与马的差异性，但否认了白马与马之间的同一性，否认了概念之间的类属关系，即共名与别名之间的内包关系，否认了白马应该包括在马这一类中的事实，从而得出了“白马非马”的诡辩论结论。之所以如此，是因为他把特殊（白马）与一般（马）形而上学地加以割裂的缘故。当然，就提出特殊和一般这对范畴并加以论证这一点来说，公孙龙的思想在当时确实是一个创见，对人类认识史也是一个有益的贡献。

《坚白论》主要讲事物不同属性之间的关系问题。《指物论》主要讲事物本身究竟是怎样构成和怎样存在的问题。这两篇文章集中地反映了他对于客观世界的看法。“离坚白”是《坚白论》的一个主要命题。其中公孙龙首先分析了“坚”和“白”这两种石头的基本属性。他认为，“坚”这一属性是可以用手摸而眼看不到的，“白”这一属性是可以看到而用手摸不到的。然后，他便夸大了这两种属性的差异，否认它们的同一性，认为坚与白是两个独立存在的东西，不能同时存在于一个具体的事物——石头中。这样就是说事物的属性可以脱离事物而存在，坚与白就不是事物本身的属性而成为抽象的概念了。公孙龙又认为这些概念是可以独立隐藏的，这就在实际上承认了在现实世界之外，还有一个虚构潜在的概念世界的存在。从而，公孙龙哲学思想的客观唯心主义的实质便非常明显了。

《指物论》把“离坚白”思想进一步地系统化、理论化，并上升到哲学高度上来加以概括和阐释。《指物论》涉及了一个更根本的问题，就是什么是“物”的问题。公孙龙在《指物论》中抛弃了《名实论》中对物的定义，给“物”下了一个新的定义，叫做“物莫非指”。而“指”就是指独立于事物之外的共相属性，如白、坚这些概念。公孙龙认为具体存在着的事物，都是由各自独立存在的共相属性所组成的，如白石就是由白、坚等这些各自独立存在的共相属性所组成的，因此，他说“物莫非指”。同时他还指出，事物的共相属性、事物的共性，是不依赖于个性，不依赖于具体事物而独自潜在着的，不仅如此，它还组成具体事物，这明显带有客观唯心主义的色彩。

从公孙龙的这个哲学思想来看，他的哲学一方面坚持了以名定实的唯物主义原则，另一方面又远离现实，专注概念的分析，从而陷入了诡辩与唯心论的泥潭。而他这种多元的客观唯心论，正是他安于封建割据状态这一政治要求的反映。

《韩非子》

《韩非子》是战国韩非等撰。韩非生年不详，卒于公元前233年。如果假定他的年龄小于荀子而与李斯相当，那么可以认为他约生于公元前281年。他是韩国的宗族公子，以国为氏，因而姓韩。韩非口吃，不善言辞，但他擅长写文章。他曾和李斯是同学，共同向荀子学习，李斯自己承认不如韩非。韩非身处战国末期，兼并战争频繁，而韩国作为一个小国弱国，处在内忧外患中。在外，韩国横遭强邻侵凌，国土日削，濒于危亡之际，一直臣服于强秦，才得以苟延残喘；在内，韩国的朝政也混乱不堪，韩王极其暗弱昏乱，以至于财利多者买官以为贵，有左右之交者请谒以为重。有功不赏，有罪不罚，完全是一派“亡国之风”。面对这样的局面，韩非多次上书规劝韩王实行法治，但都未被采纳。当时有一个叫堂溪公的老者说，行礼辞让、修行藏智是身全名遂之道，而设立法术度数以犯众怒是很危险的，劝他不要舍安全之道而行危险之路。但他却不以为然，而义正辞严地表示“立法术，设度数，所以利民萌便众庶之道也”，认为法术度数是有利于民众的一种手段，充分显示了其提倡法治的决心和信心。为宣传其政治主张，韩非写了十余万字的论文。秦王嬴政读了韩非的《孤愤》、《五蠹》等著作后，赞叹说：“寡人得见此人与之游，死不恨矣！”当他从李斯口中得知文章的作者是韩非后，便马上命令进攻韩国，索取韩非。韩王只得派韩非出使秦国。但韩非到秦后并未受到重用。因为他敢于直谏，遭到了秦国大臣李斯和姚贾的谗害。秦王下令将韩非治罪。韩非想见秦王解释清楚，却没能得见。李斯派人送去毒药，逼迫韩非自杀。不久秦王后悔，下令赦免，而韩非已死于狱中了。

韩非的著作经其后学编次成《韩非子》一书。全书共有五十五篇，约十万八千字。《史记·老子韩非列传》说韩非“作《孤愤》、《五蠹》、《内外储》、《说林》、《说难》十余万言”。所提到的篇名，今本《韩非子》内都有，所说的字数与今本亦略相符。韩非的思想，丰富多彩，它涉及政法、哲学、社会、财经、军事、教育、文化等各个领域，但就其主体而论，则是他的政治思想。以下我们从三方面介绍一下：

1. 法。韩非所说的法，是一种“编著之图籍”的法律条令。可见，它首先是一种成文法，而不是一种习惯法，具有客观性和固定性。其次，它又是“布之于百姓”的公布法，而不是一种秘密法，是一种积极的防范措施，而不是一种消极的制裁手段。这些都是法制进步的表现。再次，它又是“著于官府”、行于臣民的“宪令”。可见，它是一种君主的统治工具，是一种专制法。君主有制定法律和依法治理臣民的权力，但绝不会受到法律的制裁，进一步提高了君主的地位，使他凌驾于群臣万民之上了。总之，韩非所说的法，具有这样的性质：它是成文的、公之于众的、用来治理臣民的。表面上，它是君臣万民共同遵守的行为准则；实际上，它不过是君主治国的工具，这就是韩非之法的真正实质。

法作为君主统治臣民的工具，主要包括德赏和刑罚两大方面。德赏用来奖赏守法有功的人，刑罚用来惩治犯法的人。它们是韩非之法的基本内容。法的制定应该考虑到以下几项原则：立法应考虑到它的功利性；立法必须因时制宜，适应时势的需要；必须统一，并保持一定的稳定性；法令必须适应于人的性情，容易了解，便于实行；法应该详尽明了；制定法律时，必须贯彻厚赏重罚的原则，使法律起到赏善罚恶的作用。以上这些都是制定法律时应当考虑到的原则，它极大地丰富了我国古典法制理论的宝库，但从韩非主张统治权、赏罚权都必须掌握在君主手中这一点来看，这立法权当然也是君主独掌了。这是他立法思想的一个缺憾。

立法重要，执法更重要。因此，韩非还特别论述了法的实施原则。首先他主张加强法制教育，明示法令，使法成为人们行动的准则。他甚至主张取消所有其他的教学内容，只上法律课，这种观点当然太偏颇，但是这对于加强民众的普法意识却是非常有益的。其次，韩非主张执法时对大臣和平民要一视同仁，赏罚分明，以维护法律的严肃性。除了君主以外，所有的臣民一旦触犯法律，都必须惩处。法治的可贵，就在于打破封建贵族的特权，它既反映了当时贵族势力的低落和平民地位的提高，同时也反映了人们平等意识的增长，这是人类文明的进步。再次，韩非认为执法必须严格审慎。他虽然主张厚赏重罚，但这不是没有节制和尺度的。在执法时绝不能任意妄为，既不能因为仁爱而有过不罚，无功受禄，也不能任意虐杀臣民。第四，韩非虽然反对儒家所谓的“仁义”，但他并不完全否认道德教育的力量，他主张用“毁”和“誉”来辅助赏罚，就是用道德的力量来促进法治的实行。

2．术。相对于法所具有的成文的、公开的、客观性和固定性的特点，韩非所谓的术就是不成文的、秘密的，是一种君主对臣下的统治手段，它比法要复杂得多。韩非认为在术中形名术是最重要的。形名术主要是考察臣下的言论和行动实绩是否相符，臣下的官职和政绩是否相符。这种形名术是考察群臣的一个较为公允的方法。赏罚是治国的必要工具，而形名术又是赏罚的必要工具，没有形名术，赏罚就会失当，国家就难以治理了。所以形名术既是术治最重要的一种，同时也是法治的基础。除了形名术外，韩非还论述了一系列的用人术，这包括严格把握用人标准，任用德才兼备的人；不论贵贱，以功受官；不听毁誉，以法择人；专职专任，责任明确；基层选拔，逐级提升；用人权必须为君主独掌。这些所谓的术，从积极方面来看，是帮助君主充分发挥群臣在政治中的作用，以加强行政效率，巩固统治；从消极方面看，防止君主统治权被篡夺的治臣止奸之术，是非常阴暗卑劣的，虽然这是当时政治的反映，但也不能不受到后人的非议。

3. 势。韩非所谓的“势”都是指统治权而言的，包括用人权、赏罚权等。他认为只有统治权掌握在手里才是真正的统治者，才能统治民众。而君主要做到这一点，必须注意以下几个方面：一是君主必须“独擅”权势，绝不可以把权势借给臣下使用。因为无论什么权落到臣子手中，对君主都是不利的。二是君主不可以与臣下分享权力。舵手多了要翻船，权力分掌，必然造成政治局面的混乱。三是要运用法治赏罚来巩固君主的权势。君主手中的权势包括赏罚权、执法权等，所以君主可以利用赏罚、法令来巩固自己的权势，如此往返，则君主的权势就至高无上了。四是要防止大臣篡权。

由此可见，韩非主张的法治、术治、势治的结合，就是为了达到君主专制独裁的目的。因为如果没有法，就没有一个统一的行为准则，赏罚就无所适从，术治就难以应付，国家就会混乱，君主的权势也就不能巩固。没有术，法就会被破坏，君主的权势就会被篡夺。而没有势，就是亡国，更无法谈法治和术治了。所以，只有法、术 、势相依而治，才能建立起一种大一统的君主独裁统治，这在当时是符合时代要求的。

此外，《韩非子》具有很高的文学价值，它理应在我国古代文学史上占有重要的地位。韩文中那冷静切实的思考，精辟透彻的议论，峻急劲疾的气势，鞭辟入里的剖析，细密严谨的结构，气象万千的文体，喷薄而出的激情，酣畅传神的人物描写，机智诙谐的语言技巧，蔚为文学大观。这多方面的文学成就，形成了韩文深刻明切、严峻峭拔、雄伟森严、激越犀利、生动机智的基本风格，使它成为古代论说文中别具一格的楷模，从而对后世的各种散文体式，甚至骈文、笔记小说之类都发生了重大的影响。因此，可以说，《韩非子》不仅是我国思想宝库中的一部伟大的巨著，而且也是我国文学史上一颗璀璨的明珠。

《春秋繁露》

《春秋繁露》，西汉董仲舒著。董仲舒（前179—前104），广川（治今河北景县西南）人，西汉哲学家、今文经学大师，曾任博士。董仲舒潜心钻研《公羊春秋》，学识渊博，被称为“汉代孔子”，《春秋繁露》是一部推崇公羊学的著作。

西汉中期，诸侯王国割据的战乱局面基本结束，生产得到恢复与发展，中央集权得到巩固和加强，出现了经济繁荣和政治统一的局面。适应这种局面产生了董仲舒的神学唯心哲学。董仲舒的著作有一百二十三篇，另外还有讲《春秋》的文章数十篇。流传到现在的只有《春秋繁露》十七卷，八十二篇，是董仲舒讲《春秋》的著作。由于书中的篇名和《汉书·艺文志》及本传记载不完全相同，后人怀疑《春秋繁露》是后人辑录董仲舒的遗文而成，书名为辑录者所加，隋唐以后才有此书名出现。我国现存最早的《春秋繁露》版本，是南宋嘉定四年间（1211）江右计台刻本，现藏于国家图书馆。注本很多，最详尽的是苏舆的《春秋繁露义证》。

1. 关于天人合一。汉代初期的统治者不再是贵族，刘邦及其功臣将相都是原来的下层平民。他们需要向老百姓宣传其权威的神圣性，这就需要一种新的天命论。董仲舒对于“天命”给予了理论说明。《春秋繁露》宣扬“天人合一”、“天人感应”的神学目的论。认为天是有意志的，“天者，百神之君也”，天是宇宙万物的主宰，是至高无上的神。并把自然现象和社会现象进行神秘化的比附，认为天按照自己的形体制造了人，人从形体到精神都是天的副本，人类的一切都是天的复制品。这就是“天人合

一”的思想。

2. 关于阴阳五行。天主宰万物的作用是通过阴阳和五行（木、火、土、金、水）之气表现出来的，天通过阴阳、五行之气的变化而体现其意志，主宰社会与自然。草木随着季节变化而生长凋零，都是天的仁德、刑杀的表现；社会中的尊卑贵贱制度，都是天神“阳贵而阴贱” 的意志的体现。阴居虚而阳居实，阳为主导，阴为从属。君、父、夫为阳，臣、子、妇为阴，所以君臣、父子、夫妇的关系就是主从关系。“天子”是代替天在人间实行统治的，君主之位是天所授予的，并按天的意志来统治人民，这就是神化君权的“君权神授”思想。《春秋繁露》还用五行相生相胜的关系来附会社会人事，如将木生火，火生土，土生金，金生水，水生木比为父子；木居左，金居右，火居前，水居后，土居中央，比为父子之序，等等。这样就把古代朴素唯物主义的概念——阴阳和五行变成了体现天的意志和目的、神化封建制度的工具。董仲舒将先前《易传》里的辩证法思想改造成形而上学思想。同时，他把五行的关系伦理化，以此来论证封建秩序和道德的合理性与永恒性。

3. 关于天人感应。《春秋繁露》还宣扬“天人感应”说。认为“天”不但为人世安排了正常秩序，还密切注视人间的活动，监督正常秩序的实现。如果人间违背了封建道德，即天的意志，君主有了过失而不省悟，天便会降下灾异警告，这就是所谓“谴告”说。反之，如果君主治理天下太平，天就会出现符瑞。可见，封建统治者与天是相通、相感应的。如果能按照天的意志行事，维持正常的统治秩序，就可长治久安。这种理论是将自然人格化的唯心主义思想的一种表现形式。

4. 关于人性论。根据天人感应的神学目的论，《春秋繁露》提出了先验主义的人性论、性三品说。董仲舒肯定人有先天的善质，也有生而几乎无善端的。他把人性分为三个品级：圣人之性、中民之性、斗筲之性。圣人之性为纯粹的仁和善，圣人不用教化，

是可以教化万民的。斗筲之性是只有贪和恶的广大劳动人民，这些人即使经过圣人的教化也不会成为性善者，对他们只能加以严格防范。中民之性具有善的素质，经过君主的教化便可以达到善。这三个品级的人性都是天所赋予的。这一套性三品的人性论，是孔子“惟上智与下愚不移”（《论语·阳货》）人性论的发展。“王”是天之所以立以教民的，把王道说成是天意的表现。

5. 关于历史观。《春秋繁露》全面论证了“天不变道亦不变”的形而上学思想。所谓“道”，是根据天意建立起来的统治制度和方法，这个道是永恒的、绝对的。它说：“凡物必有合。合必有上，必有下；必有左，必有右；必有前，必有后；必有表，必有里；有美必有恶；……此皆其合也。阴者阳之合，妻者夫之合，子者父之合，臣者君之合。物莫无合，而合各有阴阳。”（《基义》）在这里，他承认对立面的普遍存在，具有一些辩证法的因素。但他认为这些对立面之间的关系主要是协调服从，否定了矛盾双方的斗争，虽然他承认矛盾的两个方面的性质、地位不同，但阳和阴双方，一主一从，一尊一卑的地位是永不可改变，不能转化的，因为这是“天之常道”。然而，历史的发展并非一成不变的，王朝更替时有发生，为了解释这一现象，董仲舒提出了“三统”、“三正”的历史发展观。我国农历的十一月、十二月、正月可以作为正月（岁首），每月初一日为朔日，朔日有从平旦（天刚亮的时刻）、鸡鸣、夜半为开头的三种算法。每一个新王朝上台后，都要改变前一个王朝的正、朔时间，这叫改正朔。如果新王朝选择农历正月为岁首，则尚黑色；如选择十二月为岁首则尚白；如选择十一月为岁首，则尚赤色，这就是所谓“正三统”。每个王朝都应按照自己的选择改换新的服色，这叫“易服色”。不管如何循环变化，维护封建统治的道和天一样，是永远不变的。“三统”、“三正”是董仲舒借天意之名宣扬“天不变道亦不变”，为的是长期维护封建统治。

6. 关于社会伦理。《春秋繁露》提出“三纲”——君为臣纲，

父为子纲，夫为妻纲，为封建等级制度和伦常关系的合法性制造舆论。孔子提出“君君、臣臣、父父、子子”（《论语· 颜渊》）的思想，后来，韩非发展了这一思想，并为“三纲”划出了一个明晰的轮廓：“臣事君，子事父，妻事夫，三者顺则天下治，三者逆则天下乱，此天下之常道也。”（《韩非子·忠孝》）董仲舒对它加以继承和神化，并把其关于阴阳的理论作为三纲的根据。“王道之三纲，可求于天”（《基义》）。三纲以“君为臣纲”为主，“父为子纲”、“夫为妻纲”是从属于“君为臣纲”的，最根本的目的是要维护君权的统治。

董仲舒在答汉武帝的策问时曾提出“仁义礼智信”五常之道，在《春秋繁露》中又加以详尽论证，“仁者，爱人之名也”（《仁义法》），“立义以明尊卑之分”（《盟会要》），“礼者……序尊卑贵贱大小之位，而差内外、远近、新旧之级者也”（《奉本》），“不智而辞慧狷给，则迷而乘良马也”（《必仁且智》），“竭愚写情，不饰其过，所以为信也”（《天地之行》）。

这种伦理观是汉王朝封建大一统政治的需要，也是中央专制集权制的反映，它在当时维护国家统一和封建制度方面，起过积极的作用。由于它高度集中地反映了整个地主阶级的根本利益，所以成了延续几千年的封建社会的道德伦理规范。

《春秋繁露》以哲学上的神学蒙昧主义、政治上的封建专制主义为基础，提出了一套较为完备的思想体系，尽管以后各个王朝的哲学形态有所改变，但这一思想一直在我国封建社会中占统治地位。书中将自然现象与社会问题进行无端比附，得出自己需要的结论，具有很大的欺骗性，影响恶劣。

《论 衡》

王充，字仲任，东汉前期伟大的唯物主义哲学家和无神论者，生于汉光武帝建武三年（27），约卒于和帝永元九年（97），会稽上虞（今属浙江）人，曾为史学家班彪弟子。

东汉前期，谶纬之学盛行，神学迷信弥漫朝廷上下。王充奋笔著成《论衡》以反对神学。全书共八十五篇（其中《招致》仅存篇名），总的精神就是“求实”，“疾虚妄”。求实，就是从实际出发，实事求是；疾虚妄，就是反对一切虚假和浮夸。

《论衡》内容博杂，上天下地，无所不谈，诸子百家，无所不涉，大致反映了以下六个方面：

1. 天论：当时天人感应说极度盛行，天被极度神化。王充将天文学最新成就的精神实质吸取过来，从而建立了唯物主义的天道自然观，坚决批判天人感应的神学目的论。

他认为，天是体，地是气，天地是含气的自然体，极力论证天是自然物，不是神，打破人们对天这个绝对权威的迷信，同时，他还继承道家“天道自然无为”的思想，并利用自然科学的发展，广泛征引实例，反复论证“自然之说”。在此基础上，他还对如下几个问题进行深入探讨：

（1）迷信根源。王充认为有三：一、认识根源：由于当时人们的认识水平较低，对很多事物都无法作出正确的解释。；二、阶级根源：统治阶级为了维护统治，捏造迷信来麻痹人民；三、思想根源：脱离实际。

（2）日月出入问题。王充设想平面天体在六万余里的高空旋转，因为大，看似覆盆，日月附于天体随之旋转，它们没有上下升降，近则见，远则不见，并非出入地下。

（3）日远近问题。王充“日中近而日出入远”，日中时看似小一些，是因为它明亮些，所以显得小，早晚出入时看似大一些，是因为它暗一些，所以显得大。

（4）日月形状问题。王充提出“日月不圆”，他认为，火为日之精，水为月之精，水火不圆，所以日月不圆；又如陨石是列星坠地，石不圆，所以星不圆，看上去很圆，是因为离得太远。

（5）日月食问题。王充不同意“日蚀是月所掩，月蚀是日所掩”，他引用阴阳学说推论只有强者才凌弱，月弱于日，所以不能掩日，又运用气自然的理论来解释日月食，他的结论是：“月食，月自损也；日食，光自损也。”

（6）天道自然论。王充极力反对天命论、天人感应说，而提倡天道自然论，其主要观点是：天道是自然无为的，人事是有为的。天对人的影响和作用都是无意识的，人的精神要通过实践才能对客观事物产生作用，否则就无能为力。

此外，王充还对各种自然现象进行了观察探索，如对北极星的观察，对“尧射十日”的解释，对大气层与星际空间的区别，对潮汐成因的认识。

总体看，王充的天论贯彻着唯物主义路线，遵循科学精神，正如陈遵妫先生在《中国天文学史》中所说：“《论衡》是哲学思想和天文知识相结合的著作。”其中处处包含着可贵的真知灼见，但限于时代知识所缺，不可避免地在一些误解或难以理解的问题上陷进宿命论的泥潭里。

天论主要见之于《谈天》、《说日》、《谴告》、《自然》、《感虚》、《明雩》、《祀义》、《解除》、《雷虚》、《辩崇》、《卜筮》、《命禄》、《治期》、《变动》、《难岁》、《验符》等篇。

2. 气论：王充认为，气没有形体，没有意识。气是自然的，天地通过气产生万物，影响万物，气与物共同构成客观世界。气渗透于生物体中，起着各种各样的作用，它是自然现象的原因和动力，也是社会现象的决定因素，又是各事物相互联系的纽带。在各种各样的作用中，气的一般性作用表现为“同气相应，异气相革”两方面。同时，万物因所禀的气不同而呈现差异性，所以，气也有等级差别。王充将之分为四等：天地之气——元气——精气——和气。天地之气是天地释放出来的一切气，它是非生物的基础；元气是天地之气中较精微的气，它是生物的物质基础；精气是元气中一种较浑厚的气，它是人的精神的物质基础，也是人区别于其他生物的内在原因和重要成分；和气是一种最高级的气，是阴阳之气调和得很适中的一种中和之气，它是圣人和瑞物（吉祥物）的物质基础。另外，还有一种特殊的神秘的气——光气，光气只有特殊的人才能看见或认识。

当然，王充所说的“气”是一个复杂而庞大的体系，除以上几等气之外，还有各种各样的气，如：阴气、阳气、天气、地气、日气、月气、星气、岁气、春气、夏气等按天地季节所分之气；生物又有各自之气，如凤凰之气、百药之气、肴食之气；人气又各有不同，如天子之气、贵人之气、父气、母气；人的心情又可分为喜气、怒气、哀气、勇气；有害的气也是一大类：如妖气、月星气、厉气、毒气、邪气等。

王充用气来解释天地之间的一切现象，无疑，气论是其哲学思想的重要组成部分。

气论除见之于前举《天论》等篇之外，主要还在《纪妖》、《订鬼》、《论死》、《齐世》、《寒温》、《幸偶》、《超奇》、《享毒》、《无形》、《讲瑞》、《气寿》等篇中有所阐述。

3. 性命论：在《论衡》中，性指人性，命指命运。王充认为，性有善恶之分，命有吉凶之别。善恶是就才学和操行而言，吉凶是就贵贱祸福而言，就自然属性而言，性与命是统一的，如身体坚强之“性”和强弱寿夭之“命”相统一，就社会属性而言，二者没有必然联系，有些善者命凶，有些恶者命吉。从性有善恶论，王充推性有上中下三品之说；从命有吉凶论，王充提出寿命和禄命之说，正常的死亡和祸福属于寿命，非正常的则属于禄命。影响禄命的社会因素有社会机遇、偶然巧合、君主好恶等，但他终究找不到合理的解释，最终归之于命中注定（即禀命），这样，他就引出吉验论和骨相说。性命之论对破除人们对圣贤的迷信、批判唯心史观，具有非常积极的意义，但又不免限于机械之中。难能可贵的是，王充虽坚持“气不变易”论（气决定性命，气不变，性也不变），但在《率性》篇中，他又不知不觉地承认人性是可变的，人的才能和品德是可以经过主观努力提高的，不善者可以锻炼为善，善者可以更善，这就阐述了自然界和人类社会的某些辩证法。

性命论主要包括《逻辑》、《累害》、《率性》、《奇怪》、《吉验》、《偶会》、《骨相》、《气寿》、《命禄》、《本性》、《初禀》等篇。

4. 知论：王充所说的“知”，是指“知‘天下之事，世间之物’”，天下之事指社会知识，世间之物指自然知论，具体包括“知识论、认识论、逻辑学”等。

王充认为，获知的途径有三：一是感知，即通过自己的感觉获得知识；二是思知，即通过对各种相关现象的联系思考而产生知识；三是学知，即向别人学习而获得知识。

在获知的基础上，王充提出“验知说”，即验证所学的知识。所谓“疾虚妄”，主要也就体现于此。验证方法大致可归为两类，一是以实验之，即用耳听眼见的事实去验证各种说法的是非真假；二是以道验之，即用正确的前人理论和自己从实践中概括出来的道理去验证一切记载的虚实增减。同时，王充也看到了“验知”的复杂性，要求人们不能以偏概全，要从总体上全面地联系地看问题。这些看法是非常先进的，只可惜他“验知”的仅是“学知”，而不包括“感知”和“思知”。

除了获知与验知之外，王充还提出“博通能用”说，“博”

就是通过多见多识多读书多学习而含百家之言，知古今之事，“通”，就是对所学知识融会贯通，能够灵活运用。鉴于“博通”之说，王充对古今人才加以评价，对贤人佞人进行区分，从儒生中筛选出通人来。这在一定程度上反映了王充的人才理想。

王充对知的认识并不限于此，他还提出“知为力”的论点，他认为人的能力可分为“筋骨之力”和“知力”。知力比体力大得多，可对社会产生重大影响，当然，这种力主要指社会科学方面。

知论主要见之于《知实》、《实知》、《别通》、《书解》等篇。

5. 政论：王充将政治归结为“德”与“力”两方面，“德”指仁义道德，“力”指国家实力、兵力，他认为治国者不管对内对外，都要德力俱足。而作为治国好坏的标准就是“太平以治定为效，百姓以安乐为符”。同时，他反对汉儒颂古非今，而提出今胜于古的观点。这些论说虽并非全都出自王充首创，但在一定程度上体现了时代的进步意义。但是，在此中还夹杂着自然命定之论，符瑞之谈，这就不可避免地转入了唯心主义。

政论主要见之于《非韩》、《宣汉》、《恢国》、《讲瑞》、《治期》、《对作》、《齐世》等篇。

6. 其他：除上述五个主要部分外，王充系统地阐述了形神论、适偶论、文论等。

总之，《论衡》是我国古代一部至关重要的哲学著作，汉代学界一奇书，封建时期，“攻之者众，好之者终不绝”。元朝韩性为《论衡》作序时说：“《论衡》之书独传至今，譬之三代鼎彝之器，宜乎为世之所宝也。”孙人和在《〈论衡举正〉自序》中说，王充“远见卓识，精深博雅，自汉以来，未之有也”。当然，《论衡》在文学上虽有成就，然过于注重思想而有平白质直之嫌。

《灵　宪》

张衡撰。《灵宪》是中国古代著名的天文学著作。

张衡（78—139），字平子，河南南阳西鄂（今南阳石桥镇）人。公元111年被“公车特征”，拜为郎中，后迁尚书郎、太史令。133年迁侍中，136年拜河间相。139年征拜尚书，并在此年逝世。张衡是东汉著名文学家、天文学家、机械制造专家，又在数学、地震学、地理学等方面也作出了卓越的贡献。天文学成就卓著，《灵宪》一书，就是他撰写的世界天文学史上的不朽名著。在这本书里，张衡全面地阐明了天地的生成、结构和日月星辰的运动等重大科学问题，他第一次正确地解释了月食的成因，提出了行星视运动的快慢与距离地球的远近等相关的看法，画出了我国第一张较为完备的星图，并在书中使用了“黄道”、“赤道”、“南极”、“北极”等天文学、地理学上的名词。张衡一生科技创造很多，主要有两项：造浑天仪，开创了我国水运浑象——机械定时器的先河；造候风地动仪，是世界最早的地动仪。

《灵宪》是张衡天文学思想的全面总结。刘昭注所引《灵宪》全文约一千三百字。在序文中张衡托称先王要研究天文，必须先将浑天仪安装正确，才能开始进行观测工作。正文叙述的内容主要有以下几项：

1. 阐明了天地宇宙万物的生成过程的三个阶段：最先是太素以前的冥漠虚无，接下是混沌不分的太素，然后才是清浊位置倒换而形成了天地的太元。这种思想继承了《道德经》和《淮南子》等书中的宇宙生成理论，并有张衡自己的独特发展。

2. 对天地的结构，张衡指出了天是一个极为近似圆球的椭球体，直径两万零三点二三万里，南北短一千里，东西长一千里；地是半个椭球体。这些说法在现在看来，无疑都是错误的，但是，张衡能认识到天地之外还有广袤无垠的宇宙，这个思想又是极其难得的。

3. 张衡测定的日月的角直径是周天的七百三十六之一，即为二十九分二十四秒，与近代的测定值相差不过三分，这项成就非常了不起。

4. 张衡指出太阳是自己发光，月亮是在太阳光照及的地方才发光。相对太阳而言，在地的反对面因为地的遮蔽而成为太阳光照不见的地方，叫做暗虚；当月亮进入暗虚时就叫做发生了月食。这种思想无疑是正确的，在中国的科技思想史上作出了卓越的贡献。

5. 在张衡的时代，天上已经命名的星官有四百四十四个，星有二千五百颗。这些数字大大超过了三国以后定型的中国传统星座体系的二百八十三个星官、一千四百六十四颗星。而且，他还指出，他统计的数字不包括“海人之占”。他又认为天上还有微弱的暗星一万一千五百二十颗，这个数字当然不对，但是能够指出有暗星的概念及其存在，本身就是巨大的贡献。

6. 关于日月星辰的运动，张衡指出日、月、五星并不是附着在天上，而是离天有远有近，“近天则迟，远天则速”。这与古希腊的天文学思想极为相似。

7. 张衡把金、木、水、火、土五颗行星分成两类：木、火、土三星属于日类，金、水属于月类。这样分类的理由《灵宪》说是木、火、土“见晨，附于日”，而金、水“见昏（指黄昏），附于月”。在现在看来，“附于日”与实际情形有所偶合，而“附于月”则是完全错误的。但是这个分类方法正好与现在内外行星的分类相合，不能不让人佩服张衡的观察力和概括力。

《灵宪》一书，贯穿了中国古代的阴阳学说和天与地、天与人对应的思想，因此也带来了许多牵强附会之说。比如，他把日当作阳，认为应该是奇数，所以日中有三只脚的乌鸦；把月当作阴，认为应当是偶数，所以月中有四只脚的兔子。再如，上述行星的分类，也显然是阴阳五行说附会的结果。张衡又认为，恒星是由地上的山岳所宣泄的气的精华凝聚到天上而形成的。《灵宪》说："星也者，体生于地，精成于天，列居错跱，各有所属。"这实在是以占星术为理论基础的。另外，《灵宪》在思想逻辑上显然也有自相矛盾的地方，如把地看成半个天球那么大，这就无法解释书中有关月食的暗虚的说法。当然，尽管有这些没有完全脱离开迷信的臆测缺点，仍不能抹杀《灵宪》在天文学上的光辉灿烂的成就。

到了近代，学者们大都非常重视《灵宪》在天文学上的内容。英国科学家李约瑟在他的《中国科学技术史》一书中给予"暗虚"的提法非常高的评价，认为正确的月食理论从此建立起来了。国内的陈久金 1979 年在《科技史文集》第六辑发表了《张衡的天文学思想》一文，全面地阐发了《灵宪》中的天文学思想。

《灵宪》原书已经散佚，因为南北朝梁代刘昭在注释《续汉书·天文志》时作了引录才得以传世。唐朝天文学家李淳风的《乙巳占》和瞿昙悉达的《开元占经》等书也作了引录。清人严可均编辑《全后汉文》时还从唐代类书中辑得一些不见于刘昭注等书所引的文字。清人马国翰辑的《玉函山房辑佚书》卷七十六也收有《灵宪》佚文。到了近代，吕子方提出，今传《灵宪》并非全文，而仅仅是一部庞大著作的序文。他的主要根据是除了严可均的两段外，还在南宋郑樵的《通志·天文略》中发现了大量张衡的关于星官的文字，这些文字据此被认为是属于《灵宪》的佚文。

阅读《灵宪》，似乎应该把它和它以前的宇宙生成论联系起来，譬如《道德经》和《淮南子》等哲学著作，甚至《山海经》等神话学著作。因为这些古人的著作里有着十分丰富而独特的宇宙生成观念，譬如"天方地圆"和以后的"盖天说"，现在看来似乎与科学的距离尚远，但正是这些看似荒谬而怪诞的看法，体现了人类对宇宙的最初认识都是近取诸物，远取诸身，采用的是所谓的仰观俯察方式。这种观察方式又是与中国哲学里天人合一的观念和阴阳五行学说紧密联系的。科学和荒诞甚至迷信在古代是相伴而行的，譬如天文学往往是和占星术水乳交融。当然，在张衡发明了浑天仪之后，迷信的成分开始减少，科学的因子开始增加。不过，天文学家仍没有完全脱离占星士的角色。关于这一点，只需看看现在认为是天文学著作的书名就行了。

《华严经》

《华严经》，佛教经典，全称《大方广佛华严经》，另称《杂华经》。目前认为《华严经》的编集经历了很长时间，大约在公元2—4世纪中叶，最早流传于南印度，以后传播到西北印度和中印度。从后汉以来，此经的别行本在中国虽陆续译出不少，但它的传弘还不见兴盛。到了东晋佛驮跋陀罗的六十卷本译出以后，此经才受到汉地佛教学人的重视，对它传诵、讲习乃至疏释的情形也渐行热烈。如最初参与此经译场的法业，曾亲承佛驮跋陀罗的口义而撰成《义记》二卷；随后刘宋求那跋陀罗曾讲解过此经多次，北齐玄畅更对此经随章逐句疏解讲述。

1.《华严经》的翻译。大本《华严》的译出，在中国佛教史上说来，是一件有深远影响的大事。虽然已有支谶译的《兜沙》（一卷，出自《华严·如来名号品》）和支谦译的《菩萨本业》（一卷，出自《华严·净行品》和《十住品》）等经的问世，但是，这些卷帙很少的经本，只能算是大本《华严》的一些零篇断简，远远不足以反映大本《华严》的全貌。直到东晋的佛驮跋陀罗译出六十卷本的《大方广佛华严经》，大本《华严》方才同中国佛教徒见面。

佛驮跋陀罗（359—429），释迦族人，三岁时父亲去世，五岁丧母，少年出家，聪慧过人，“博学经教”，而以“禅律驰名”。“至年时期，与同学数人俱以习诵为业，众皆一月，贤一日诵毕，其师叹曰：‘贤一日敌三十天也’”。至关中后因与罗什门下的意见不合、风格各异而受到排斥。到庐山，与慧远一见如故。后又结识了刘裕，并受到刘裕的尊敬。

《华严经》汉译本有三种：（1）东晋佛陀跋陀罗译，六十卷三十四品，称《旧（晋）译华严》或《六十华严》；（2）唐实叉难陀译，八十卷三十九品，称《新译华严》或《八十华严》，自中唐以后，以新译华严经流传最广。（3）唐贞元中般若译，四十卷，称《四十华严》，为经中《入法界品》的别译，全名《大方广佛华严经入不思议解脱境界普贤行愿品》，简称为《普贤行愿品》。此外，传译该经中某一品或一部分的亦不少。从支谶译此经别行本《兜沙经》（《如来名号品》）开始，至唐时止，据法藏《华严经传记》所载，这类别行译本有三十五部之多。其中唐译《八十华严》品目完备，文义畅达，最流行。

2.《华严经》的义理。自中唐以后，以新译华严流传最广。此经以九会说法组合而成，称释迦初成佛后在菩提场、普光明殿、帝释天宫、夜摩天宫、兜率天宫、他化自在天宫等处说法，入三昧，显现神变，于海印定中显现佛果地无量无碍、庄严无比的境界，以因果缘起理实法界为宗，说菩萨以菩提心为因而修诸行，顿入佛地的因果，显示心性含摄无量、缘起无尽。此经主要发挥辗转一心、深入法界、无尽缘起的理论与普贤行愿的实践相一致的大乘瑜珈思想。汉译实叉难陀的八十卷本，主要讲菩萨的十信、十住、十行、十回向、十地等法门行相和修行的感果差别，以及依此修行实践证得广大无量功德等，最后宣说诸菩萨依教证入清净法界、颂扬佛的功德海相等。中心内容是从“法性本净”的观点出发，进一步阐明法界诸法等一味，一即一切、一切即一，无尽缘起等理论。在修行实践上依据“三界唯心”的教义，强调解脱的关键是在心（阿赖耶识）上用功，指出依十地而辗转增胜的普贤愿行，最终能入佛地境界即清静法界。所提出的十方成佛和成佛必须经过种种十法阶次等思想，对大乘佛教理信教旨的发展有很大影响。

此经的义理，为古今佛教学人所一致尊重。从南北朝以来，以判教著称的江南三家都将此经判为顿教，而以其他经典判为渐教或不定教。其时北方七家判教的步调虽参差不齐，但也把此经判为诸教中最高的圆教或顿教、真宗、法界宗等。此后隋吉藏立三转法轮，以此经为根本法轮；天台智顗立化仪四教，以此经列为顿教，又立化法四教，以此经列为别兼圆教；唐窥基立三时教，以此经为中道教；贤首宗师则以此经判为五教中的一乘圆教，或十宗中的圆明具德宗。都显示此经在佛教中向来被认为是最圆顿的经教。

关于《华严经》的教义，不做过多评述，这里只就《入法界品》中的一些有关情况，略作介绍，从中可以看出一些特点。

《入法界品》是《华严经》的最后一品，是全经的高潮，也是全经的归宿处。内容是：主人公善财童子，为了在现生之中能够完成菩萨行业，在文殊菩萨的指点之下，连续参访了五十三位（即所谓的“五十三参”）“善知识”（这里，“善知识”义近“导师”），从而达到了“一生取办”、“即身成佛”的目的。在这五十三位“善知识”中，男性四十二名，女性十一名，他们之中，出家僧尼只有六名（五僧一尼）；其余除了文殊、弥勒、普贤这三位“著名”的大菩萨和佛母摩夜夫人外，便是长者、居士、国王、天神等等。

善财是一位“家内有五百宝器，盛满众宝”的豪富之子，这样一位富家子弟，要“发心”修行，祈求成佛。

3.《华严经》的流传。《华严经》在隋唐时弘传极盛，终于出现了专弘《华严经》教观的华严宗。7 世纪中，新罗僧人义湘来唐受学于智俨，回国后成为朝鲜华严宗初祖。8 世纪中，此经在日本已有流传，后有唐道睿东渡弘传《华严经》，为日本华严宗初祖。

关于此经古来传播的情形是这样的，相传佛灭度后，此经在印度曾经隐没，后龙树菩萨弘扬大乘，便将它流传于世。龙树还造出《大不思议论》十万偈以解释此经，现行汉译的《十住毗婆娑论》十六卷，便是该论的一部分，为此经《十地品》中初二地的解说。在这以后，世亲菩萨也依此经《十地品》造出《十地经论》，发挥了《华严》的要义，金刚军、坚慧、日成、释慧诸论师又各造出了《十地经论》的解释（日成、释慧两释现存有藏文译本），可以想见此经在古代印度曾经部分流行一时。至于全经在当时当地流传的情形不详。

4. 关于注疏。在印度有龙树的《大不思议论》（一部分汉译为《十住毗婆娑论》），此外有世亲的《十地经论》和金刚军、坚慧的《十地品释》等。中国的注疏甚多，最主要的有隋吉藏《华严经游意》一卷、杜顺《华严五教止观》一卷；唐智俨《华严搜玄记》十卷、《华严孔目章》四卷、《华严五十要问答》两卷，法藏《华严经探玄记》二十卷、《华严经旨归》一卷、《华严经文义纲目》一卷、《华严经传记》五卷、《华严一乘教义分齐章》（又称《五教章》）四卷、《华严经问答》二卷、《华严策林》一卷、《华严经义海百门》一卷、《华严游心法界记》一卷、《修华严奥旨妄尽还原观》一卷，澄观《华严经疏》六十卷、《华严经随疏演义钞》九十卷、《华严法界玄镜》二卷、《华严心要尖门》一卷，宗密《华严原人论》一卷、《注华严法界观门》一卷、《注华严法界观科文》一卷、《华严心要法门注》一卷等。此外还有新罗元晓、太贤、表员等人的注疏。

《金刚经》

《金刚经》相传为佛弟子阿难听佛祖释迦牟尼说法，记述佛祖与须菩提的对话而成。

公元 402 年，中国佛教大师鸠摩罗什首次将《金刚经》翻译成汉文。以后，北魏菩提流支，南朝陈真谛，隋达摩笈多,唐玄奘、义净等人都先后翻译过此经。其中罗什译本流传最广。

鸠摩罗什（343—413）祖籍印度，他的父亲属一婆罗门，为传播佛教来到西域龟兹，娶龟兹王妹生下罗什。罗什自幼聪明过人，七岁出家，遍学经籍，在西域享有盛誉。前秦王苻坚慕名而灭龟兹国，掳走罗什。后秦姚兴，深崇佛法，为罗什建长安逍遥园。罗什就此收徒译经，名震关中，是我国佛教的三大译经家之一。

《金刚经》是佛教最重要的一部经典，自一出现，就广为流传，影响深远。佛教各派竞相习诵此经，僧人讲经传法都以此经为本，甚至连目不识丁的老妇幼孺，都能背出部分或全部，我国历代封建统治阶级也对此经倍加推崇，唐玄宗将它和儒家的《孝经》、道家的《道德经》相提并论。明成祖编纂《金刚经集注》，敕令天下读诵奉行。

《金刚经》全称《金刚般若波罗蜜经》，又名《金刚能断般若波罗蜜经》或《能断金刚般若波罗蜜多经》。“能断金刚”喻此经中所阐发的真理如同金刚，无坚不摧，无往不利，“般若”，意为“智慧”；“波罗蜜多”原意为“到达彼岸”，在此指佛教所说的解脱一切烦恼痛苦，达到自在自如的境界。经名总的含义是：以金刚不坏之志与大智慧而求乘度彼岸，解脱一切苦厄烦恼。

《金刚经》的认识系唯心主义二元论，其修行之法与目的在于悟入无余涅槃，度灭众生，就是心进入无偏颇、无限清寂的境界，化度入不生不死之地。

阅读《金刚经》，有必要弄清四相的含义。相，就是现象，事物。四相具体指的是我相、人相、众生相、寿者相。四相都是我相的不同表现。

我相，是四相的总称。众生在因缘和合的生命体上，总是执有一个常恒不变的自我，因而总有一种强烈的自我感来支配着自己的思维和行动。由此产生“我爱”、“我见”、“我慢”、“我痴”、“我贪”。

人相，我们的生命体以人的形式出现，就叫人相。人以万物之灵自居，又呈现各种形式，如男人、女人、黑人、白人、大人、小人。

众生相，五蕴的假合构成生命体，依此众缘聚成生命体，就叫众生，众生随着业力的不同，构成各种各样的相，就是众生相。如：根据生命体的四种受生形式的不同，有胎生、卵生、湿生、化生各相；根据生命形式的五大种类，有天道、人道、鬼道、地狱道、畜生道各相。

寿者相，有情随着业力所招感的一期生命，从生到死这个过程，称为寿者，一个人希望自己的生命体得以无穷无尽地延续下去，就叫寿者相。

阅读《金刚经》，也要明白它解决的是“心”的问题。即“降伏其心”，就是“降伏内心中的烦恼因素”，如何降伏心中的烦恼呢？《金刚经》告诉我们就要从悟解“空”、“无住”入手。“空”就是空幻、虚无；“无住”就是不执着。人处于纷纭世界中，执着于我又执着于法，因而起贪念、嗔念、痴念和种种烦恼，如果能以般若大智，通达空，不住于我相、人相、众生相、寿者相，不住色、声、香、味、触相，那么烦恼自然不生，其心自然降服。

另外，要了解什么是“发菩萨心”及“行菩萨道”。

菩萨，并非佛殿中供奉的菩萨雕像，也并非神话小说中无所不能的神灵。梵语菩提萨缍，简称菩萨，汉文译为觉有情，是指已经觉悟而又能让人觉悟的有情的现实中的人。在佛教中是对大乘行者的称呼。作菩萨首要条件就是发菩提心。菩提心是发心形式之一，就是发广度众生之心，不为自己求安乐，但愿众生得离苦。广行六度四摄，圆成无上佛果。这样，发菩提心就要建立在无我的基础上，以慈悲为怀，这种慈悲叫做“无缘大慈，同体大悲”，就是说对众生的帮助，不存在任何条件与关系。慈悲度人，所度不是一个两个，而是一切众生，而且救人救到底，不是暂时地局部地救，而是以根本解脱的无余涅槃去救拔众生。

发菩提心之后，就要行菩萨道。菩萨道着重于利他，在利他中完善自己。其德行主要就是六度四摄。

六度是指六种到达彼岸世界的方法，即布施、持戒、忍辱、精进、禅定、智慧。

四摄是指四种令人受道的方法，即布施摄、爱语摄、利行摄、同事摄。

布施摄：若有众生乐财则布施财、乐法则布施法，使因此生亲爱之心，依我受道。

爱语摄：随众生根性而善言慰喻，使因此生亲爱之心，依我受道也。

利行摄：起身噫善行利益众生，使因此生亲爱之心而受道。

同事摄：以法眼见众生根性、随其所乐而分形示现，使同其所沾利益，由是受道也。

其次，要明白经中所阐述的“如何得见如来”。

如来不以身相见。佛陀有三身：法身、报身、应声，法身才是真佛，报身、应身都是幻化。认识法身不是从色身去认识，但又不可离开色身，经曰：“如来者，即诸法如义。”就是说，如来以诸法真实相为身，如来真身遍及一切地方，只看是否具有认识的智慧。

再次，要了解《金刚经》所提倡的修行风格是以日常生活作为发起因缘。也就是说平常的穿衣吃饭睡觉都可修行。修行就是修正行为，在日常生活中表现为修正错误的思想、语言、行为。

然而，最重要的是我们要了解《金刚经》“如来实无说法”的真正含义。

如来说法四十九年，《金刚经》本身就是说法，但经中却多次提到如来没有说法。究竟是何原因呢？其实它所揭示的就是：诸法真实相，不可言说。但不说，众生就不会知道离言法性的存在。为令众生通达离言法性，不得已于无言中而起言说。众生不能仅从说法的言语中悟法，而要用心去证悟，去到达彼岸世界。而且不能用有所得的心，去执着任何一种相，起心着相，心就必然是妄心，相也必然是妄相。不着于相，然后才能悟佛。

布施时，要不住色生心，才能成就无限布施；不住色身相，才能见如来真身，不住福德相，方能成就无量福德。这就是《金刚经》的精要所在。总之，本经告诉我们：在度生时，不住我相、人相、众生相、寿者相，就能广度无量众。

《成唯识论》

玄奘（602—664），盛唐著名佛学家。中国佛教史上的三大译经师之一，俗姓陈，原名祎，洛州缑氏（今河南偃师缑氏镇）人，出生于官宦之家，祖父陈康，曾做过北齐的国子博士，父亲陈惠，曾任隋朝的江陵县令，玄奘兄弟四人，他排行最末。五岁时，母亲去世；十岁时，父亲病死，第二年，随其二哥长捷同到净土寺。

玄奘自幼聪明好学，十一岁时能背诵《法华经》。十三岁出家。后遍访名师，精通经论。

贞观三年(629)，玄奘踏上西去印度求法的漫长征程。他穿越西域几十个国家，历尽各种艰难险阻，终于到达印度最大的佛寺——那烂陀寺。玄奘在这里向住持戒贤学习瑜珈、顺理、显扬、对法等经论。五年过后，又开始周游印度各佛寺学习佛法。在钵伐多国，他学习正量部的根本论、摄正法论、成实论等。在杖林山，他向胜军大师学习唯识抉择论、意义论和无畏论。此后回到那烂陀寺，向戒贤辞行回国。回国途中，受印度戒日王的邀请召开无遮大会，从而被认为是印度第一高僧。

贞观十九年，玄奘返回京城，受到僧俗各界隆重欢迎。玄奘从这时起致力于翻译佛经和弘扬佛法。他召集僧人，先译出《大菩萨经》二十多卷，接着又翻译了《显扬圣教论》二十卷、《大乘对法论》十五卷、《西域传》十二卷等等。终其一生，共译佛经七十五部，一千三百三十五卷，约一千万字。

《成唯识论》是玄奘解释世亲大师的《唯识三十颂》的论著，可说属于集注性质。它成为中国佛教唯识宗的最重要的经典之一，同时也是中国哲学史上的一部名著，一般认为是继承了印度大乘佛教的无着、世亲、护法三位大师的瑜珈一系的学说。据说玄奘编纂《成唯识论》就是以护法的注解本为底本，再参阅其他九家注解杂糅而成。其书逻辑严密、思辨精细、体系完备，主要论述了八识，即八种认识方法，形式上不分章，按篇幅大致相等的原则分为十卷。本篇导读，则要按其内容的逻辑结构，将原书分为六部分进行介绍。

1. 论破我执和法执：这是佛教理论关注的中心问题之一。众生由我执和法执而流转生死、轮回六道，由破我执和破法执而见道证道、成圣成佛。这一论在阐明造论宗旨，总体批判我执法执之后，进而对破我执和破法执分别进行论述。为理解此论，必须弄清一些主要范畴。

“我空”和“法空”：这对范畴也称“人我空”（生空）和“法我空”，又称“人无我”（众生无我），“法无我”。我空，是指所有人或所有众生都没有实在的自我；法空，是指一切事物都没有心之外的实在的本体。

“我执和法执”：我执，是指对自我的执着。形式各种各样，印度外道的我执主要有三种：第一种，是认为自我的主体始终不变，普遍存在，体积像虚空一般无量无边，能在各种地方造业并因而受苦或享乐；第二种，是认为自我的主体虽始终不变，但体积不确定，能根据所进入的身躯的大小而有所收缩或舒张；第三种，是认为自我的主体虽始终不变，但极其细微，如同一个物质基本单位，在身内暗中运转，做各种事，造各种业。此外，还有小乘学派三种我执。而所有我执，根据来源可分为二种，即“俱生我执”和“分别我执”。“俱生我执”是指不依赖外在力量，与生俱来，自然而然地生起的我执。它有连续的和间断的区别。“分别我执”指需依赖外部条件，要依靠错误的教义及错误的思辨而生起的我执。分别我执有两种：一是根据错误教义所说的五蕴的形相，生起心中的自我影像加以分别思量，将其执着为实在的自我；二是根据错误教义所说的自我的形相而生起心中自我影像加以分别思量，将其执着为实在的自我。对我执的破斥，基本观点就是没有实在的自我。既然实我不存在，就没必要“我执”。

法执：是指对外在事物的执着。外道各教派的法执多种多样，但根据其来源，大略有两种，即“俱生法执”和“分别法执”，俱生法执与各种生命形态共存，不依赖错误的教义及思辨，自然地无条件地生起。它也有连续的间断的之分。分别法执，是由外部条件的力量形成，要依赖各种错误的教义及思辨才能生起。它也有二种，一是根据错误教义所说的五蕴、十二处、十八界的形相，生起心中的影像而加以思量推测，将其执着为实在的事物；二是根据错误教义所说的事物本体等的形相，生起心中的影像加以思量推测，将其执着为实在的事物，对法执的破斥，基本观点就是没有实在的事物，既然实物不存在，就没必要“法执”。

2. 论第八识：第八识具有超经验的性质，它的名称很多，如：阿赖耶识、异熟识、一切种识等。第八识没有间断又始终变化。能够认识由它自己变化而来的三类对象：种子、众生的身体、身外的物质世界。第八识含藏了善、恶、无记性等各种事物的种子，佛教的修行就是要舍弃一切污染的种子，转染成净。本论除了说明第八识的名称、性质、功能以外还对它的存在进行了论证。理解本论，需理解“种子说”与“心识的结构说”。

种子，是一种比喻的说法，指第八识能生起现实中的各种事物的功能，种子是因果的载体，善恶活动在第八识中形成了自己的种子，这种子没有遇到合适条件时，就不断引生新种，因而随生随灭；遇到时，就能产生各种现实事物，而现实事物又不断形成自己的新种。这样，所有的因都能产生确定的果。

心识结构说：唯识的心识结构说是“四分说”，它认为，心识生起时，包括四种成分：相分、见分、自证分、证自证分。相分指识的认识物件；见分指识的认识作用；自证分是对见分的证知；证自证分是对自证分的证知。

3. 论第七识：这部分主要论述第七识的性质和存在。它也是一个超经验性的概念。第七识的名称是“意”，它的特性就是思量，还有烦恼心所、随烦恼心所，故其伦理性质属污染性，或说是“有覆无记性”。它也有认识作用，并且总是追随第八识。佛教修行就是要制伏和断除第七识的污染性，所以，修行到一定阶段，其污染性就能被制伏进而被断除。

4. 论前六识：本论简略说明了六识名称的由来、六识的作用、伦理性质以及六识的相应心所并论述了六识的活动与间断问题及其与八识之间的相互关系。

名称：根据六根（六种认识机制）的差异，六识名为眼识、耳识、鼻识、舌识、身识、意识；根据六境（六种认识对象）的差异，六识名为色识、声识、香识、味识、触识、法识。

作用：认识辨别六境。

心所：就是伴随心的活动而产生的心理活动或心理功能。心所的类别有六类五十一种：即遍行心所五种、别境心所五种、善心所十一种、根本烦恼心所六种、随烦恼心所二十种、不定心所四种。

5. 论一切唯识：本论详述唯识之理，它首先对三类识所变化的一切现象作了总结，进而依照唯识教义和理论唯的成立进行了论证，对于本论，需要弄清以下范畴：

五类唯识:唯识学将一切事物分为五类：识法、心所法、色法、心不相应行法、无为法。

四缘说：佛教认为一切事物都由“缘”而生起，唯识学认为缘有四种，即因缘、等无间缘、所缘缘、增上缘，因缘是事物生起的根本性、决定性的缘；等无间缘是事物得以延续的缘；所缘缘是心和心所的认识得以产生的缘；增上缘就是对事物的生起起帮助性作用的缘。

三自性三无性：三自性是指依他起性、遍计所执性、圆成实性。依他起性是指一切事都根据别的事物而生起，都由一定的缘而生起；遍计所执性是指对依他起的事物执着为具有实在的本体；圆成实性是指对一切事物远离遍计所执性如实地认识到其依他起的本性。三无性是以三自性为基础而相应建立的生无性、相无性、胜义无性。

6. 论修行证果：本论阐述唯识学的修行理论。修行理论是唯识学乃至一切佛教理论的归宿。唯识学的修行理论的特色是将修行分为五阶段，即资粮位、加行位、通达位、修习位、究竟位。资粮位是准备性的阶段，所作的修行主要是六种或十种波罗蜜多；加行位是为了见道而作出的有针对性的刻苦修行阶段，所作的修行工行主要是暖、顶、忍、世第一法；通达位是见道的阶段；修习位是为求功德圆满而继续修行的阶段，此阶段要修十胜行、断十重障、证十真如；修习阶段圆满，就进入究竟位，即佛果位，证行大涅槃和菩提二种转依果。

综上看来，《成唯识论》就是以其严密的逻辑思辨阐明唯识的基本意义：一切有为或无为的现象，或有独立主体的“实有”，或无独立主体的“假有”，都不离识，即“一切唯识”。

《坛　经》

慧能（638—713），俗姓卢，唐朝著名佛学大师，被推为禅宗六祖。他的身世各种记载不一，根据宋《僧传·慧能传》，其父原在范阳做官，大约在唐高祖武德年间，被贬到南海新兴（今属广东），慧能出生不久，其父死于贬所，他由母亲抚养成人。长大后，以卖柴维持生活，赡养母亲，因而只字不识。后因偶然的机缘，他听人读诵《金刚经》，于是下定决心，不远千里从广东赶往湖北黄梅县，拜冯茂山弘忍禅师为师。

一天，弘忍大师令众弟子作偈，大弟子神秀呈上偈语：

身是菩提树，心如明镜台。
时时勤拂拭，勿使惹尘埃。

慧能得知后，请求别人代他写两首偈语：

菩提本无树，明镜亦非台，
本来无一物，何处惹尘埃。

——其一

心是菩提树，身为明镜台，
明镜本清净，何处染尘埃。

——其二

弘忍大师见后，心知慧能“根器”，因而当夜秘密“传法”于慧能，并叫他带着袈裟连夜逃走。三日之后，弘忍大师仙化。

慧能从黄梅逃往岭南，混迹于农商渔猎之中长达十六年之久，后来遇到南海大师印宗，因与大师弟子谈论风幡之动，而被大师认出。就此在印宗的主持下，慧能剃发、受戒。不久，慧能带领徒众到曹溪“开山”传教。

《坛经》是慧能弟子法海对其“传经”的记录本，现存最早版本为敦煌写本，书名全称是《南宗顿教最上大乘摩诃般若波罗蜜经六祖慧能大师于韶州大梵寺施法坛经》。全书质朴无华，不加修饰，仅有一万二千多字。以后，唐代僧人惠昕（身世不详）改编《坛经》，书名为《六祖坛经》，分上、下两卷，共十一门，约一万四千字，据考证，惠昕本至少在慧能死后一百多年才出现。

全书可分为八部分：

1. 叙述慧能开堂说法的盛况

2. 叙述慧能的身世经历

3. 大梵寺“说法”内容。这是主体部分，慧能的基本思想、《坛经》的基本理论，都在其中

4. 慧能弟子们的“问答机缘”，其中也说明《坛经》系禅宗“宗旨”，以及“南能北秀”与“顿渐”的意义

5. 慧能对他的“十大弟子”宣讲“三科”、“三十六对”法门

6. 慧能临终遗言

7. 叙述慧能“入灭”时的各种“祥瑞”及安葬、立碑等情况

8. 叙述《坛经》传承情况并再次强调《坛经》的重要意义

阅读《坛经》，首先要把握它的基本理论，即“无念为宗，无相为体，无住为本”。

无念，具体说，就是“于一切境上不染名为无念；于自念上离境，不于法上生念”。也就是说，面对世俗世界而不受制于世俗世界，认识境界而不对境界产生爱着，所以“无念”绝不意味着“百无一念”，简言之，无念就是无妄念，无邪念，无杂念。

无相，《坛经》解释说：“无相者，于相而离相。”也就是说，无相就是不着于相。但《坛经》并非仅停留于心体状态层面上，而着重于它的应用。一切修为，它都以“无相”加以限定。如“无相戒”、“无相忏悔”、“无相偈”等。如此说来，“无相”就是修，“修”就以“无相”为体。

无住，就是“心动”，就是不执着，《坛经》将这一观点概括为“无住者，为人本性”；“人的本性”就是“念念不住，前念今念后念，念念相续，无有断绝。若一断绝，法身即是离色身”。这里所说的“念念不住”宛如“意识流”，是人有生命的表现。而“法身”就是佛性，是常；“色身”就是人生，是无常。色身有灭，而法身常存。换言之，就是“形灭神不灭”。

显然，所谓“无念为宗，无相为体，无住为本”都是主张主观认识上不要有任何的执着，情感上不要有任何的寄托和爱憎。

由这一根本理论，《坛经》得出两个结论：一、自性起念：就是见闻觉知，不染万境，而常自在。二、自性法身，这实际是承认“神我”的存在。

其次，阅读《坛经》，还需要理解慧能的两大基本思想，即“真如缘起”论和“佛性”论。

所谓“真如缘起”论，是世界观层面上的，慧能认为，精神是第一性的，本原的；物质是第二性的，派生的。而这个精神，并非一般的主体意识，而是超自然超时空的最高存在，它就是“真如”，也称法性、法界、实际等。“真”即真实，即最真实不虚；“如”即恒常，即永恒而无任何生灭、变易。只有它，才是最高存在，宇宙万物，所有一切，无不是“从此法界中所流出，所派生”。“真如缘起”，也就是说，以“真如”为“缘”（内因、根据）而生“起”世间的一切。

所谓“佛性”论，这是解脱论层面上的，慧能认为：“一切众生，皆有佛性，皆能成佛。”“佛性”，就是成佛的根机，成佛的可能性。也可理解为佛的本性。

以上所述，可说是《坛经》全部理论和实践的最精炼的抽象，把握了它们，也就把握了《坛经》的中心内容。

除此之外，阅读《坛经》，还需要弄清一些最基本的范畴。

1. 心、性——在《坛经》中，心、性时而分开用，时而对称用。字面看来，仿佛是两个东西，心是主体的，性的外延要宽广些。其实，心有真、妄之分；性，则多指真性。妄心是有生灭、有染净的。而作为第一性的、本原的、超时空、超自然的真心，是没有生灭，体本清净的。

心、性，在一定意义上说，很像“佛性”、“真如”，其实，就是一个东西在不同场合、不同角度的不同称谓。心（真心）、性是可互用的，两者没有截然区分。

从心、性这对基本范畴中，又衍生出了“自心”、“自性”与“本心”、“本性”两对范畴。

一般说来，自心、自性、本心、本性，都是说的真心、真性。它们是宇宙本体，最高存在，众生灵性，世界因之而有，诸佛因之而成。这些范畴，常常也可互用。因为慧能使用它们时，一向不很严格，信手拈来，随意而用。而且这些范畴本身就没什么严格的规定性。

2. 顿、渐——“顿”的提出并非始于慧能，“顿”是南宗禅的特有范畴，与传统的佛学范畴“渐”对立，指于一刹那间，悟透世界、我佛而成佛，“渐”指逐渐地不断地修行，慢慢积累佛理，看透世界，体验佛性而成佛。顿、渐是根本对立的。

顿包括的内涵非常丰富，它主张人人皆有佛性；不立文字，自性自度；反对坐禅，认为“行住坐卧皆道场”它高唱“自性清净，自修自行”，“自行佛性”，“自成佛道”，其意义在于将向外的崇拜改为对内的自信，实现宗教由外向内的转变，将宗教信仰道德化，将世俗道德宗教信仰化。这种意义还在以下几方面有所表现。

（1）关于“三身佛”说：三身即“法身”（以“法”为身的佛身）、“报身”（指依“法”修行而成就的佛身）、“化身”（即“随机而现”的佛身，指“三界六道”各自见到的诸佛形象）。对于普通佛徒而言，他们都是神圣的，起教化作用的异己力量，成为外在的，或隐或现的膜拜对象。《坛经》则认为：此三身佛是人人生来就有的，只因为迷惑才见不到，因此，批判外觅诸佛。

（2）关于净土信仰：传统佛教认为，“常念阿弥陀佛，死后可往生西方净土”。《坛经》认为：“净土不在东西，而在自心的净与不净。”

（3）关于四大弘愿：传统佛教四大弘愿是“众生无边誓愿度，烦恼无边誓愿断，法门无边誓愿学，无上佛道誓愿成。”《坛经》也承袭这一观点，但它强调，众生“各于自身自性自度”以“自有本觉性，将正见度”。

（4）关于道德说教：《坛经》不限于一般的谈论智愚迷悟，出离生死，而充塞着许多善恶分别、正心悔罪之类的道德说教。它按照“一切万法尽在自身中”的唯识原理，认为善恶的起源与环境无关，而全在于个人的一念之间。这样，禅就成了一种却恶向善，除邪行正的法门。

但《坛经》在道德化原则的总的倾向中，还兼容着许多相互矛盾的观点。所以，杜继文、魏道儒先生在《中国禅宗通史》中说：“从禅宗总体看，《坛经》只是新旧佛教折衷的产物。在推倒外力崇拜，破除经典权威，从而确立自尊自信，自力解脱的原则方面，它是大胆的、激进的；而在重建祖师崇拜，另树别种经典权威方面，贯彻的依然是一条拘束人心、令人做奴的路线。它在宣扬‘生死事大’，教人鄙薄名利，超越是非时，显出某种飘逸洒脱；在诲人以止恶行善时，充塞着喋喋不休的道德说教，又表现得十足的拘谨和迂腐。”在《坛经》的前后左右，都有一些更激进的禅系，也有一些更保守的派别，而中国禅宗的发展主流，始终在《坛经》这种折衷的框架中摆动，这就是它的价值所在。

《化 书》

《化书》是一部道教经书，五代谭峭撰。谭峭，字景升，泉州（今福建）人，道教学者，唐国子司业谭洙之子。他自幼聪敏，不愿以进士为业，而好黄老诸子及《穆天子传》、《汉武帝内传》、《茅君列仙内传》等道书。后来离家出游终南山，并遍历天下名山，师从嵩山道士，得辟谷养气之术。谭峭性情乖僻，以醉酒为乐，夏穿皮袄，冬着布衫，被视为疯狂。他常吟这样的诗句："线作长江扇作天，靸鞋抛向海东边，蓬莱信道无多路，只在谭生拄杖前。"

《化书》曾被南唐大臣宋齐丘盗为己作，故名《齐丘子》，经后人甄别又改题为《谭子化书》。《化书》共六卷，一百一十篇，包括道化、术化、德化、仁化、食化、俭化，是道教理论与儒家思想的结合。

1. 虚物互化的自然观

"道"是谭峭哲学的最高范畴，他认为道是宇宙的本体，是"虚"。道处在不断变化之中，"道之委也，虚化神，神化气，气化形，形生而万物所以塞也；道之用也，形化气，气化神，神化虚，虚明而万物所以通也"（《道化紫极宫碑》）。这是虚和物互化的两个过程。有形的万物源于虚，又归于虚，虚是万物的本源和归宿。虚依次经过神、气、形的变化过程产生万物，充塞宇宙；万物的形又返经气、神、虚，而使虚明空寂复归消失。虚物转化就是万物的生灭循环。谭峭认为一切事物之间也相互转化。"老枫化为羽人（道士），朽麦化为蝴蝶，自无情而之有情也；贤女化为贞石，山蚯化为百合，自有情而之无情也。"（《老枫》）

他将这种精神物质混而为一，视作道的最高境地。“是故土木金石皆有性情魂魄。虚，无形不至；神，无所不通；气，无所不同，形，无所不类。”看上去没有灵性的无机物也有性情精魄；虚，无所不至；神，无所不通；万物都分有气，所以无所不同；万物又统一于形，无所不类。这是一种统一性，所以它们之间相互转化。谭峭试图用道的变化统一来解释万物发生、发展和衰亡的过程。从而他认为古代有道的人探得虚为造化的始源，致力于“忘形以养气，忘气以养神，忘神以养虚”，虚实相通，同归于道，这样才能达到“时无寒暑”，“民无死生”的神秘境界。“孰为彼，孰为我？孰为有识，孰为无识？万物一物也，万神一神也。斯道之至矣”（《老枫》）。

2. 神不可化的长生论

由这种神、虚、形互化的宇宙化生论，《化书》中又提出了“神不可化”的长生论，从哲学角度为道教长生不老的宗教教义制造理论根据。“虚化神，神化气，气化血，血化形，形化婴，婴化童，童化少，少化壮，壮化老，老化死，死复化为虚，虚复化为神，神复化为气，气复化为物，化化不间，犹环之无穷。夫万物非欲生，不得不生；万物非欲死，不得不死”（《死生》）。谭峭认为死生是一个从虚—神—气—血—形—婴—童—壮—老—死—虚，无穷循环的必然过程。他又提出，万事万物无非是“神”变化发展的表现形式，形有化，而神不化。“太上者虚无之神也，天地者阴阳之神也，人虫者血肉之神也。其同者神，其异者形。是故形不灵而气灵，语不灵而声灵，觉不灵而梦灵，声不灵而死灵。水至清而结冰不清；神至明而结形不明。冰泮返清，形散返明。能知真死者，可以游太上之京。”他极力强调“神”的地位，贬低“形”的作用。世间各种形象都有一个无形的“神”主宰，对于有形的形体、语言、觉醒、生时都不见其灵，只有在无形的气、声之中和梦、死之后才显示作用。如同清澈的水结成冰就不清，冰化后才能再清，最明的“神”结成形也就不明，需要形散了才能再明。形散，神明，能知“真死”才可以返本复原，神游大罗天之玄都玉京。只要专心守神，归于虚寂，即“虚而乳之”，就能达到“神可以不化，形可以不生”的境界。这就是一种有神无形，生而不死的神仙状态。

3. 社会演化的治乱说

关于社会的演化，《化书·大化》中说：“虚化神，神化气，气化形，形化精，精化顾盼，而顾盼化揖让，揖让化升降，升降化尊卑，尊卑化分别，分别化冠冕，冠冕化车辂，车辂化宫室，宫室化掖卫，掖卫化燕享，燕享化奢荡，奢荡化聚敛，聚敛化欺罔，欺罔化刑戮，刑戮化悖乱，悖乱化甲兵，甲兵化争夺，争夺化败亡。”他认为人类社会早期互相谦让，友好相处，以后分化为尊贵的统治者和卑贱的被统治者，统治者衣冠华丽，乘漂亮的马车，有奢华的宫室，有卫队，食用丰盛的宴席，并且加紧剥削。人民不堪其苦，就欺瞒统治者，统治者用酷刑加以镇压。人民反抗，互动干戈，以致败亡。因此，统治者为了自己的利益，用仁义道德引诱人们，用刑罚礼乐规范人们，而实际上是“教民为奸诈，使民为淫邪，化民为悖逆，驱民为盗贼”（《大化》）。有反抗、盗贼是因为有压迫和聚敛。《化书》强调官逼民反，民不得不反，“火将逼而投于水，知必不免，且贵其缓；虎将噬而投于谷，知必不可，或觊其生。以斯为类，悲哉！”谭峭指出，吃饭是关系人民生死的问题，形形色色的统治者、剥削者剥夺人民的生活必需品。“一日不食则惫，二日不食则病，三日不食则死，民之事急，无甚于食。而王者夺其一，卿士夺其一，兵吏夺其一，战伐夺其一，工艺夺其一，商贾夺其一，道释之族夺其一”（《七夺》）。王、吏、士、工商、释道都是剥削人民的寄生虫。贫富差距太大，必然引起社会动乱。

如何使动乱的社会得到治理呢？谭峭提出，若是人民能吃饱穿好，就一定会出现很好的伦理道德风尚。针对统治者搜刮民财、穷奢极欲，而人民却难以为生的状况，提出均食、尚俭的主张。

并且认为，尚俭首先要从国君做起。“君俭则臣知足，臣俭则士知足，士俭则民知足，民俭则天下知足，天下知足所以无贪财，无竞名，无奸蠹，无欺罔，无矫佞。是故礼义自生，刑政自宁，沟垒自平，甲兵自停，游荡自耕，所以三皇之化行”（《二皇》）。国君尚俭就是“能均其衣”、“能让其食”，做到“我服布素，则民自暖；我食葵藿，则民自饱”（《无为》）。甚至要求国君自食其力，与一般百姓没什么区别。所以，谭峭十分赞赏远古社会，认为那是没有剥削压迫，人人劳动的理想社会。

谭峭长期生活在人民中间，同情人民的苦难。他在《化书》中揭示了统治者的剥削压迫是造成人民痛苦、社会动乱的原因，描绘了没有压迫，君与民同的理想社会。他的思想有揭露的作用和改变现状的愿望，但是却局限于小农平均思想，并寄希望于统治者。

《化书》现在通行的版本有《正统道藏》、《墨海金壶》和《宝颜堂秘笈》本等。

《梦溪笔谈》

《梦溪笔谈》，北宋沈括作，二十六卷，又有《补笔谈》三卷，《续笔谈》一卷。因成书于梦溪园而得名。沈括（1031—1095），字存中，杭州钱塘（今浙江杭州）人。他的父亲是个中级官吏，母亲苏州许氏，知书达礼，对沈括都有不小的影响。沈括生活的时代，正是北宋中期阶级矛盾和民族矛盾日益激烈的时期，国家逐渐出现“积贫积弱”的局面。为改变这种状况，沈括积极参加了王安石的变法活动，同时积极从事科学研究。直到晚年被贬谪到宣州（今安徽宣城）、延州（今陕西延安）、随州（今湖北随州）和秀州（今浙江嘉兴）等地时，他始终没有动摇对改变国家贫弱局面和坚持科学研究的坚定信念。

沈括晚年居住在润州，其田园曰“梦溪园”（在今江苏镇江东），隐居八年后去世，在此期间完成了《梦溪笔谈》等著作。《梦溪笔谈》是“中国整部古代科学史上的坐标”，书分为故事、辩证、乐律、象数、人事、官政、权智、艺文、书画、技艺、器用、神奇、异事、谬误、讽谑、杂志、药议等十七个类别，内容涉及范围异常广泛，有历史数据、人物传记、朝章制度、考试制度，还有哲学、音乐、绘画、书法，以及生活中的各个剖面无所不谈，但最主要的，大约占全书三分之一的是关于自然科学、工程技术的记载，并作一些描写和理论上的探索。

在数学方面，《梦溪笔谈》第三十条写的隙积术是《九章算术》中“刍童术”的发展，与后世西方的“积弹”问题相当。沈括这里所论述的“隙积术”，同时提到了“会圆术”，他自己认为是“皆造微之术，古书所不到者”，清代阮元（《畴人传》第二十卷）也认为“隙积、会圆二术，补《九章》之未及”。隙积术是解决堆垛体积的计算问题，实际上是一个高阶等差级数求和问题。在沈括以前，就有诸如《九章算术》等提到等差级数的问题，但此后五六百年间并无进展。直到沈括隙积术的出现，才把等差级数求和提高到高阶等差级数求和，这是他的重要贡献之一。

《梦溪笔谈》在天文学方面的记载更加精彩。沈括本人对天文学颇有研究，甚有创见，在整部书中有二十二条之多关于天文历法的记载。卷七《象数一》对“辰”的解说，表明了我国古代天文历算的发达，人们很早就知道用星象来确定四季，一些星象被称为“辰”，而且随着天文学的发展，“辰”的意义不断扩大，沈括就对“辰”进行了科学合理的解释，对当时和后代人理解天文古籍资料很有帮助。再如《极星位置之确定》，沈括观测极星的位置，精密地确定天极，对天文观测和研究有启发意义。为了测出极星的位置，他放大窥管（观测用的工具），连续三夜，每夜三次，并绘制了二百多张观测图，这种探索的精神非常可贵。但是由于当时几何学不发达，他将极星距离天极的度数错误地定成真值的二倍；后来苏颂在《新仪象法要》中予以驳正。再次，沈括以十二气历废除了阴阳合历中的置闰的方法，既简便容易计算，又有利于安排农事。

《梦溪笔谈》在生物学和医学上也取得了重大的成就。对医药和药理作用、人体解剖生理学等方面都作了忠实的记录，加之十分仔细的甄别工作，纠正了不少《本草》中的错误记载，清代本草学家赵学敏高度评价道：“存中所言，则似的实可据。”《脏腑》中驳斥了当时非常流行的对人体生理的错误看法，并深入论述了人体内脏的消化、分解、吸收物质的原理，认为人体吸收的是食物的精华气味，虽然他对人体解剖生理的认识不太清楚，无法将五脏的相互关系进行确切的说明，但已经相当接近现代的认识。另外还有关于采撷草药的方法，对地形、植物种性、气温、土壤等各种因素的记载，沈括把这些因素对植物生长发育的影响都进行了论述，是重要的植物生理生态学、药材学和古代物候学的珍贵文献。

在工程技术学上，非常重要的一点是记载了关于活字印刷术的详细资料。宋代毕昇发明的活字印刷术是我国印刷术的重大突破，它既能节省费用，又可以缩短时间，不仅在我国，在世界印刷史上也是一个伟大的创举。沈括的记载，是至今所知最早的一篇关于活字印刷术的文献，而且对工艺流程有详细的叙述，非常宝贵。

当然除了以上所说的外，还有关于物理、化学、地学等等记载，沈括在科学技术史上的超群卓识和重要贡献，反映了他进步的科学史观，另外他又专注观察、勤于思考，所以走在了当时科学技术领域的前面。

《梦溪笔谈》在社会科学领域同样取得了不菲的成就。比如关于历史地理学，通过古籍间的反复排比，驳斥了“云梦之泽在江南”的论断，提出“江南为梦，江北为云”的观点，这些反映了沈括在历史学方面的深厚才学，精当见识。他记载的历史数据方面，贡献不小。比如对四川爆发的王小波、李顺起义，敢于揭露官书及其他文人记录的歪曲，给王小波等以公允的评论。再如对精通天文历算的专家卫朴，就多次提到，为后人认识这一奇才提供了第一手材料，充实了史书的缺漏。再者，就书法、乐律等艺术成就也有所反映，沈括不是简单地记录，而且有自己得当的评价，从历史沿革的角度分析并保存了艺术的瑰宝。

《梦溪笔谈》中也有些不当甚至错误的记载，但毕竟瑕不掩瑜，它在自然科学技术方面的贡献是我国科学史上的宝贵遗产，因此成书后就有刊刻流传。现在所传各种版本的《梦溪笔谈》是从南宋乾道二年（1166）扬州州学刻本而来，国家图书馆存有元大德九年（1305）的一种翻刻本，刻印精致，书品极佳。完整的《梦溪笔谈》共三十卷，有 1957 年中华书局校注的版本。

《朱文公文集》

南宋朱熹著，明代胡岳辑。全称《晦庵先生朱文公文集》，也称《朱子大全》。朱熹（1130—1200），理学家、文学家。字元晦，一字仲晦，号晦庵，晚号晦翁、遁翁，别号紫阳。祖籍是徽州婺源（古代属安徽，今属江西）人，生于南剑州尤溪（今属福建），后迁居建阳考亭（今属福建）。绍兴十八年（1148）进士，任泉州同安县主簿，后知南康军，改提举浙东茶盐公事。光宗时历任知漳州、秘阁修撰。宁宗初因上书斥责权相韩侂胄，被贬官。庆元二年（1196），被人弹劾宣扬伪学而落职，后致仕，七十一岁逝世。后追谥为“文”，后人又称朱文公。

朱熹的思想和著述。在政治上，他早年主张抗金，中年以后主张防守。平生致力于讲学，在哲学、经学、史学、文学、乐律以至自然科学上都有贡献。黄宗羲的《宋元学案·晦翁学案》称赞他“致广大，尽精微，综罗百代”。

1. 哲学思想上。他受业于李侗，得程颐、程颢之传，兼采周敦颐、张载等人的学说，集北宋以来理学之大成，建立了一个客观唯心主义的思想体系，是中国封建社会后期影响最大的思想家。他继承和发展了二程的理气学说，阐发以“仁”为核心的儒家思想和《大学》、《中庸》的哲学观点，后世并称为“程朱理学”。以他为代表的学派被称为“闽学”、“考亭学派”（以其出生地和迁居地命名）。他认为“太极”是宇宙的根本和全体，包括不能分离的“理”、“气”。“理”在“气”先，万物有万理，万物都源于天理。而“天理”就是人间的“三纲五常”。人们必须去掉那些不合乎正道愿望的“人欲”，才能获得“天理”。这就要求在日常生活中注意道德品质的自省，“正心诚意”、“格物致知”、“居敬穷理”以“求仁”。

2.文学上。他主张文与道合一，文以载道，自己也作载道之文，是当时理学家中文学理论的集大成者。主要著作有《四书章句集注》、《楚辞集注》、《诗集传》、《韩文考异》。

3.史学上。他一生编著过许多史书，主要有《宋八朝名臣言行录》，该书是北宋当代史人物传记资料汇编；《伊洛渊源录》十四卷，开我国理学思想史研究的先声，在学术思想史领域占有重要地位；特别是他主编的《资治通鉴纲目》，既是我国通俗的纲目编年体史学读物的创始，又是维护封建统治秩序的历史教科书，影响极为深远。

《朱文公文集》是朱熹诗文集的汇编，包括朱熹的各类诗文，有关论学的书札、讲义和哲学著作等，较为全面地反映了朱熹的学术思想。其主要内容有：

1.记载了朱熹以理为本体的宇宙观。朱熹的哲学思想体系中的基本范畴是“理”或“天理”。他认为：“理”是万物生成的本原，而“气”是构成万物的材料。在理与气的关系上，理是第一性的，气是第二性的。他说“未有天地之先，毕竟也只是理。”又说：“有理而后有气，虽是一时都有，毕竟以理为主。”但朱熹又强调理和气的不可分离：“天下未有无理之气，亦未有无气之理。”又说：“此（指理和气）本无先后之可言，然必欲推其所从来，则须说先有是理。”可见“理”和“气”的关系是逻辑推演出来的。这样以气说理，较为抽象的理才有附着的实体，而具有较为明晰的内涵。“理”在朱熹的哲学里是最高的本体，它对张载所讲的“气”具有统摄的作用，它既是抽象的理念，又能和人间的世俗秩序统一起来，构成一个既是宇宙论又涵摄道德论和纲常论的庞大体系。譬如朱熹在解释“仁”这一伦理学上的规范时，说：“仁者，天之所以命我而不可不为之理也。”“理”就具有和“天命”一样的对“仁”的主宰地位，而人的行为必须表现为对普遍规范的自觉服从。又说："君臣、父子、夫妇、长幼、朋友之常，是皆必有当然之则，而自不容已，所谓理也。"

2. 记载了朱熹的认识论。他说："天之生此人，无不与之仁义礼智之理，亦何尝有不善。"从人的本性来说，都是善的。只是因为在后天里，往往又交杂了许多其他不纯粹的东西。他把人性分为天命之性和气质之性，前者又称为义理之性或道心，是永恒的善，是纯粹的理而不杂有气的；后者又称为人欲或人心，它是理与气交杂，已经不纯粹了。它又常常变动无常，时善时恶。因此，如果不用理来规范引导，就会如洪水泛滥，猛兽肆虐，导致大恶而一发不可收拾。他主张用天理来克制或节制人欲，以道心来主宰或引导人心，将人推到"无物欲之累"的圣人境界。这就是"存天理，灭人欲"。

3. 在理与心、性的关系上与陆九渊的心学有不同的倾向。朱熹认为，心与理并不彼此分离："心与理一"，"一"不是等同或融合，而是具体展现的意思，"心包万理，万理具于一心"。理在心中，为心的主宰，就是心具有理，也就是"性"了，"理在人心，是之为性"。朱熹一再强调性就是理："性即理也，在心唤作性，在事唤作理"。朱熹又曾用太极和阴阳来比喻性和心："性犹太极也，心犹阴阳也。"太极在朱熹的体系里被看做是理的最高形态，而阴阳则是气。在宇宙论上，理决定气，而在心与性的关系上，性也就决定心了。以性来界说心，他就反对"以心来说性"的心本体论。又说："性则是道心"，人心要听命于道心，对此，他在《答黄子耕》中说："以道心为主，则人心亦化而为道心矣。"

4. 记录了朱熹的很多诗作，可以看到他另外的精神面目。如《新竹》以竹自况，表达了修身养性、超凡脱俗的思想境界："生获幽林赏，端居无俗情。"《示四弟》警戒和勉励兄弟要珍惜光阴，努力学习。《观书有感二首》更是脍炙人口，有一种理趣美："问渠那得清如许，为有源头活水来。""向来枉费推移力，此日中流自在行。”

5. 收编了朱熹大量的奏章和与人论学的书札，可以看出他的学术观点和政治态度。如《答虞士朋太中》论述《易经》的纲领。在《跋李焘翁遗墨》中表述了他对韩愈的看法，认为韩愈“处于生死祸福之际”，还不如他一向排斥甚力的佛老能够安时处顺。

6. 收录了不少墓志铭、行状、祭文等，为研究墓主的生平事迹、政治观点、学术思想提供了丰富的材料。如《国绿魏公墓志铭》、《张浚行状》、《祭刘贡父枢密文》。

7. 收录了铭、箴、赞等警戒之文，可以看出他的生活旨趣。

8. 记载了朱熹的史学思想。他把“理”的一元论从哲学领域引入史学领域，试图建立一种“天理”与“史事”统一的史学体系。具体表现在《资治通鉴纲目》的编撰上：明正统，斥篡贼；立纲常，扶名教；除史弊，法《春秋》，这些思想对后世史学的发展有深刻的影响。

9. 收录了很多行移公文，使后人可以了解宋代的公文程序，也有助于对宋代社会、政治、经济、法律等方面问题的研究。

10. 记载朱熹的教育思想和成就。朱熹一生大部分的时间是在讲学授徒，著书立说。他每到一个地方，都要整顿县学、州学，创办了武夷精舍，制定学规，编撰教科书。又建立了白鹿洞书院，订立《学规》，使它成为当时全国著名的四大书院之一。而《学规》也成为各书院的楷模。又修建了岳麓书院，讲学授徒，影响深远。从本书可以了解他的教育思想、教学观点、教学方法。

总之，《朱文公文集》为我们提供了研究宋代的理学、经济、政治、文化、法律、文学以及朱熹的理学思想、政治观点、文学成就的大量详实数据，是一份珍贵的传统文化遗产。

朱熹的文集，经后人编辑的有《晦庵集》、《朱子文集大全类编》等不同刻本，正集、续集、别集的卷数都不相同。本书的版本以嘉靖壬辰（1532）胡岳的校勘本是较完备的一个本子。现在有《四库全书》本、《四部丛刊》本等。

《传习录》

明王守仁撰。王守仁（1472—1529），著名哲学家。字伯安，祖籍余姚（今属浙江），自其父迁居山阴。曾修学讲论于故乡附近的阳明洞，自号阳明，学者称为阳明先生。早年因为反对宦官刘瑾，被贬为贵州龙场（今修文县）驿丞。在这里他经历了一个艰苦思索最终豁然悟道的过程，被称为龙场悟道。后来因为镇压农民起义和平定藩王叛乱有大功，封新建伯，官至南京兵部尚书。谥号文成，后世又称王文成公。

《传习录》共上、中、下三卷。上卷由门人徐爱、薛侃、陆源，中卷由南大吉，下卷由钱德洪（此时王已去世）将王平时讲学的内容整理编辑而成。《传习录》是关于王阳明思想的重要著作。

《传习录》体现的哲学思想，分以下几个方面介绍：

1. 本体论。他以心为本体，这是他的哲学被归入传统心学体系的根本原因。他一再强调，“圣人之学，心学也”。“心”在王阳明的哲学体系里，含义较为广泛，有知觉、思维、情感、意向等，更多的是把“心”当作一切的本体，包括为学、为道，甚至宇宙的起源等，他都从“心”来解释。这也是人们说他的哲学是主观唯心主义的根本原因。他一再要求门人“于心体上用功”（《传习录》上）。关于心体的内涵，他作了多方面的界定：（1）将心与理联系起来。认为心不仅仅是一种感性的存在，而是以理作为它内在的规定。在道德领域，心有理一样的主宰性：“以其凝聚之主宰而言，则谓之为心。”（《传习录》中）（2）将心和性联系起来。与程朱是用性来界定心，即以具有普遍性的“性”

来规范具有个体性的“心”不同，王阳明在强调“心”自有其得之于天的先天来源的同时，并没有把“心”引向不可证实的超验性，甚至他反对在“心”之上再找一个像“天理”一样的作为本体。《传习录》下记载，当他的门人陈九川问心如何才能稳定时，王说：“尔却去心上寻个天理，此正所谓理障。”（3）将心与情联系起来。在《传习录》下他说：“喜、怒、哀、惧、爱、恶、欲，谓之七情。七者俱（都）是人心合（应当）有的。”人心本有七情，不须屏绝。这样就将作为本体的心与可以感受经验的情沟通，自然不会像程朱倡导要以理绝情了。事实上，王阳明也常常说“乐（快乐）是心之本体”。快乐不管是感性的愉快还是精神的愉悦，都渗入了某种情感的因素。七情作为情，“乐”可以作为“心”的本体，同时他也强调七情的自然流露。《传习录》下记载：“问：乐是心之本体。不知遇大故于哀哭时，此乐还在否？先生曰：须是大哭一番方乐，不哭便不乐矣。虽哭，此心安处，即是乐也，本体未尝有动。”这里，宣泄而不是压抑情感也是一种快乐，心本体不动，不会造成对情感的强制。概括而言，王阳明的心体既以理为内在根据而和性相通具有理性的一面，又把它和人的情感联系而具有感性的一面，表现为普遍性和个体性、理性和非理性的统一，避免了成就理想人格（圣人）的抽象化和片面化。

2. 认识论。作为本体的心和作为对象的物质世界相遇时，心不是要建立一个外部的物质世界，而是建构一个与外界相联系的既有对象又有主体的意义世界。在《传习录》上，王阳明提出了一个著名的论点“意之所在便是物”，如果物质世界不在主体的感受之内，那么不论天有多高，对我都没有意义，天的高大只有呈现在我面前时，对我才有意义。《传习录》下说：“我的灵明，便是天地鬼神的主宰。天没有我的灵明，谁去仰他高？地没有我的灵明，谁去俯他深？”另外，他在回答门人关于山中花自开自落与人的心体有何关系时，他说：当你没有看此花时，此花与你的心同归于沉寂。而当你来看此花时，此花的颜色都显得明亮起来。由此便可以知道此花不在你的心之外。这些都不是从宇宙论和物的角度来看，而是从人的主体性来看，实际上已经接触到人与物审美关系的建立。

3.“致良知”。王阳明认为作为德性的良知，是人先天就具备、不待教而能的，它可以表现为道德价值判断的形式，如他说：“尔那一点良知，是尔自家底准则。”（《传习录》下）也可以表现为情感好恶的形式，如他说：“良知只是个是非之心，是非只是个好恶，只好恶就尽了是非，只是非就尽了万事万变。”（同上）良知人人都有，但并不是所有的人都能按良知来行事。要发挥良知的作用，就不能完全离开人后天的致知活动。所以，王阳明说：“吾平生讲学，只是‘致良知’三字。”致良知构成了王阳明心学的重要论题。一般而言，“致”有二重含义：一是“至”，达到，它并不意味着知识或经验的增加，而是以内在的良知的自觉意识（即明觉之知）为目标；一是“做”，推行，他自己概括为：“决而行之者，致知之谓也。”它已经和知行之辩相融合。就良知与见闻的关系而言，主体只有在耳濡目染的日用常行中，才能逐渐产生对良知的认同感，对良知的理解也才能由模糊逐渐走向明晰深刻。他说：“千思万虑，只是要致良知。良知愈思愈精明，若不精思，漫然随事应去，良知便粗了。”（同上）正是在由知到致，由致到知的不断反复的过程中，先天的良知才逐渐由本然的状态转换为明觉之知。王阳明把良知看成本体，把致良知看作工夫，强调工夫与本体的统一最终达到、实现或推行那种明觉之知，而成为向圣人目标迈进的阶段。

4. 知识论。表现为知和行的关系，实际也是道德的修养论。一般认为，王阳明的特点是知行合一。表现为两个方面：（1）从达到、获得良知的角度看，可以简要概括为：知（本然形态下的良知）—行（实际在内心的体察与践履）—知（明觉形态下的良知）。重要的是知—行—知的总过程中的后两个环节：由行到知。

在《传习录》中，他常常借助日常的经验事实来说明由行到知的过程，如：要知道食物的好坏，就必须亲自尝；要知道路是否平坦，就必须亲自去走。他用行来判断知："知而不行，只是未知。"（《传习录》上），就是说，只有付诸行动，才是真知；知应当落实到行。（2）从成就德性的角度看，知行合一的过程就是德性的培养与道德实践的统一。事实上，王阳明的致良知主要不在于知识的积累，而更多指向德性的修养，诚意，这就是《传习录》中所说："知至而后意诚"，要求"在事上磨练做工夫"。知行合一和成就德性构成同一过程的两个方面，王阳明概括说："区区（自己的谦称）专说良知，随时就事上致其良知，便是格物（这是朱熹的道德修养论）；着实去致良知，便是诚意（这是从孔子以来就有的道德观念追求）。"格物而致知，是对先天的良知的自我觉悟，诚意就指向了德性的完善。当然，有时王阳明也会模糊二者的界限，比如他说："一念发动处，便即是行了。"（《传习录》下） 强调瞬间的意念可以代替行，有王夫之批评的以知为行倾向。

《传习录》的内容还有很多，比如群体与个体的关系、万物一体的观念、满街都是圣人、德性和良知的关系等等。

王阳明心学在当时影响就很大。他晚年讲学，学生常多到几百人。弦歌诵读之声由早及晚，盛极一时。他逝世后，心学在明朝中期很快成为一代思潮，在哲学、文学等多个不同方面产生了巨大影响。对"无善无恶是心之体，有善有恶是意之动，知善知恶是良知，为善去恶是格物"的四句教，他的门人各自理解不同而产生了分歧。后来王畿、王艮创立了"泰州学派"，影响及于李贽、汤显祖等人。而江西一带门人坚持王学正统观点，形成了以邹守益、罗洪先为代表的"江右王门"。

《传习录》的版本。今本的上卷在明武宗正德十一年（1516）由薛侃以《传习录》为书名刊行，中卷刊行题名《续传习录》，下卷题名《传习续录》。明穆宗隆庆六年（1572），御史谢庭桀汇集《传习录》上中下三卷和王阳明的其他遗著，加上门人所辑的《年谱》，统编为三十八卷的《王文成公全书》。以后各种全集，大都以此为依据。

《焚 书》

又名《李氏焚书》，明末李贽著，是抨击宋明理学的代表作。

李贽（1527—1602），明代思想家、文学家、史学家。号卓吾，又号宏甫，别号温陵居士，泉州晋江（今属福建）人。李贽出生于回教徒家庭，嘉靖举人。三十岁时为河南共城（今辉县）教谕，后历礼部司务等官职，五十一岁时出为云南姚安知府，三年任满，就辞官归隐了。从此专心从事著述、讲学。万历三十年（1602）明朝政府以“敢倡乱道，惑世枉民”的罪名将他逮捕入狱。李贽在狱中宁死不屈，最后自刎身亡。他自称“朝夕读书，手不敢释卷，笔不敢停挥”。李贽的学问兼综儒家、佛家，绝不拘守传统的“道德伦理”，反对礼教，抨击虚伪的假道学。晚年潜心于史学，根据正史纂成《藏书》六十八卷，又广泛收集明朝史料撰成《续藏书》二十七卷，打破了从汉、唐以来的传统史学观点。李贽一生著述甚丰，著有《焚书》六卷，《续焚书》五卷、《初潭集》三十卷以及《史纲评要》、《李温陵集》等。

《焚书》的取名。李贽一向以“异端”自居，蔑视并否定那些言必称孔孟的假孔孟学说。在《焚书·自序》中，他认为自己书中“所言颇切近世学者膏肓，既中其痼疾，则必欲杀我矣，故欲焚之”，因此以《焚书》作为书名，显示了李贽与正统思想斗争的思想立场。

《焚书》分为书答、杂述、读史和诗歌四个部分。全面记述了李贽的身世、著述，并阐发了李贽的基本观点。本书的主要内容有：

1. 政治思想方面：（1）李贽首先破除了假道学以孔孟之道安

身立命的传统观念，指出对孔子不应该盲目崇拜。书中《赞刘谐》借讽刺道学先生的故事，否定了朱熹的“天不生仲尼（即孔子），万古长如夜”的言论。在著名的《童心说》中，将“童心”定义为“真心”，赞美了“童心”的可贵，斥责了一帮假道学分子失却了宝贵的“童心”，所以说话、做事“无所不假”，并断言“《六经》（指《诗》、《书》、《礼》、《易》、《乐》、《春秋》六部儒家经典）、《语》（《论语》）、《孟》（《孟子》）乃道学之口实，假人的渊薮也”。指出了假道学实际上是托名孔孟，公开骗人。（2）有些篇章推崇先秦诸子，贬抑儒家的独尊地位。如《鬼神论》、《与焦漪园太史》、《又与焦弱侯》（这两篇的焦，指的都是焦竑，他字弱侯 ，著名学者）、《四勿说》、《孔明为后主写申韩管子六韬》等。（3）反对礼乐刑政和礼教的束缚，主张让人民各得其所，在《论政篇》中提出了“至人之治”，“因其政不易其俗，顺其性不拂其能”，强调治理国家要顺应民众的要求，实行像老子、庄子所说的无为而治，不滋民扰民。在《答耿（天台）司寇》中，他称道学家实际是“读书而求科第，居宅而求尊显，博求风水以求福荫子孙”，表面冠冕堂皇，实际也是为一己私利。在《答以女人学道为短见书》中，“谓男子之见尽长，女子之见尽短，又岂可乎？”抨击了男尊女卑、歧视女性的道学观念。

2. 哲学方面：《焚书》继承并修正了王守仁的“良知”说，主张“童心”说，反对道学先生的矫饰作伪。李贽认为“童心”就是“真心”，也就是“最初一念之本心”。提出了人人平等，人人都是圣人，要求发展人的自然之性和个人的才能，不受封建名教束缚的愿望。强调“穿衣吃饭即是人伦物理”，天理、物欲并无区别。在《答周四岩》中，他利用佛教的“生知”说法，提出了“天下无一人不生知”的命题，对儒家的“生知”、“学知”、“困知”的理论予以否定。书中有很多处论及佛理，坚持“心外无物”。一般而言，李贽的思想中，儒教、道教和佛教的思想成分都有，但是他又熔铸为有自己独特个性精神的理论，是涵括了儒、道、佛三家之精华，而带有浓郁的时代色彩的学术思想。

3.文学理论批评方面，也以“童心”说为中心。实际上，“童心”说是一个广泛涉及哲学、文学、社会伦理等方面的具有普遍意义的理论命题。（1）强调真心，所以对文坛上的模拟成风提出了尖锐的批评，而对那些“精光闪耀”，有着强烈个性色彩的作家作品大加赞赏。（2）他对戏曲、小说这些不为正统人士所看重的文学作品，却大肆宣扬。在卷三的《杂说》中推举《西厢记》、《拜月亭》是“化工”之作，提出了文学作品的产生并非是有意为文，而是“其胸中有如许无状可怪之事，其喉间有如许欲吐而不敢吐之物，其口头又时时有许多欲语而莫可所以告语之处，蓄积既久，势不能遏。一旦见景生情，触目兴叹；夺他人之酒杯，浇自己之垒块；诉心中之不平，感数奇（命运不好）于千载。既已喷玉唾珠，昭回云汉，为章于天矣，遂亦自负，发狂大叫，流涕痛哭，不能自止”。并评点了《水浒传》等优秀的通俗文艺作品，认为这些文学样式的成就远远超过了正统的诗歌和散文。（3）“童心”说的提出，在文学批评史上也产生了重大影响。后来明代的公安派、竟陵派竞相打起的“性灵”旗号，实是追随着李贽的思想足迹。李贽是晚明文学思潮的重要影响人物，对文学的发展有重大贡献。

4.李贽的诗文特点：表现在自己的著作里，书信和诗歌都体现了“童心”说主导下的书写本心、自然流出、不事雕琢的特点。李贽的诗文是其“种种可喜可谔之谈”的实录，是其自然情性的直接抒发。(1)书信杂著最能体现恣肆无碍的风格。这些作品文辞清新活泼，全无道学家文章故作庄严的样子，如卷三的《三叛记》用俗语作文，表现自己的生活情趣。（2）诗歌虽不多，但也用通俗新鲜的口语入诗，显得自然真切。如《哭耿子庸》，既写出了耿定理的“读书不成”却“盖世聪明”的特征，又写出了自己的深深思念之情。李贽甚至用口语、俗语来写偈颂，如卷六的《十八罗汉漂海偈》和《十八罗汉游戏偈》，体现了大胆狂放、不拘一格、冲破文体束缚的特点。他也有清雅闲淡的诗，如卷六的《中秋刘近城携酒湖上》等。

有代表性的评价。李贽特立独行，思想大胆尖锐，同时人对他的评价悬殊很大，赞扬他的如学者焦竑、刘晋川等推称他为圣人，称他为两大教主之一。据沈瓒的《近事丛残》卷一记载，李贽居住在黄州府龙潭山时，读书人与僧人跟随他的就成千上万，造成了巨大影响。而骂他的人说李贽是“倡异端以坏人心，肆淫行以兆国乱”，是“盛世之妖孽，士林之梼杌”。傅维鳞说《焚书》“成为孔子之道一大厄（灾难）也”。汪本轲说《焚书》是“一点窜自足为天下万世之是非，而一咳唾实关天下万世之名教，不但（不只是）如嬉笑怒骂尽成文章已也” 。都强调了李贽在摧毁传统的腐朽思想上所建立的卓越功勋，以至现代人称他为“中国的第一思想犯”，或最大的异端甚至异教徒。此后黄宗羲、王夫之、戴震、曹雪芹，以及近代谭嗣同、严复、章炳麟、吴虞等人，对孔孟之道和宋明理学的批判、对封建专制制度的揭露以及追求思想的解放，都在不同程度上受到了李贽的启蒙影响。《焚书》问世之后，被封建当权者看作洪水猛兽，列为禁书。然而书越禁传播越广。黄节说，“朝廷虽然毁之，而士大夫则相与重锓（刻板、刻书）之”，正可见《焚书》对近代思想解放运动起到了一定的推动作用，产生了积极的影响。在文学上，他的“童心”说和他的个性张扬、不以权威为标准的思想理论，成为晚明文人重要的理论来源。所以，有不少学者认为李贽是晚明文人的真正“教主”，对汤显祖、袁宏道等文学家都有影响。

《焚书》的版本。现在流行的《焚书》是李贽身后由门人汪本轲编辑，有一些删改，又名《李氏焚书》。现存有《李氏焚书》六卷明刻本、明清之间张氏贝叶山房刻本；清宣统间《国粹基本丛书》本等。1961 年中华书局出版了校点本。

《明夷待访录》

这是一部启蒙思想名著。明末清初黄宗羲著。

黄宗羲（1610—1695），字太冲，号南雷、梨洲，学者称他为梨洲先生。浙江余姚人。明清之际著名思想家、史学家。父亲黄尊素是东林党名士，十九岁进京为父鸣冤，以铁锥击毙仇人阉党的许显纯而知名。明末参加复社为主将，参加反对宦官干政的斗争。作《留都防乱揭》，揭露阮大铖阴谋。明亡后，隐居著述，屡次拒绝清廷征召。他学问渊博，天文、历算、乐律、经史百家及释、道无不探究，与孙奇逢、李颙并称三大儒。今人又把他和顾炎武、王夫之合称为明末清初三大学者、思想家。所著《明儒学案》，开浙东史学和学术史研究的先河，是我国第一部学术史。另外，还著有《宋元学案》、《南雷文定》、《易象学数论》、《律吕新义》、《孟子师说》、《四明山志》、《大统法辨》等。后人编有《黄梨洲文集》。现存四十四种，计三百万字以上。

《明夷待访录》原名《待访录》，是黄宗羲最重要的政治思想著作，写定于清朝康熙二年（1663）。“明夷”出自《周易》六十四卦中的“明夷”卦，其第五爻有“箕子之明夷”句。“明夷”就是太阳隐没的意思，暗示进入了“日入地中”的黑暗时期。在《明夷待访录》的题词中，黄宗羲以商末周初的贤人箕子自比，作为一个大有智慧的人却身处商纣这样的暴君的黑暗时代，等待着像周武王那样的名君来造访他。郑性刊刻此书时改题今名。

今本《明夷待访录》一卷二十一篇，根据全祖望的跋语来看：“原本不止于此，以多嫌讳弗尽出。”主要篇目有：《原君》、《原臣》、《原法》、《置相》、《学校》、《建都》、《方镇》、

《胥吏》各一篇，《取士》、《阉宦》各分为上下二篇，《田制》、《兵制》、《财计》都分为三篇。

《明夷待访录》继承并发扬了先秦以来的民本思想，又吸收了汉晋唐宋元的“非君论”、“无君论”等异端哲学思想，针对秦汉以下愈演愈烈的专制主义君主集权政治，尤其是明朝末年的乱政，展开了犀利的批判。《原君》篇尖锐指出，专制君主是“天下之大害”，他们把天下当作“一人一姓”的私有财产，“其未得之也，屠毒天下之肝脑，离散天下之子女，以博我一人之产业，曾不惨然，……其既得之也，敲剥天下之骨髓，离散天下之子女，以奉我一人之淫乐，视为当然”。因为君主“以我之大私为天下之大公”，“以天下之利尽归于己”，“使天下之人不敢自私，不敢自利”。与先秦孟子等人以民本思想来谴责夏桀、殷纣等历史上著名的暴君相比，黄宗羲则把批判的矛头对准了现实的专制君主“今之君”，显示了明清之际早期的启蒙思想家社会批判精神的彻底性。

黄宗羲的政治思想，是建立在总体性否定君主专制制度的基础上的，他树立了一个“天下为主，君为客”的古代理想社会，用来对照“以君为主，天下为客”的现实政治制度，从而把批判的锋芒指向了“君权神授”论。他认为，天子与庶民同贵同贱，天子不过是众人里面才德超群的人，是人民拥戴出来兴利除害的人，如果他无才无德，那么他就不配作天子。由此他提出“贵不在朝廷，贱不在草莽也”。（《原法》）他的结论就是“天子之位，惟有德者乃能居之”。他还主张扩大丞相的权力，以限制君主的权力，并且提出了传贤不传子的继位制，走到了否定君主世袭制的边缘。

《明夷待访录》还批判了君主专制制度下的君主臣奴论，认为君臣关系应该像老师、朋友或同事的关系。在《原臣》篇中，他把治理天下比喻为拖大树，君主和臣子要配合良好，共同来拖，才能完成。因此，他认为大臣做官，要有“为天下，非为君也；

为万民，非为一姓也”的思想观念。如果是为了一个人的私利而亡国的君主，大臣完全不必为他殉节，没有“杀身事君”的义务。这就有了摆脱人身依附观念，走向君主契约论的意味。因此有学者把 17 世纪黄宗羲的《明夷待访录》和 18 世纪法国启蒙思想家卢梭的《社会契约论》相比拟。

《明夷待访录》谴责君主专制下的法制，是出于自己的“利己之私”，是保证一家人得到最大利益的法律，而不是天下人的法律，是“藏天下于筐箧”的“非法之法”，所以，法律越多越密，社会就越乱。在《原法》中，他主张建立不为一个人而为天下人的“天下之法”，保护人们“各得其私，各得其利”。以此作为法制的基点，已经有了近代法制观的萌芽。

在《学校》篇中，黄宗羲倡导学校议政，认为学校不仅是为天下培养人才的地方，还应当是评议天下大事的重要机关。因为天子认为正确的事实上未必正确，认为错误的事实上也未必是错误，必须把是非公开于学校，让天下人来评议。这样，君主不能自专，而国家也可以保存，君主也能安定。这种学校已具有代议制议会的性质。

在《财计》、《田制》、《田赋》等篇中，黄宗羲阐述了他的经济理论。他主张在恢复“井田制”的形式下，按户平均授田，赋税平均负担。分田后的剩余土地由富民占有，以免“困苦富民”。在《田制二》中，他主张废除募兵制，改行征兵制，这样国家可以节约大量的兵费开支。更富有新意的是，在《财计三》中，他批判了传统社会重农抑商的思想，提出了工商皆本的理念，他说：“世儒不察，以工商为末，妄议抑之，夫工固圣王之所欲求，商又使其愿出于途者，盖皆本也。”在《财计二》中，他主张废止金银货币，铸造统一发行的铜币。因为金银常常为权豪富贵人家所把持，而阻碍作为一般等价物的流通职能。另外使用铜币，就可以使“公私之利源”畅通：“千万财用，流转无穷”，否则，货币单位不统一，就会妨碍商品的流通。这些都显示了发展商品经济的强烈要求。

《明夷待访录》深刻批判了封建君主专制制度，提出了一系列具有近代色彩的民主思想，在当时是受到严禁的。乾隆年间，更把它列为禁书。只有少数胆大的人才敢欣赏黄宗羲的卓越思想或出版他的著作。顾炎武在《与黄梨洲书》中说："读之再三，于是知天下之未尝无人，百王之弊可以复起，而三代之盛可以徐还也。"直到二百多年后，到了清朝末年，近代思想家才真正发现了它的巨大价值，并对近代社会产生了深远的政治和思想影响。梁启超在《清代学术概论》中说："梁启超、谭嗣同辈倡民权共和之说，则将其书（指《明夷待访录》）节钞，印数万本，秘密散布。于晚清思想之骤变，极有力焉。"又在《中国近三百年学术史》中说："此书光绪间，我们一班朋友曾私印许多送人，作为宣传民主主义的工具。"

《明夷待访录》的版本。初刻本是在嘉庆年间由慈溪二老阁印行。清朝末年有顾氏《小石山房丛书》本，民国初年有薛凤昌《梨洲遗著汇刊》本，1955 年北京古籍出版社出版了校点本，1981 年中华书局有重印本。1985 年浙江古籍出版社出版了由沈善洪主编的《黄宗羲全集》。浙江人民出版社 20 世纪 80—90 年代编辑有《黄宗羲全集》十二卷。

阅读该书时还应注意《明夷待访录》的两大著述特点，一是黄宗羲在论述他的观点时，往往都是以复古的姿态出现的。比如恢复井田制的提法，而实际上他是托古改制，寄寓了他大胆激烈的改革君主专制制度的要求。因为这些思想太过惊世骇俗，所以选择了这种貌似而神非的方式。二是黄宗羲的思想又是与先秦的儒家思想和其他各家思想，都有密切的关联。因此，必要的参照和时代的背景了解都是必不可少的。

《物理小识》

方以智撰写，共十二卷。方以智，字密之，号曼公，明末清初思想家、科学家。明神宗万历三十九年（1611）十月生于桐城（今属安徽）一个官宦儒学世家，崇祯年间进士，被授予翰林院检讨。晚年出家为僧。名大智，字无可，别号弘智、极丸老人等等。方以智对于天文、地理、物理、生物、医药、历史、文学、音训等都有研究，并且接受了西方的自然科学知识，他提出了“宙轮于宇”和“合二而一”的命题。

《物理小识》是一部科技著作，卷首是总卷，正文分为十五大门类，包括天类、历类、风雷雨旸类、地类、占候类、人身类、鬼神方术类、异事类、医药类、饮食类、衣服类、金石类、器用类、草木类、禽兽类等等。

方以智非常重视实学，讲究经世致用。正是在“必重实学”的基础上，方以智精通古今中外知识，并逐渐形成了博大的思想体系，他的贡献在于：提出了自然科学与哲学“质测通幾”的理论和在此理论指导下的学术实践活动。

比较能反映方以智“质测”理论的代表著作为《物理小识》和《通雅》。《物理小识》大约与《通雅》先后完成，全书所记数千条，几乎每条都与日常生活有关，都是有使用价值的。《物理小识》包括了天文、地理、算学、医学、声音等等方面的科学知识，记录并总结了我国劳动人民许多先进的生产技术，批判地吸收并介绍当时引入中国的一些西方科学技术知识，广征博引，证诸见闻，成为具有时代特色的科学技术成果的总汇集。尤其重要的是，这部“质测”学术著作比较集中地反映了方以智逃禅之前的唯物主义世界观。

《物理小识》在天文学方面的成就。方以智批判了当时西方流行的上帝创世说，吸取西方地圆等理论和测算日月五星的空间位置等技术，并纠正了中国传统的天学理论中的错误。卷一《历类》中认为“地体之圆，在天之中”，并有“九天”的天体构造理论，虽然不是正确的，但他所介绍的九天与地的距限、九天各自自转的周数等数据还是值得认可的。方以智的著作还反映了诸如日视差和蒙视差的视位置问题，黄道坐标和赤道的测量及计算问题，还有日月五星的视位置问题等等，他的重要结论是：没有绝对静止的天。讲“九天”并非有什么“天主”居住，而是以定算称名的，他的睿智的理论批判了来华传教士赖以安身立命的创世说教，显示了无神论者的智慧。

在医药学方面，《物理小识·医药类》中有很多医理方面的知识，方以智研究医药学，其目的是为了“协艺济人”，能够疗病，再次是他本人“好究物理”，对此有浓厚的兴趣。方以智以个人的习医经验和心得，搜集了很多中草药，记录了为数不少的药方。卷四《医药类》反映了综合贯通的特征；卷三《人身类》认为人是秉自然之气而形成的，并非天主所造，说“形者，精气之所为也”。方以智指出：人身的骨骼筋络，都是“有为而生”，和自然界一样，人身是一个完整的小系统，一个独立的小天地。同时方以智还大量引用西方人关于人体的构造、血液循环等知识，并从《内经》中以阴阳五说和气功、针灸等角度来反观西人关于“心、脑与肝”是人身“三贵”的观点，实际上指出了大脑是人的思维器官。他的关于“脑髓”的理论从医学上和哲学上突破了数千年“心主神明”的传统观念，是自然科学史上的一大贡献。

在历算学上也有很多成就，比如方以智对中公历法进行了比较研究，《物理小识》中还有不少西方奇器技巧的记载。关于历算大多论及岁差、日月食、历法等等，都是当时修历过程中非常主要的问题。而且，方以智保持了清醒的头脑，比如在《历类》

中对西方的推步测量就不盲从，经常提问，揭露它的内部矛盾。如："问开辟纪年，有纪乎？……太西曰：开辟至伏羲元年甲辰，一千七百四十年。彼以一树证之，安知此树何年生乎？"西学对开天辟地到伏羲间的推算，毫无科学事实根据，很不可信，方以智能够独立思考，发现西学的矛盾之处，非常可贵。

《物理小识》在物理、化学方面同样取得了高水平的成就。卷七《金石类》、卷八《器用类》等，保存了古代先进的技术，也反映了当时物理学、化学应用于生产的情况。方以智对所接触到的西方奇器，往往给予肯定的评价。将这些介绍给人们，开阔了视野，加深了对西学的认识，对于促进中国传统工艺改革大有裨益。在金石器物方面，对金的种类、金的冶炼和识别以及铜、银等矿石的性能，炼造方法都有详细的记录。其中有一条可贵的资料，就是我国广东新会发掘的炼铁遗址，发现了用作原料的焦炭，大概是南宋咸淳六年（1270），这是最早的记录，比西方烧焦年代（大概在 1771 年）要早五个世纪。在化学方面，方以智在书中记录了制瓷、造纸、印刷、制盐等手工业生产原料和工艺流程，反映了他的博学。

《物理小识》不仅富有丰富的自然科学方面的成就，在社会科学方面也有一定的特色。比如对世界的看法，方以智就提出了"气论"，认为在宇宙本质问题上，"盈天地间皆物"，否定神造说。比如，《物理小识·序》中说："盈天地间皆物也。人受其中以生，生寓于身，身寓于世。所见所用，无非事也，事一物也。……通观天地，天地一物也。"

在卷一《天类》中认为气的表现形式是多样的，认为气是物质实体，宇宙间的事物诸如山川草木、如月星辰等及其表现的各种特征，都是物质性的"气"形成的。其次，在认识论上，他的"质测"理论，不仅穷源溯委，而且以自然科学和辩证思想为基础，形成一条唯物论的路线，肯定了认识的对象是客观世界，其任务是把握其中的规律。就认识论的来源来看，提出"学而后知"，批判“先验论”，并有“心物交格”的认识方法，就是怀疑、归纳、演绎、模拟、推理等等方法。

《物理小识》收入《四库全书・子部・杂家类》。

《思问录》

这是一部哲学著作，明末清初王夫之著。王夫之（1619—1692），字而农，号薑斋，衡阳（今属湖南）人。著名哲学家和朴学大师。崇祯举人，明朝灭亡后，曾举兵反清，晚年归隐于衡阳石船山，学者称为“船山先生”。与顾炎武、黄宗羲并称清初三大儒。一生著述宏富，以经、史、文学见长，还广泛涉猎佛藏和道藏。主要著作哲学类有《尚书引义》、《读四书大全说》、《张子正蒙注》、《思问录》、《黄书》、《噩梦》、《宋论》等；史学类有《读通鉴论》、《永历实录》；文学类有《王船山诗文集》、《薑斋诗话》。据文献记载，约有一百余种，四百余卷，共四百七十余万字。

《思问录》两卷，分内篇、外篇。第一卷，内篇，是对自己的基本哲学观点的陈述，以探讨哲学问题为主，每一则的篇幅短小。第二卷，外篇，阐述对具体问题的看法，涉及科学问题，包括阴阳五行、历数、医学等，每一则的篇幅较长。

1. 王夫之的基本宇宙观是一体而二分的，一体是指以“气”或“神”为本体，因为“气”和“神”密不可分，总起来说，可以说是“气”；分开来讲，又有阴阳两面，“神”是阳而“气”是阴，不相分离又不杂糅。（1）“神”在王夫之的思想中，是一个重要概念。宇宙间一切的运行都由它主宰，就是“神”；万物的各种规定性（理与数）都从“神”出来，但是，人力若用“定理”或“定数”去推测神秘莫测的宇宙本体，也决不能把握它。《思问录·外篇》说：“天地之化（变化），其消其息，不可以形迹之增损成毁测之。有息之而乃以消之者，有消之而乃以息之者，无有故常而藏用密。”“消”和“息”是一对概念，相当于呼吸的呼出与吸入。（2）神又有不会改变的功能，这就是天地的德。德（不是道德，而是天地的本质）也是永远变化没有定则、没有穷尽的。如果认为宇宙的运行有一定的规律，就是把天地当作了一块印版，以为万物就是由这块印版印刷出来的，那么，这是以人测天，决不是天的本来面目。总之，“天地之德不易，而天地之化日新”。至于怎样更新，都是不可知的。所以，有学者认为，王夫之的这种思想与中国的传统哲学近而与近代西方的科学观念和理性主义远。

2. 王夫之的“气”与心、性、神的关系。“气”，总体而言，包括一切，就是宇宙、存在本身；理、气、神只是它的不同表现方面。分开来说，气是指宇宙的构成质料，神是指宇宙的能动性，理是指宇宙的潜能和一切变化的原因。王夫之认为气处在不断的聚散变化之中，宇宙万物的生灭，都是气聚散变化的结果。由于万物的聚散变化，气就有了清浊之分，形成了层次结构。王夫之就用气的这个特点建构了一套关于心性的学说，在宋朝和明朝的儒家中开辟了新的思路。他对王阳明的良知说进行了批驳，认为宇宙无边无际，中间空洞无物，而王阳明的良知就像“虚室触物之影”，是不可能的。他也不同意朱熹提出的“理在气先”的讲论方法，王夫之认为这样讲就截然把宇宙分为了两个世界（一个是“净洁空阔”的理世界，一个是污染了的气世界），并且剥夺了理的能动性。王夫之坚持一元论，理气神混为一体。

3. 王夫之的天下治乱循环的关键和神气轮回说。（1）他认为天下治乱循环的关键在于是否有足够多的能治理的人出现在世间。《外篇》说：“治乱循环，一阴阳动静之几也。今云乱极而治，犹可言也；借曰治极而乱，其可乎？乱若生于治极，则尧、舜、禹之相承，治已极矣，胡弗即报以永嘉、靖康之祸乎？方乱而治人生，治法未亡，乃治。方治而乱人生，治法弛，乃乱。阴阳动静，固莫不然。”他坚信治乱的关键在于人而不在于天，没有那种糊涂的神秘论。（2）神气轮回说。王夫之认为，人的神气或神识直接来自天或太虚，死后还归太虚，如此轮回不已。但是并没有一个造物主或人格神来主持分布，不让这人与那人的神识相杂。那么，谁来决定呢？关键还是在人自身的努力。今天的我已经不是昨天的我，因为神气已经变化。至于神气是变清还是变浊，全由我今日的修为决定。因此，人必须取精用弘，不断地以天地间的清醇之气变化自己的气质；反过来，人的气质越是清醇，就越能以其纯粹之气反馈于太虚，如此反复不已。终身进德修业，治气养心，孜孜不倦；身死之后，不让浊乱之气流散于天地间。人若能如此，就是天的克肖子。这就是王夫之的相天之道。

王夫之的突出贡献，在于比较正确地解答了哲学的基本问题，丰富了古代唯物主义自然观，建立了独具特色、博大精深的朴素唯物主义的哲学体系。《思问录》作为他的主要著作之一，在继承和发展了张载“一物两体”、“运行不息”的辩证法思想方面有突出贡献。清朝以后，绝大多数进步思想家都是从他的思想宝库中吸取养分。谭嗣同说：“惟国初（指清朝初年）船山先生，纯是兴民权之微旨。”梁启超在《清代学术概论》中说：“五百年来学者，真通天人之故者，船山一人而已。”王夫之的学说是近代中国启蒙思想运动来源之一，对戊戌变法、辛亥革命都产生过特殊的影响。

对王夫之的评价有一个随着时代的变化而不断变化的过程。最初把他说成是现代民族主义的先驱，比如梁启超、谭嗣同等近代人士痛感外国列强的侵略压迫和封建专制的日落西山，倡导变法维新，王夫之的学说和他不仕清朝的政治立场，就为反清革命提供了思想武器，于是王夫之可与现代民族主义接轨的《黄书》、《噩梦》等，就受到人们的欢迎。到了解放后，王夫之又成了唯物主义思想家，这自然是因为马克思主义哲学研究方法风行的必然结果。改革开放以后，学者又从唯物主义转向了“实学”，研究它和近代商业社会、资本主义萌芽的关系。事实上，王夫之学术思想博大精深，确实也为后人提供了巨大的新的阐释空间。

读王夫之的《思问录》应注意以下几点：（1）王夫之思想本身的复杂性和使用的哲学概念的多义性，使得理解较为困难。一般认为，他的哲学根基是一元而二分的气化论，一元是“气”，二分是阴阳。形上与形下、理与气、道与器、气与神、理与欲、心与性、情与心、性、理，既是王夫之思想的核心概念，也是中国古代哲学的常见话题和中心范畴。在不同的语言环境下，这些概念的含义就可能不同，多义性与歧义性并存。（2）王夫之著作大部分的体裁是传统的注疏形式，即使是《思问录》这样正面表述自己的观点的著作，也是采用札记一类，一条条地记录，而不是采用现在的系统论述的方式。理解起来既要结合其语境，又要能通览综观，把握其思想大纲。（3）阅读本书可与他的《张子正蒙注》一书相互对照，可以“互相发明”，收到总揽王夫之思想的目的。

《思问录》的版本。王夫之的著作，清道光二十二年（1842），湘潭王氏遗经书屋刊行的《船山遗书》仅收十八种，一百五十一卷。后来，新化邓显鹤增加为七十七种，共二百五十卷，刊刻为《船山遗书》。分为经、史、子、集四部编辑。《思问录》收入《船山遗书》。有清同治五年（1866）曾国藩、曾国荃江宁节署补刻的《王船山遗书》本；清光绪二十四年（1898）刻的《王船山先生四种》本；1933 年上海太平洋书店出版有《船山遗书》的排印本；1956 年北京古籍出版社出版了王伯祥点校的《思问录》、《俟解》合刊本；1959 年中华书局出版有《思问录》、《俟解》合刊的再版本；2000 年上海古籍出版社的《天地人丛书》，有《船山思问录》，以 1933 年太平洋本为底本，书前有专家导读，并附有王夫之的《老子衍》和《庄子通》。

《潜 书》

清唐甄著。这是一部重要的政治、哲学著作。唐甄（1630—1704），初名大陶，字铸万，号圃亭。四川达州人，思想家。顺治十四年（1657）中举人，任山西潞安府长子（今长治县）知县，颇有政绩。后被革职，寄寓吴下，隐居著书，又曾卖田经商。著作还有《毛诗传笺今义》、《春秋述传》、《潜文》等。除《潜书》外，其他都没有刊行。

《潜书》原名《衡书》，关于改名之由，唐甄自己说：“曰‘衡’者，志在权衡天下也。后以连蹇不遇，更名《潜书》。”盖自伤遭遇不偶时也。关于著书动机，在《潜存》篇说是“不忧世之不我知，而伤天下之民不遂其生，郁结于中，不可以已，发而为言”，“窃有微用，不敢让焉”。《四库全书总目提要》著录本书为四卷，总共九十七篇，每篇都有篇名。前五十篇为上篇，又再分上下；后四十七篇为下篇，也分为上下。上篇（上）包括《辨儒》等二十一篇，上篇（下）包括《取善》等二十九篇；下篇（上）包括《尚治》等二十四篇，下篇（下）包括《惰贫》等二十三篇。标点本《潜书》约十四万字。

《潜书》的体例仿东汉王充的《论衡》，前五十篇主要论述学术，后四十七篇主要论述政治。

在政论方面，他痛陈时弊，积极关注现实，反对封建专制，提出了平等的要求和革新政治等民主启蒙思想。他反对“君权神授”、“天子受命于天”，认为：“天子之尊，非天帝大神，皆人也。”（《抑尊》）并大胆宣称：“自秦以来，凡为帝王者皆贼也。”语气比黄宗羲在《明夷待访录·原君》的“今也天下之人，怨恶其君，视之如寇仇”还要尖锐激烈。帝王的天堂是建立在老百姓的血泪和白骨之上的。他说：“若上帝使我治杀人之狱，我则有以处之矣。”（《室语》）提出了国家应该以民为主的“众为邦本”的思想，驳斥了天下难治的原因在民难治的谬论。他总结了明朝由于推行“虐政”而导致了灭亡的历史教训，强调如果再“无道于民”，即使是“九州岛为宅，九川为防，九山为阻”，也必然会“破之如椎雀卵”（《远谏》）。因此，他极力主张革新政治，整顿吏治，反对因循守旧，提出了许多改革措施。主要有：（1）要“抑尊”，即限制皇帝的部分权力。皇帝必须自觉地抑制自己的尊威，做到和普通人一样。主张开放言路，允许“士议于学”，“庶人谤于道”（《省官》）。同时生活要简朴，“处身如农夫，殿陛如田舍，衣食如贫士”（《尚治》）。君主以身作则，社会上就能形成良好的风气。（2）要重用贤才。他认为这是关系国家兴亡的头等大事（《主进》）。在本书里，唐甄多次对选拔和使用人才的标准和方法作了论述，主张“论功以举贤，养民以论功”（《考功》）。（3）要赏罚严明。提出“赏罚不中”则“国亡”的观点。特别强调要“刑自贵始，自宠始，自近始”（《卿牧》），从皇帝身边的宠贵亲信开刀，可以说是对“刑不上大夫”的特权思想的公开挑战。（4）主张“均平”和“平等”。这是他思想中最富有特色的部分。他提出了“天地之道故平，平则万物各得其所”（《大命》），认为“平”是处理协调事物之间关系的基本准则，否则就会“此厚而彼薄，此乐而彼忧”（同上），他指出封建社会的最大不公平，就是贫富悬殊，苦乐不均。从人是平等的观点出发，反对重男轻女，认为“父母，一也”；“男女，一也”，男女都是父母所生，不应该有所差别。对长期以来士大夫把夏商周的灭亡都归罪于所谓的“红颜祸水”的偏见提出了不同看法。并痛斥丈夫虐待妻子的卑劣行为，体现了男女平等的新观念。

唐甄的革新主张，反映在经济方面极有特色，提出了一些很有远见的思想。他呼吁统治者要关心人民生活，重视发展生产，使人民安居乐业。（1）要以农为本，以“富民”为一切政治经济活动的中心，并专辟一节来论述之。要求帝王“以百姓为子孙，以四海为府库”，决不能“虐取”，甚至“窃其宝而攘其命”，断绝百姓的生路。他认为帝王的责任就是救民养民，应该把“富民”作为首要任务（《存言》）。而官吏的职责是“保民”、“养民”（《厚本》）。并提出了十八条“养民之善政”，提出了“上善政六，中善政六，下善政六”考核官吏的标准。要求发展农林渔牧业，实现“山林多材，池沼多鱼，园多果蔬，栏多羊豕（猪）”（《达政》），这是“上善政”之一的内容。（2）唐甄也极为重视工商业的发展，反对抑商为末的传统观点。《潜书》中经常是“农贾”、“田市”并提，把发展工商业和农业看得同等重要。他特别重视丝绸业的发展，把“桑肥棉茂，麻苎勃郁”列为“上善政”标准的主要内容。并希望“我欲使桑遍海内，有禾之土必有桑”（《教蚕》）。（3）他和黄宗羲一样，主张废除金银货币而代之以“宝钱”，加强流通，以保护农民生活和便利商贾经营。因为金银容易积聚，也往往为权贵富豪所藏，而使金银失去流通的作用，使得“中产之家，尝旬日不睹一金，不见缗钱”，使“农民冻馁，百货皆死”，人民“而无生之乐”（《存言》）。

在军事问题上，唐甄认为“兵者，国之大事”，“不知兵，则仁义无用”（《全学》）。（1）强调要分清正义战争和非正义战争的界限。（2）军事策略上提出了“内自固”和“外制胜”两种权略。提出了地、食、法三者相结合的方针，类似于根据地。战术思想提出了“三奇”，即奇袭、包抄与游兵骚扰。在军事理论上作出了贡献。

在哲学思想上，主要观点有：（1）唐甄继承了从王充到张载认为世界以气为本体的气本论，认为“万物皆有精，无精不生”（《博观》），“精”或“气”散失，形体也就消亡。万物的变化，正是“精”或“气”变化的结果。（2）他也为个人的情欲作辩护，认为“生我者欲也”，“舍欲求道，势必不能”（《性功》）。（3）针对“天不变，道亦不变”，他提出了“天地之既成也，吾知其必有毁也，亦知其必复有成也”（《博观》），具有朴素的辩证法思想。他认为现实社会里，人虽有贵贱智愚区分的现象，但也并非一成不变，“皂人（指奴隶）可以成为圣人，丐人可以成为圣人，蛮人可以成为圣人”（《格定》），认为身份地位和道德并不成正比。（4）指出社会历史的发展自有其规律，要“因事而变”，“不模古而行”（《辨儒》）。（5）在认识论上，强调感性经验的重要性，只有“视观察问”，才能“睹其行，察其情”。总之，在哲学上他受到王阳明思想的影响也很大。

《潜书》一反流俗、大胆新锐的内容和冲决禁区的精神，在当时和后世都产生过较大影响。顾炎武的弟子潘耒在《潜书序》中说唐甄：“不为应酬之文，意所欲言则言之，每一篇出，人争传写。”魏禧赞叹《潜书》：“五百年无此文矣。”（见杨宾《唐铸万（甄）传》）但是一些思想较为保守的如王源，因为唐甄称崇祯为“独夫”，而在《居业堂文集·书唐铸万〈潜书〉后》中斥之为“种种悖谬，真不可解”。清末的李慈铭也贬低并嘲讽唐甄“文无根柢”，“足笑倒千人”。但是，书中体现出的进步民主启蒙思想，受到了民主革命者的高度评价。梁启超在《中国近三百年学术史》中说：“三百年前有此快论，不能不说是特识。”章太炎除了在《检论·哀清史》中也说：“众谀之言，仰戴仁帝以为圣明，虽直者犹倾之，惟（唐）甄发其覆蒙。”还在《太炎文录·说林下》称赞唐甄的文辞有胜过龚自珍的地方。

《潜书》的版本。最早的本子是王闻远的康熙刻本，后有光绪九年（1883）的李氏刻本和光绪三十一年（1905）的邓氏刻本。1955 年北京古籍出版社出版了标点本；1963 年中华书局出版了增订本。注本现在有四川人民出版社 1984 年出版的《潜书注》，对全书作了注释，后面还附录了有关唐甄的生平和思想的研究资料。

《读史方舆纪要》

明末清初顾祖禹撰写。共一百三十卷，附录《舆图要览》四卷。顾祖禹，字景范，江苏无锡宛溪人，学者尊称他为宛溪先生，生于明崇祯四年（1631），卒于清康熙三十一年（1692）。其父顾柔谦学识渊博，精通史学，对历史地理颇有研究，认为科举无益于世，这对顾祖禹的成长有着深刻的影响。顺治十六年起，顾祖禹遵照父亲的教导，一面教书，一面撰写《读史方舆纪要》，制定每日写作计划，治学非常勤苦。顾祖禹是一位专心于学术而淡于功名的学者，他秉承父志，全部精力用于《读史方舆纪要》的撰写，寄心事于简编，存故国之文献，历时三十多年，终于成就这部大作。此外还著有《方舆书目》、《四书正旨》、《书经正旨》、《宛溪诗文遗稿》等书。

本书“首以列代州域形势”，然后讲直隶、江南、山东、山西、河南、陕西、四川、湖广、江西、浙江、福建、广东、广西、云南、贵州，川渎异同、分野等等。《读史方舆纪要》体大思精，论说颇有独到之处，在古今地理著作中罕有其匹。清初，在地理学领域中，很有一批通达古今之变，为政事、军事、国计民生服务的重要著作，侯仁之曾经说：“其中比较晚出而有代表性的系统著作，当推明末清初顾祖禹的《读史方舆纪要》。”

《读史方舆纪要》编纂体例上有独特的地方，那就是主要以文献资料为基础。顾祖禹虽然也到过一些地方做过调查，但毕竟所到之处很少，南方仅仅是福建、浙江，北方也不过是北京。各种条件的限制使他只能依靠文献，从中搜集大量的有关地理方面的书籍和资料，为此还特地编写了《古今方舆书目》。他对历代地理著作非常熟悉，做到了透彻的研究，可随口道出各书的长短得失。而且顾祖禹非常认真细致，比如徐霞客是以实地考察而著称，但徐霞客却没能纠正《大明一统志》有关记载的错误，而顾祖禹虽然没有亲历其境，但就是凭着文献记载，通过谨慎地考订，结果所得结论比徐霞客还正确。研究历史地理，采用大量的文献资料为依据，是完全必要的，顾祖禹依靠文献资料而写成的《读史方舆纪要》，由于非常负责，考订精详，解决了许多长期悬而未决的问题，有很高的学术价值，江藩在《汉学师承记》中说："读其书可以不出户牖而周知天下之形胜，为地理之学者，莫之或先焉。"指出《纪要》的重要地位，是从事地理学研究首选的著作。

本书注重经世致用，对那些关乎国计民生的问题尤其看重。比如明代嘉靖后，河患非常严重，顾氏就在《读史方舆纪要》中辑录了大量的前人的治水主张，留给后人以借鉴。因为河流的改道，湖沼的变迁，都直接影响着当地经济的各个方面，与人民生活息息相关，所在顾祖禹在《川渎》中用六卷的篇幅，对几条重要的河流穷原竟委地加以叙述。另外还相当重视漕运，认为"天下大命，实系于此"，但他反对那种为了保运却把百姓利益置于不顾的观点，极力为民请命。对于转漕城镇的要冲地位十分重视，此外关于农田水利的兴废、交通路线的变迁、城镇的盛衰等等，都有详细的记载，所以成为经济史和地理研究的比读之书。

《读史方舆纪要》与其他舆地书最大的不同点在于具有浓郁的军事地理色彩，这实际是经世致用思想的运用。前人撰写舆地之作，多重名胜古迹描述，但像顾祖禹这样对山川形势、古今战守攻取之要详细记载的，几乎没有。南明时期，郑成功领导的抗清斗争方兴未艾，很多爱国志士奔走以谋匡复，顾氏看到明统治者不能利用有利的山川优势险要，极其痛心，于是他就对山川险要、兴亡成败之迹进行详细描述，而对于景物则多从略。所以张之洞在《书目答问》中将《读史方舆纪要》列入兵家，梁启超也说“景范之书，专论山川险隘，攻守形势，而据史迹推论得失成败之故，其性质盖便于军事地理，殆遗老力谋匡复所将有事耶。”在《读史方舆纪要》中随处可见珍贵的军事思想，将一城一镇、一河一水、一关一险，都详细举其位置，对其沿革、在军事上的价值能有得当的评论。

关于人地关系，也论述颇多。《读史方舆纪要》虽然以研究论述天险地利为主，但他又讲：“阴阳无常位，寒暑无常时，险易无常处。”反映了辩证的思想和观点。顾祖禹认识到地理条件对社会的政治、军事等各方面起着重要的影响，故而在书中多次论述。但他并不是地理环境决定论者，而是更重视人的主观能动作用和客观条件比如时间等等的变化。历代认为建都以取险要地势为之，但顾祖禹则认为，都城的选择和当时的形势有密切的关系，认为是否适合建都城，要看形势是否险固，攻守是否有利；要看生产是否发达等等，这些军事思想和辩证思想是很先进的。

由于时代和科学发展水平的局限，顾祖禹还难以完成一部科学而又系统的历史地理著作，即便是就地理沿革也有很多不足之处；用一人之精力，把祖国各地山川河流、城池关塞等地理形势要搞清楚，是非常困难的。但总体来说，《读史方舆纪要》在学术发展史的地位是不可抹杀的。

顾祖禹以个人力量而成《读史方舆纪要》，取得了非凡的成就。这部书内容丰富，地名齐全，结构严谨，比起《元和郡县志》、《太平寰宇记》有胜之而无不及，又比明代《明一统志》也过之有余，虽然清代集合众人之手而成《清一统志》，但《纪要》与之相比并不逊色，何况其中很多成果也被《清一统志》采录。

《历算全书》

《历算全书》，清梅文鼎作，魏荔彤辑。梅文鼎（1633—1721），数学家、天文学家，字定九，号勿庵，安徽宣城（今宣州）人。他童年随塾师罗王宾修儒学，并从大父攻读《易经》，清顺治十六年（1659）开始学习并对历算学产生比较浓厚的兴趣，一生沉醉其中。梅文鼎是在清初被誉为“历算第一名家”的民间天文学家。他以毕生精力从事天文学和数学的研究，殚思著述。根据梅文鼎撰写的《勿庵历算书目》统计，其中有关天文和数学的著述达到八十余种。雍正元年（1723），魏荔彤将《梅氏历算全书》刊刻问世，很快就传到日本。后来梅文鼎的孙子梅瑴成嫌其校勘不精良，又组织族人编辑成《梅氏丛书辑要》，乾隆二十四年（1759）出版。清代这两套书一再被重刊，并分别收入《四库全书》和《四库存目》中。除此外，梅文鼎著述还有很多，或为单行本，或为合刊本。

《历算全书》体现了梅文鼎的科学思想。他阐发西学要旨，表彰了中学精华，在天文学和数学上成就非凡。他的天文学著作颇多，内容丰富，有说明自己创制测量仪器的，有介绍当时人著作的，有评论《崇祯历书》的，还评论了中公历法的得失异同，有利于中公历法的融会贯通。另外梅文鼎还对中国古代的历法进行了推算，并作了详细说明，论述了一些重要的历法。

其次，梅文鼎的贡献更主要的在于数学。他的数学著作涉及初等数学的各个分支，比如代数、几何、算术、平面三角和球面三角等。《畴人传·梅文鼎》中说他“其论算之文务在显明，不辞劳拙；往往以平易之语解极难之法，浅近之言达至深之理，使读其书者不必详求而义可晓然。”意思是用简明的方法解答疑难的问题，行文浅显易懂，表达深刻的道理，读其书的人可以轻松理解其意。梅文鼎的数学著作多有创见，他利用我国古代传统的勾股算术证明了西方名著《几何原本》卷二到卷六的很多命题，用几何图形证明了余弦定理和四个正弦、余弦积化和差的公式，他认真思考，得出四等面体、八等面体、十二等面体、二十等面体的各种几何性质。康熙皇帝非常喜爱自然科学，曾经详细阅读了他的《历学疑问》，表彰了梅文鼎《历算全书》在天文、数学上的成就和高深造诣。梅文鼎小时学过《易》，对其中的“数”有独特的见解，认为“数”是实学，“虽居六艺之末，而为用甚巨。测天度地，非数不名；治赋理财，非数不核……”梅文鼎整理古算学，长于分析和总结，经过他的研究，往往三言两语，切中肯綮，千余年来纷乱的问题豁然开朗。比如《勾股举偶》仅仅一卷，篇幅短小，但将勾股问题概括为四种基本的元素：勾、股、弦、实，将此类问题解法综括无遗。另外他还对方程问题很有研究，增强了方程的科学性和实用性。

在中西学术上，梅文鼎融会二者，从而有了新的认识。梅文鼎的思想中，传统的华夷偏见很少，不歧视洋人，也不奉洋人为神明，他能够以一个学者的态度，很诚挚地、惟善是从地衡量洋人的作用。《绩学堂文抄》卷一中有梅文鼎的话“治西法而仍尊中理者，北有薛南有王”。这里的“薛”指薛凤祚，“王”指王锡阐。王锡阐带着肯定的态度去批评了《崇祯历书》，这一点和梅文鼎有相同之处，因而梅文鼎很推重他。《崇祯历书》是明末徐光启组织编辑的一部天文丛书，汇集了当时传入中国的西方天文学和数学方面的知识，并提出了“会通”的思想。因为在当时“中西之争”已经超出了学术范围，所以并没有多少中肯并有益的结论，《崇祯历书》的“会通”也仅仅局限于中西各种度量衡的转换上。真正的“会通”开始于梅文鼎、王锡阐等学者，梅文鼎认为“技取其长而理惟其是”，认为科学研究是不应该分中西的。梅文鼎生前曾经计划写作《中西算学通》，正是有这种思想，他才能够“既贯通旧法，又兼精乎西学”，“会两家之异同，而一一究其指归”。这样促使明代以来的天文学和数学的进一步发展，又将移植过来的西学在中国这块大地上培育成长。

但是，就中西学的地位，梅文鼎有自己的看法。他提出“西学中源”说，即西学是发源于中学的。明清时期动荡不安的政治环境，让一些怀有强烈民族感情的知识分子由攻读经书转而读天文、地理等经世致用之学，以图匡复明朝并光复所谓的华夏文化。比如黄宗羲就在反清失败后漂浮在海上一边讲学一边注释《授时》、《泰西》、《回回》等历书。全祖望在《梨洲先生神道碑》中讲黄宗羲“尝言勾股之术乃周公商高之遗而后人失之，使西人得以窃其传”，这就是“西学中源”说的典型。一些学者的此类提法对梅文鼎有很大影响，他的《历学疑问》、《历学疑问补》是天文领域中“西学中源”的集大成者。在论述中学与西学的异同上，认为西方天文学的许多论断都是出于中华典籍的 。如“地球有寒暖五带之说”即《周髀算经》中的“七衡六间说”；“地圆说”就是《黄帝内经·素问》中的“地之为下说”等等。“西学中源”说在数学领域中的表现就是“几何即勾股论”，在他的著作中不厌其烦的反复论述这一点。在《几何通论》中他说：“几何不言勾股，然其理亦勾股也。”诸如此类的例子还相当多。就“西学中源”说而言，实际上是一种狭隘的民族主义的产物，它主观上虽有发扬中华文化、振奋民族精神的愿望，但论证方法和总结的结论很多是错误的。严敦杰曾经指出原因：一是当时的知识水平的限制；二是过分强调了中华文化的悠久，在学术上中国是大国。这种思想被后来的戴震、阮元等人加以发挥，成为复古主义的重要的思想武器，因而很不利于科学技术在近代中国的推广和传播。

《历算全书》数学著作十四种，天文著作十五种，雍正年间刊刻行世，《四库全书》本除收入梅文鼎著作外还有本书校补者杨作枚的数学著作一种。

《四存编》

清颜元著。它包括《存学》、《存治》、《存人》和《存性》四部分的合编，所以取名《四存编》。

颜元（1635—1704），字浑然，又字易直，晚号习斋，博野（今属河北）人。中国17世纪著名学者，明清之际反理学思潮的重要代表人物。颜元小时候叫朱良邦，字易直。他的父亲颜昶过继给朱家，后复姓。顺治年间秀才，一生没有入仕，以耕种、行医和教书为生。晚年主持河北肥乡漳南书院。在学术上与学生李塨共同倡导实学，反对死读书，注重"习行"、"习动"、"践形"，后人合称为颜李学派。主要著作还有《朱子语类评》、《四书正误》、《言行录》等。

《四存编》共十卷，约十一万字。

《存治编》作于颜元二十四岁时，主要体现了他的社会理想。《存治编》原名《王道论》，全编分"王道"、"井田"、"治赋"、"学校"、"封建"、"宫刑"、"济时"、"重征举"、"靖异端"九篇，集中体现了颜元主张恢复井田、封建、学校的社会理想。1.在《王道篇》中，他认为要效法三代（指夏、商、周），必须斟酌恢复井田、学校和封建，这是实行王道政治的根基，否则就不能治理好天下。"封建"本指周代实行的公、侯、伯、子、男五等爵位的"封国建藩"的政治制度，是为维护诸侯世代相传的特权而拟订的。颜元主张恢复"封建"的目的是为了"天下安康"和"长治久安"。2.在《井田篇》中，颜元又提出了富国安民的七字"井田"纲领：垦荒、均田、兴水利，目的是为了消除社会上的贫富悬殊。对颜元而言，这是他崇尚王道政治的一种人生态度的表现。3.与一般的儒家学者不同的是，在《治赋篇》中，颜元也提出了具体的矫世变俗、强天下的六字措施“人皆兵、官皆将”，并列举寓兵于农的九大优点：（1）“素练”，是说不需要操练；（2）“亲卒”，是说士兵亲密，同乡的人，从小就在一起，情义融洽，可以同生共死；（3）“忠上”，是说忠诚于长官的指挥，如平时是邑宰（一乡的小官），战时就是千百长（军队的带领千人或百人的将校，称千夫长或百夫长），本身就经常与乡民在一起，所以能得到他们的忠诚；（4）“无兵耗”，是说不需要消耗大量的军粮；（5）“应卒难”，是说可以应付突然发生的危难；（6）“安业”，是说士兵不会逃亡，不用遣返疏散；（7）“齐勇”，是说没有老弱顶替青壮的弊病；（8）“靖奸”，是说不招募他乡那些不可靠的人当兵，可以消除军队中奸猾的人的存在；（9）“辑侯”，是说可以消除诸侯拥有重兵威胁皇帝的隐患。4.在《学校篇》中，颜元又提出了“安天下”的九字方针“举人才、正大经、兴礼乐”，“举人才”又最重要。鉴于传统科举不能得到真正的人才，甚至认为科举之害，“胜于（秦始皇）焚（书）坑（儒）”，颜元主张废除科举制，代之以征举制。

《存学编》和《存性编》都作于颜元三十四岁后。这两编确立了以“实文、实行、实本、实用”为宗旨的学术思想，极力驳斥朱陆等人学说。颜元认为朱熹的学说以主敬致知为宗旨，静坐读书为工夫，以讲论性命、天人之际为授受，以解释经书、传文、注疏，纂集历史书籍为事业；而陆九渊的思想是先立其大，通体都是宇宙，以致良知为宗旨，以为善去恶为格物，无事就闭目静坐，遇事就知行合一。他们的思想与孔孟等原始儒家的六艺不合，也与明德、亲民的思想相左。在《存性编》卷一中，他认为：“后世诵读、训诂（指汉儒的学风）、主静、致良知之学，极易于身在家庭，目遍天下，想象之久，以虚为实，遂侈然成一家而不知其误也。”在《存学编》卷一中，他指出：这种空虚不实的学风，必然导致“近世言学者，心性之外无余理，静敬之外无余功”。他认为儒学的真谛是在于“申明尧、舜、周、孔三事、六府、六德、六行、六艺之道，大旨明道不在诗书章句，学不在颖悟诵读，而在期如孔门博文约礼，身实学之，身实习之，终身不解者”。颜元又特别强调学习“六艺”以及“兵农钱谷，水火工虞”等生产、军事方面的知识和技能的重要性，表明了他的“实学”思想是以“实用”为标志。所以颜元在《存学编》卷三中说：“我夫子学与教专在六艺，务期实用。”

这两编以辨明学术为主，认为圣贤立教与异端不同，圣贤之学在于事事表现为实用，而异端则是空谈心性，并把宋朝和明朝的理学家，如以二程、朱熹为代表的理学和以陆九渊、王阳明为代表的心学，都称为异端。体现了他的经世致用的实学思想，分为两个方面：1. 治学内容是“三事三物”，“三事”是“正德”、“利用”、“厚生”，“三物”是“乡三物”，就是“六德”，包括知、仁、圣、义、忠、和，“六行”，包括孝、友、睦、姻、任、恤，“六艺”，包括礼、乐、射、御、书、数。颜元认为，六德就是尧舜所说的正德，六行就是尧舜所说的厚生，六艺就是尧舜所说的利用，所以三事也就是三物。它不仅代表了学术的正统，而且也是“实学”“实习”的对象。2. 在康熙三十五年（1696），颜元出面主持河北漳南书院，体现了他的办学宗旨和教学内容与其他书院完全不同，主要集中在文科、理科、工科和军事等方面，强调学生要博闻强识，学有专长，全面发展。特别是艺能斋所设立的水学、火学、工学、象数等科目，更开拓了知识的领域。并且他强调“实学实习”，注重培养学生动手、动脑，以养成经世致用的实干型能力。这种教学方法为晚清洋务派、改良派革新传统教育，创建新式学堂所吸取。

《存人编》作于他四十八岁时，原名《唤迷途》，共分为五唤：1. 前三唤编入卷一。一唤寻常不识字与住持云游的僧人和道人，他们只是为衣食二字，所受的蛊惑不深，还好唤。二唤参禅悟道、登高座发偈律的僧人和谈清净、炼丹火、希求白日飞升的道人。他们较前面一种人所受的蛊惑要深。但是是聪明人和静养人，只要一闻大道，也可以幡然醒悟。三唤西域的真正番僧，让异族人也回归人伦大道。有福音广被、德泽普降、与天朝人同享之意。2.后二唤编为卷二。四唤被佛教和道教迷惑的儒者，他们有的享有高名重誉，如宋朝苏轼、明朝的王世贞。颜元认为他们名义上是儒者，而实际上是佛教的信徒："邪正不明，得罪名教，一生学力，万卷文章，只此一误，举无足观，惜哉！"五唤乡下愚蠢的各种各样的邪教，认为都是旁门左道，必须"急急唤醒，恐他日奸人因以起事"，否则就会造成像汉朝末年的黄巾起义和明朝的白莲教起义，给国家和人民带来极大的损失。颜元认为他们都步入了迷途，要呼唤他们回到孔孟的正道上来。这五唤都显示了颜元为封建伦理纲常卫道的立场。因为阐述立人行事的原则，就是所说的"归人伦"，于是改名为《存人编》。

有代表性的评价。《四存编》在明清学术史以至中国学术史上，都具有重要的影响和地位。在整个清朝，无情地揭露了理学"以理杀人"本质的，首推颜元。他对李塨和戴震的思想，都有启发。所以章太炎在《说林》中说："救世大儒有两人，一曰颜元，再曰戴震。"梁启超在《中国近三百年学术史》中也说："有清一代学术，其间有人焉，举朱（熹）陆（九渊）汉宋诸派所凭借一切摧陷廓清之，对二千年思想界为极猛烈诚挚的大革命运动，其所树的旗帜曰'复古'，而其精神为'现代'的，其人为谁？曰颜习斋及其门人李恕谷（李塨）。"

本书的版本。主要有光绪五年（1879）《畿辅丛书》中的《颜习斋遗书》本；1957年北京古籍出版社排印的王星贤点校本；2000年上海古籍出版社的《习斋四存编》，以1923年四存学会《颜李丛书》排印本为底本，前有专家导读。

《仁　学》

《仁学》，谭嗣同撰。谭嗣同，字复生，又字佛生，号通眉生，又号壮飞，署名华相众生，又署东海褰冥氏，湖南浏阳人。同治四年（1865）二月，生于北京，牺牲于光绪二十四年（1898），享年三十三岁。

谭嗣同小时受母亲影响甚大，谭母具有中国传统妇女质朴、淳厚、节俭、刻苦的品德，对子女爱护，但要求严格。1885 年，谭嗣同 21 岁时，由兰州到陕西省，乘船由丹江到淅川，又由汉水到襄阳，直达武汉，后来又回到兰州。此后十余年间他到各地漫游，结交了刘人熙，跟他学《船山遗书》、《宋元学案》、《明夷待访录》；又受到对算学、格致学精通的吴樵的影响，还受到傅兰雅的熏陶，初步接触西方文化。1893 年谭嗣同参与维新运动，第二年开始写《仁学》到 1897 年 4 月《仁学》，定稿完成。1898 年 8 月戊戌变法失败后，谭嗣同等六君子遇难。著有《廖天一阁文》、《莽苍苍斋诗》、《远遗堂集外文》等，其中尤其以《仁学》影响最大。

《仁学》一书，分自序、界说、上、下四个部分，内容丰富，是晚清社会思想和学术理论的集大成著作。在《仁学》中虽然没有形成一套完整的系统的理论体系，但它包含的知识面和谭嗣同对西方文化的认识，是前人无法比拟的。从《仁学》中可以看出引入了许多西方的科学知识，表现了他对资产阶级民主的憧憬。在晚清思想界中，办学会，交流思想；办报纸，宣传时事；出版新著作，多介绍西学，谭嗣同都积极参加，因而《仁学》的形成不是偶然的。

《仁学》包含丰富的思想，首先是政治方面的。一是谭嗣同反对君主专制，谭嗣同对“君权神授”予以猛烈的批判。理论上指出“生民之初，本无所谓君臣，则皆民也。民不能相治，亦不暇治，于是共举一民为君”，认为君主是民选的，而非万古相传的。他还认为历代专制君主是窃国大盗，是“独夫民贼”，他们据天下为己有，纵情淫乐，独断专权，欺压百姓。同时，谭嗣同还以生气勃勃的战斗者姿态抨击封建纲常名教，显示了反封建的大无畏精神。对封建纲常残害妇女，“残毁其肢体”，认为是“酷毒”，“尤杀机之暴着也”。二是提倡民主主义。《仁学》一书，富含丰富的民本思想，谭嗣同认为“天下非一人之天下，天下之天下也”。他根据近代进化论观点，否定了传统文化中“先王”的观点，伸张了儒家的民本思想。他还指出社会之初君臣无分，君是人民选择的，是为人民服务的。同时，更为鼓舞人心的是，谭嗣同激烈反对清朝统治，认为清政府是历代最黑暗、最腐败、最残暴的社会，清朝统治者带着奴隶制度的残余，入关后大肆烧杀掠夺，其君主“其心则禽心也”。但是谭嗣同的思想表现反清实则为反满，另外对清皇朝的讨伐，也是以暴君酷吏为主，对构筑皇权的封建体制仍抱有幻想，所以仍未脱离改良主义的旧窠，因而有很大的局限性。

哲学上也有很突出的特点。《仁学》有丰富的哲理，反映了谭嗣同的学术宗旨和治世精神。谭嗣同力图思想上打倒不合潮流的偶像，冲决一切束缚人们的网罗。再者，《仁学》中“仁”的感念，在古代就是一种含义广泛的道德观念，到明代王阳明讲“仁”则离不开格致，而谭嗣同“仁”却有双重意义，包括理论的和实践的。从理论上来讲，表现为一种思想体系，一种宇宙观；从实践上来看，表现为开拓进取，致力改革的力量，表现为追求人的理想。从而可以看出，谭嗣同对“仁”的解释有鲜明的时代特色。

关于佛学思想，谭嗣同从小就经历过各种挫折，但他一直意志坚强，在后来的各种事业中，面对腐败的官场，心中充满凄凉，又遇到众多无法以己所学可以解决的问题，于是向往梁启超等人热衷的佛学。在《仁学·十七》中谭嗣同说“故尝谓西学皆源于佛学，亦惟有西学而佛学乃复明于世”，认为佛教是天底下最广大、最醇厚的一门学问，将它作为攻击旧秩序的强大的武器。在《仁学》中，谭嗣同也重视心的观念和力量。认为人力做不到的，心可以办到，心的力量超乎寻常的大。他自认为找到了帮助他开启心智、建立“仁学”体系的钥匙，即为佛学，于是对佛学倾注了极大的兴趣和高度的热情，将对传统文化的研究转而为到佛学上来，以佛为本，西学为用。谭嗣同用佛学这一宏伟的理论框架来容纳他所吸收的种种知识，认为惟有“不中不西，即中即西”的学科才可容纳百川，为此倍感欣喜。在《仁学》的佛学思想中亦有可贵的平等思想，主张以“仁”通天下，有人类平等、博爱的思想。

《仁学》中的经济思想，是谭嗣同救国齐世的宣传书中重要的一项内容。他提出很多振兴经济的计策，目的是发展民族资本主义，增强国力。谭嗣同在当时还提出了消费生产的口号，以对抗两千年的“崇俭”的思想，无疑有胆识、有魄力。另外他还认为中国经济是自给自足的不求进取的小农经济，故而提出抑制小农经济，发展机器生产的理论，并为此提出很多方法，比如“积累资金”，“减免赋税”等，《仁学·二十四》说“为今之策，上焉者，奖工艺”等等。再者提倡中外通商，互利合作，但对西方列强经济侵略认识不足，也有不少的缺陷。

总之，《仁学》利用物理学上的一些概念来解释“仁”，提出了“仁以通为第一义”的观点，抨击封建专制及其纲常名教，宣传了民权、平等的学说，疾呼冲决一切封建网罗，尽破一切“不仁”，提出发展资本主义的主张等等，有积极的意义。《仁学》撰写出来后，首先由梁启超在日本印行，1899 年曾经在《清议报》、《亚东时报》上刊登，后来收入《谭嗣同全集》。《谭嗣同全集》1954 年由三联书店出版，中华书局 1981 年增订再版。

《章氏丛书》

《章氏丛书》，作者章炳麟（1869—1936），近代民主革命家、学者。字枚叔，后改名绛，号太炎，浙江余杭人。年少时从清代经学大师俞樾学习经史，但无心科举，1897年任《时务报》编辑，因参与维新变法被通缉，流亡海外。1900年，鉴于民族危亡的日益深重，章炳麟剪掉长辫，立志革命。1903年，他发表《驳康有为论革命书》，驳斥了保皇派的改良主义谬论，宣传了革命，但因苏报案入狱。1906年出狱后到日本，主编《民报》，他的学术论著也主要在此时完成。辛亥革命时，他回国参加了孙中山政府，主编《大共和日报》。1913年宋教仁被刺杀后，他参加讨伐袁世凯的斗争，被袁世凯幽禁。1917年，章炳麟参加护法军政府，任秘书长。五四运动后，他渐入颓唐。1924年，他退离国民党，以讲学为业。九一八事变后，有赞助抗日救亡运动的表现。1936年，章炳麟在苏州病死。他的学术论著对中国近代哲学、历史学、语言学都有所贡献。

《章氏丛书》是章炳麟于1914年被幽禁时，亲自手定所成，所收入的著作，主要是学术论著，革命文章大多被删除。该书主要有两个版本：一是1915年上海右文社铅印本，错误较多，包括《春秋左传读叙录》一卷，《镏子政左氏说》一卷，《文始》九卷，《新方言》十一卷附《岭外三州语》一卷，《小学答问》一卷，《说文部首均语》一卷，《庄子解故》一卷，《管子余义》一卷，《齐物论释》一卷，《国故论衡》三卷，《检论》九卷，《太炎文录初编》两卷等十二种。二是1919年浙江图书馆校刊本，这个版本较上海右文社铅印本增加了《齐物论释复位本》一卷、

《太炎文录补编》、《葑汉微言》等三种。此外，该书还有上海古书流通处印本和上海世界书局石印本等版本。这套丛书还有续编本，即《章氏丛书续编》，主要包括《广论语骈枝》、《体传录》、《太史公古文尚书说》、《古文尚书拾遗》、《春秋左氏疑义答问》、《新出三体石经考》、《葑汉昌言》等七种。

章炳麟的知识渊博，学术研究涉及经学、史学、语言学等各个方面。《章氏丛书》中的著作，主要涉及章氏学问的经学、文字学、诸子学三个方面：

章炳麟尊奉古文经，常借助古文经论证自己的观点，但他不墨守成规，而是对经学进行了批判式的研究，推陈出新，提出新的见解。他对经学的研究以《周礼》和《左传》为本源，由此延伸到《诗经》、《尚书》等经书。本丛书收入的章氏论经著作，主要是他对《左传》与《尚书》的研究，有《春秋左传读叙录》、《镏子政左氏说》、《春秋左氏疑义答问》、《太史公古文尚书说》和《古文尚书拾遗》等书以及《国故论衡》的部分篇章。这些论著表达了章炳麟对经学的看法，如他认为“六经皆史”，即经书都是史书；他还认为经书本来只是官方的书籍，后来由孔子删改而成为经书，并不是孔子凭空制作六经，孔子并不是神。另外，章炳麟还提出了研究经学的原则，如坚持“六经皆史”、经世致用等。

小学即文字学，它研究文字的形、音、义以及发展演变。清代文字学发达，章炳麟承其余绪，青出于蓝胜于蓝。《文始》九卷，作于清末在日本讲学时，该书从声音上考求古代文字衍生变化的情形，是一部以声音为部类的字典。《新方言》十三卷，探讨中国语言的地理分布，从而由各地语言推证古代文字的意义。此外，《小学答问》一卷，明本字、假借字的流变，《国故论衡》上卷十一篇专论文字、音韵的要义，《说文部首韵语》考证《说文》。章炳麟对小学的研究不仅是为了辅助经学、史学等的研究，而且还是出于规范汉语的认识。如何使汉语的发展规范化，成为近代真正统一的民族语言，是章炳麟的有关近代民族文化建设研究的一个重大课题。他的小学成就，影响了一代学人，辛亥革命后的大学语言学讲坛上，他的学生具有举足轻重的地位。

章炳麟对诸子学的研究，尤精于老庄之学。一方面，他以佛教理论解释老庄之学；另一方面，又把老庄之学同西方的哲学家康德、斯宾格勒等人的哲学相印证。本丛书收入的这方面的著作有《庄子解故》，《管子余义》，《齐物论释》，《菿汉昌言》，《齐物论释复位本》，《检论》的《订孔》，《原墨》，《原法》，《道本》等篇，《国故论衡》下卷的《原学》、《原道》等篇。章炳麟的这些著作论证精辟，发前人所未发，他自称《齐物论释》是“一字千金”。胡适在《中国哲学史大纲》中认为，章炳麟对诸子的研究著作是“空前之著作”，建立了另一种有条理有系统的诸子学。章炳麟对诸子学的研究成果，也体现了他的哲学思想。

《章氏丛书》还涉及章炳麟对文学的看法，在《国故论衡》的《文子总略》中，他给文学下了一个定义：把文字写在竹简或丝帛上（在纸未发明以前，古人用竹木片或丝帛做书写材料）叫文，以文字写于竹简和丝帛上的法式叫文学。

章炳麟不仅是一位学者，也曾是一位革命家。但《章氏丛书》中的著作几乎和革命无关，都是学术著作，他发表在《民进报》等刊物上的革命文章都被排除在外，说明章炳麟已经变得颓唐，无心时事。所以，要了解章炳麟的革命活动以及革命思想，不能仅靠《章氏丛书》。这套丛书主要体现了章炳麟对国学研究的深厚造诣，它对中国学术史的发展有重要贡献，也是研究章炳麟学术成果的重要史料。

《吴虞文录》

吴虞，字又陵，又作幼陵，清同治十一年（1872），生于四川成都，一说是1871年，1949年病逝。他原名永宪，后改名为虞，出生于一个封建地主家庭，从小就习见了父亲的虚伪、残暴、无情，为他后来的反封建、反礼教思想埋下了种子。年轻时代的吴虞，深受新思想的影响，1905年他变卖家产，到日本法政大学学习政法。在此之后，一直到1907年回国之前的两年时间里，他学习了西方孟德斯鸠、约翰·穆勒、斯宾塞、卢梭等人的著作，确立了反封建专制、反封建伦理道德的思想，完成了思想上的伟大转变。1907年回国后，他通过《蜀报》《公论日报》《四川政治公报》等报纸杂志，发表了许多非儒、非孔的文章。1915年，陈独秀在上海创办《新青年》，他又以积极的态度投稿《新青年》。吴虞在新文化运动中，高举“打倒孔家店”的大旗，对孔学和封建旧礼教、旧道德进行了比较系统的批判，为新文化运动立下了汗马功劳，是新文化运动的主要代表人物之一。在反孔方面，他是与陈独秀齐名的人物，胡适也热情地称赞他是“四川只手打孔家店的老英雄”，是中国思想界的清道夫。

《吴虞文录》是吴虞最早、也是最重要的著作汇编，1921年由上海亚东图书馆出版发行。《文录》分卷上、卷下，收录了吴虞在此前发表的或尚未发表的作品14篇，另有附录2篇。所收的作品，如《家庭制度为专制主义之根据论》、《儒家大同本于老子说》、《礼论》、《儒家主张阶级制度之害》、《消极革命之老庄》、《读〈荀子〉书后》等，大都是于1917年1月至7月在《新青年》上发表的。这些文章笔锋尖锐，论证深刻，影响广泛，是吴虞最重要的代表作。因此，《吴虞文录》也成为研究吴虞思想的最重要的资料。

胡适先生在《吴虞文录序》中曾总结了吴虞的论证方法，他认为方法有二，一是，首先证明种种旧礼法制度都是“根据于儒家的基本教条，然后证明这种礼法制度都是一些吃人的礼教和一些坑陷人的法律制度”；二是，“从思想史的方面，指出自老庄以来，也有许多的古人不满意于这些欺人吃人的礼制，使我们知道儒教所极力拥护的礼制在千百年前就已受到思想家的批评与攻击了，何况在这大变特变的社会”，从而为倒孔提供思想史上的依据。胡适先生的评价是非常深刻的。《吴虞文录》中的诸篇文章，基本上可以按此思路分为两类，一类如《家族制度为专制主义之根据论》、《说孝》、《礼论》、《吃人与礼教》、《儒家主张阶级制度之害》等。在这些文章中，吴虞首先抓住了儒家的核心“孝”字，接着论证了孝与忠，孝与礼，礼与刑即法律制度的关系。吴虞指出，封建统治者“利用忠孝并用，君父并尊的笼统说法，以遂他们的专制的私心”，这才是封建统治者口口声声称“孝乃百行之首”的真正原因，然而“怕有人看穿了他们的手段，揭露他们的黑幕，于是把严厉囫囵的话来威吓一般的在下的人”，“有时而穷，又拿刑来补助礼的不足”。从而无情揭露了封建统治者的罪恶目的。最后，他通过将欧美各国的宪法、民法、刑法与《满清律例》、《四书》、《六经》等对照，找出中国的封建专制和西方的民主“立宪”的优劣，用纯粹的实际效果的标准去批判中国旧的法律制度，指出以儒家为基础的法律制度是“不合现代生活的”，从而完成对儒家思想的批判。胡适称他的以实际效果为标准的方法是最严厉而又最平和的方法。另一类如《道家法家反对旧道德说》、《儒家大同本出于老子说》、《消极革命之老庄》《明李卓吾别传》、《墨子的劳农主义》等，主要阐述了老子、庄子、墨子、李斯、李贽等人的反礼教的思想。吴虞当时所写的文章，并不是为学术而研究学术的，而是针对当时的遗老遗少阻碍着新思想的产生，阻碍着新的“共和制度”的产生，他才不得不借助于学术去进行战斗的。老子的“绝圣弃智”、“绝仁弃义”的思想是吴虞宣扬道家思想的一个重点。儒家所提倡的仁义、礼智、忠孝，并不是从来就有的，而是社会出现混乱后，“圣人”“贤人”们才提出来的。但如果按照道家提出的返璞归真、无私无欲，儒家的那一套就根本没有用武之地。在《墨子的劳农主义》一文中，吴虞还特别歌颂了墨子的思想：墨子既反儒家的旧道德，又主张“实行”，即人人耕种。吴虞除了吸收老庄等人的反礼教思想为自己反孔服务外，还有一层意思：通过歌颂道家、法家、墨家的反礼教的思想，表达自己的民主、自由、平等的主张。他在评论墨子的思想时说，“墨子毁礼，恐怕不光是因为烦扰的缘故，也和他上下同等及兼爱的主张跟上不兼容罢了”。吴虞在批判旧礼教的同时，也提倡新思想，如他批判孝，同时也指出“父子、母子，不必有尊卑的观念，却当有互相扶助的责任。同为人类，没有什么恩，没有什么德，要承认子女自有人格，大家多向个人的路子走。从前讲孝的说法，应该改正”。他用平等自由的思想来反对封建社会的那种上下尊卑的等级森严的观念，在当时无疑具有进步的意义。《吴虞文录》中还有另外一些文章，如《〈四川法政学校同学录〉序》、《〈松冈小史〉序》、《〈圆明语〉序》等阐述吴虞在其他方面的思想。如《〈四川法政学校同学录〉序》，首先是类似于中国古代教育小史的文字，接下来就是吴虞对教育目的、师生关系、课程设置等方面的看法。从这些主张中，我们还是可以看到吴虞是受到西方近代教育思想影响的。

《吴虞文录》不仅充满了反封建礼法制度的勇猛精神，而且把儒家的伦理学说和政治上的专制制度、社会组织上的家族制度当作三位一体的东西加以攻击，使当时无数的长期在封建思想压制下的青年学生，受到极大的振奋。吴虞的有些思想在今天仍有意义。如他提出的“商君、李斯破坏封建之际，吾国本有由宗法社会转向军国社会之机”，而最终没有实现转型的原因，是由于“家族制度为之梗”等等，这些命题，今天仍是中国文化研究的一大课题，吴虞的观点无疑也具有参考价值。但是，他对儒家的一些见解，如对儒家文化和西方的资产阶级学说所采取的一刀切的方法，他的以实际效果的标准，都还有可以商榷的地方。在阅读该书时，应当注意。

除了《吴虞文录》外，正式出版的吴虞著作还有《吴虞文续录》、《别录》、《秋水集》，近人编有《吴虞集》（1985年四川人民出版社出版），收集了吴虞过去散见于一些报刊和发表过的诗文书信，可以作为《文录》的补充。

《楚 辞》

“楚辞”是战国后期楚国屈原等人创作的诗歌，是当时产生的一种富有南方地方特色的新诗体。“楚辞”的名称最早见于西汉前期。汉人称之为“辞”或“辞赋”。因为《楚辞》中最有代表性的作品是屈原的《离骚》，所以后人也以“骚”来指称《楚辞》。从汉代开始，“楚辞”成为屈原等人作品的总集名，此时，“楚辞”已经成为一门专门的学问，为帝王所喜爱并且与六经并重。《楚辞》是继《诗经》之后的又一部诗歌总集，共十六卷。原有十六篇，包括屈原的《离骚》、《九歌》、《天问》、《九章》，宋玉的《九辩》，景差的《大招》，贾谊的《惜誓》，淮南小山的《招隐士》，东方朔的《七谏》，严忌的《哀时命》，王褒的《九怀》和刘向的《九叹》，其中《远游》、《卜居》、《渔父》三篇是否屈原所作尚未定论，《招魂》一篇近人多认为当出自屈原之手。东汉王逸为《楚辞》注释又增入己作《九思》，遂成十七篇。

楚地的风谣叫“南音”，其狭义即为“楚声”。屈原的辞赋是采用赋的调子，又吸取了“南音”而成的。“楚声”的音调“悲壮顿挫，或韵或否”，语言上惯用“兮”字。项羽的《垓下歌》、刘邦的《大风歌》都是依楚声而作。“楚辞”之作是本于楚地风谣，由屈原扩展为鸿篇巨制。其直接渊源应是《九歌》。《九歌》相传夏代已经出现了，当时还只是神话性质的。流传到战国，由于楚地巫风极盛，就沾染了浓厚的巫术色彩，成为当时祭祀的巫歌。屈原根据这类巫歌修改、加工成为现存的《九歌》，从现存的《九歌》来看，其中含有浓厚的巫歌色彩，虽经屈原润色、修饰，但加工的成分并不多。屈原加工过的《九歌》是合乐的，至汉朝仍在传唱。

屈原（约前 340 — 约前 278），本名屈平，原是他的字。屈原是楚国的贵族，《史记·屈原列传》说他是“楚之同姓”，但就亲属关系上说，他和楚王已比较疏远。他幼年贫贱，他的《惜颂》说“忽忘身之贱贫”，可能早年在郢都附近的乡村居住过。东方朔《七谏》说：“平生于国，长于原野。”后来做了楚兰台宫的文学侍臣，曾以侍臣身份跟随楚王游猎。《史记·屈原列传》说他：“为楚怀王左徒，博闻强志，明于治乱，娴于辞令，入则与王图议国事，以出号令；出则接遇宾客，应对诸侯。王甚任之。”屈原得到楚王信任提为左徒。外交上屈原主张联合七国“合纵”抗秦。曾东使于齐，并促成楚国联合五国攻秦，诸侯推怀王为“纵长”。内政上他力主改革，把举贤授能、修明法度作为政治准则。由于触犯了贵族集团的利益，屈原遭到中伤，被怀王疏远失去左徒职位，任闲官三闾大夫。怀王十七年，怀王被秦国的张仪所骗，与齐国绝交，后又恼羞成怒，兴兵伐秦，遭到彻底失败。不得已又派屈原出使齐国，齐楚复交。然而秦昭王初立，与楚国定黄棘之盟，再次背齐合秦，屈原也被流放汉北。楚国内政腐败，在外又连吃败仗，秦昭王乘机约怀王入秦会盟，并扣留怀王。怀王最终死在秦国，楚顷襄王立，屈原痛恨子兰劝怀王入秦，遭到子兰和上官大夫的诋毁，被顷襄王怒迁江南。公元前 278 年秦将白起攻拔郢都，烧毁楚王先墓，顷襄王逃往陈城。屈原在楚国南部辗转漂泊，忧愁幽思，终不能忘怀国事，最后在绝望中怀石自投汨罗江而死。

宋玉是屈原以后重要的楚辞作家，后代人常以“屈宋”并称。宋玉在屈原之后，主要活动在顷襄王时期，好辞善赋，仿效屈原的作品进行创作。宋玉出身低微，性格软弱，仕途不顺，作品多抒发文人落拓不遇的悲愁。

《离骚》是屈原最重要的作品，是带有自传性的抒情长诗，作于屈原见谗被疏，流放汉北之时。作品前一部分写屈原生平遭遇，自述家世出身。他说自己是“帝高阳之苗裔”，有一个美好的生日，自己既有内美又有修能，为国家利益“奔走先后”，却遭到坏人的谗毁，表现了理想和现实之间尖锐的冲突及诗人为实现政治理想而进行的顽强斗争。后一部分诗人在幻想中展开抒情，是对未来道路的探索。他上下求索，结果欲见天帝而不得，欲求美女而无获，欲听从灵氛劝告去国远游，但在乘龙西游中看见楚国故土，终不忍离去，决心以死来殉自己的理想。屈原诗篇中表现最强烈的是爱国主义精神，虽遭到谗毁和打击，仍要为祖国寻求前途和出路，爱恋乡土之情让他欲去不忍，既行又止，终于留在祖国。他的诗与其政治理想有不可分割的联系，表现了理想和理想的不能实现之间的尖锐冲突。《离骚》具有极为鲜明的个性化特征，在中国文学史上第一次出现了富有个性特点的抒情主人公的形象和集中表现个性的诗篇。它驰骋想象，大量运用传说，将历史、现实、天国、人间相交织，创造出奇特瑰丽、绚烂多彩的幻想世界，具有强烈的艺术魅力，有高度浪漫主义特点。其中“香草美人”的比兴手法对后世产生了深远影响。

《九歌》中有悼念阵亡战士的祭歌，有对神的礼赞和与神的恋歌。对人物感情刻画细腻，环境描写优美。

《九章》有九篇：《惜颂》、《涉江》、《哀郢》、《抽思》、《怀沙》、《思美人》、《惜往日》、《橘颂》、《悲回风》，多抒写诗人在两次放逐中的经历和思想，表达追求理想怀恋故国的忧思怨愤之情，其精神与《离骚》基本一致。用直接倾泻和反复吟咏的方法抒情，结构跌宕、意味深长。

《招魂》是屈原招楚怀王之魂，借巫阳口气陈说四方上下如何可怕，而故乡如何可爱，劝所招魂魄归来安享。想象奇诡，铺陈华丽，开汉大赋的先河。

《天问》中屈原从宇宙问起，就日月星辰、地理知识发问，从古代传说和历史一直问到楚国，参差错落，生动条理，想象丰富。反映了诗人朴素唯物主义宇宙观和孜孜以求的探索精神。

《远游》写因遭时混浊，不容于世。而离群遁逸，浮游八极的情形。

《卜居》写屈原被放逐，向太卜郑詹尹提出诸多世道不清、是非颠倒的疑问，借此以宣泄愤世疾俗之意。《渔父》记述屈原在流放中与一渔父的问答之辞，表现渔父的随波逐流与屈原不向世俗妥协的态度的尖锐对立。

《九辩》是宋玉借古曲名为题，抒发了其“贫士失职”的不平与感慨，是一首自述性的长篇抒情诗。善于借景抒情融情于景，句法多变，语言优美，诗中有关秋景的描绘，对后世文学“悲秋”传统的形成影响很大。

《大招》内容形式与《招魂》类似，是景差招屈原所作。

《楚辞》各篇语言优美，想象丰富，打破了四言体的诗歌格局，创立了句式参差结构富于变化的楚辞诗体。汉赋就是受楚辞的影响而发展起来的。其寄情以物、托物以讽的手法对我国古代诗文有极大影响，驰骋想象的手法影响了诗歌领域的浪漫主义创作。神话传说的运用启发了后世小说诗歌的创作。宋玉的秋景描写更成为“悲秋之祖”。

《楚辞》的注本很多，较著名的有：东汉王逸的《楚辞章句》、宋代朱熹的《楚辞集注》和清代王夫之的《楚辞通释》等。

《陶渊明集》

《陶渊明集》是东晋诗人陶渊明的诗文集，又称《陶潜集》、《陶靖节集》、《陶彭泽集》。

陶渊明（365—427），字元亮，入宋之后改名潜，字渊明，浔阳柴桑（今江西九江东南）人。曾任彭泽令，后世称陶彭泽；去世后，私谥靖节，世号靖节先生。秉性闲静，唯好读书。东晋孝武帝太元十八年（393），因为“亲老家贫”，出任江州祭酒，不久解职归家。隆安四年（400），为荆州刺使桓玄幕僚。元兴二年（403），第三次出仕，任镇军将军刘裕的参军和江州刺使、建威将军刘敬宣的参军。义熙元年（405）八月，为彭泽令。在官仅八十余日，“不能为五斗米折腰向乡里小儿”，复归田园。十三年间，三进三出官场。

陶渊明的思想。一般认为是儒、释、道三家兼而有之，而以儒、道为主。从儒家思想来说，他既接受了积极入世思想的影响，早年希望建功立业，中年多次进入官场，归隐后仍一直关心现实；又接受了儒家的独善其身思想的影响，特别是在归隐之后，一直是他怀抱理想、坚守独立人格的精神支柱。从道家而言，他主要接受了庄子的影响。对真朴的追求，对田园山水的热爱，傲视世俗、高逸闲淡的人生态度，以及无君的思想，都是这种思想的体现。同时，他的乐天安命、及时行乐以及人生幻化等思想，也是受道家影响的结果。特别是人生幻化，也有佛家影响的因子。而他的最终归隐田园，原因是复杂的：身处晋、宋之际的乱世，政权朝夕变化，兵连祸结，篡乱不已，他不愿卷入可怕的政治漩涡，因而视做官为畏途；又亲眼目睹官场的腐败黑暗，特别是迎来送往、卑躬屈膝；生性疏漫，爱自由闲适，儒家的独善其身和佛、道的出世思想的影响也是不可忽视的因素。

《陶渊明集》一书，是梁代萧统在陶渊明死后收集整理编辑而成，共八卷，其中，诗四卷，收四言诗九首，五言诗一百一十六首；赋一卷；文三卷。

陶渊明能诗善文，但主要成就在诗歌，历来他也是以一个诗人的身份在文学史占有重要的地位。诗歌的主体是五言诗，而最重要的是田园诗和咏怀诗。

1. 咏怀诗。内容丰富，既有中年的游宦行役之作，又有晚年归隐后的抒怀之作。这类诗继承了汉魏以来的抒情言志的诗歌传统，真实地表现了作者在不同时期的理想、志趣和人生感受。在官时，常常是身在官场，而心在田园："目倦川途异，心念山泽居。望云惭高鸟，临水愧游鱼。真想初在襟，谁谓行迹拘？"（《始作镇军参军经曲阿作》）"久游恋所生，如何淹在兹？静念田园好，人间良可辞。"（《庚子岁五月中从都还，阻风于规林二首》）"诗书敦宿好，林园无世情。如何舍此去，遥遥至南荆！"（《辛丑岁七月赴假还江陵夜行涂口》）等，充满的都是对自己出仕的怀疑和对恬静田园生活的怀想。毅然归田后，矛盾并未离开，依然缠绕心头，如《杂诗》其二的"气变悟时易，不眠知夕永。欲言无予和，挥杯劝孤影。日月掷人去，有志不获骋。念此怀悲凄，终晓不能静"。归田的欣悦在路途中和在与农人的闲谈中渐渐消逝了，壮岁消磨的刻骨铭心在清幽的素月辉光里，凸现得那么叫人不可忘怀，深藏在内心的渴望又昂扬起来，面对的却是排遣不开的愁闷现实。心中的块垒郁郁莽莽，却又对谁人倾诉？悲凄的诗人的对面只有他自己苍凉的身影。而《咏荆轲》"惜哉剑术疏，奇功遂不成。其人虽已没，千载有余情！"写的又何尝不是诗人自己的那悲歌慷慨、激情淋漓的一面？

2. 田园诗。这是他诗歌中最为后人称道、叹为不可及的作品，主要内容有：（1）对田园自然风光的描绘和对恬静朴素境界的热爱。如写于归田之初的《归田园居》五首，表达了归田的喜悦和“真意”的独适，“采菊东篱下，悠然见南山”“此中有真意，欲辩已忘言”最为后人津津乐道。（2）描写自己的躬耕生活，表达了自己与百姓的亲密感情。如三十九岁所写的《癸卯岁始春怀古田舍二首》，写了第一次参加劳动的体验和认识：“秉耒欢时务，解颜劝农人。平畴交远风，良苗亦怀新。虽未量岁功，即事多所欣。”还有与农人“相见无杂言，但道桑麻长”的亲切交谈和“晨兴理荒秽，带月荷锄归。……衣沾不足惜，但使愿无违”的农民式的愿望，都是要经过相当的实际耕作才能有的体会，（3）描写自己的生活困顿和农村的荒凉残破，表达了自己守节固穷的品德和困苦中的慷慨不平。

陶渊明诗歌的艺术特色。总体风格是省净冲淡，质朴自然，在东晋独标高帜。具体表现为：（1）平淡自然，亲切淳真。平淡是因为其内容贴近自己生活的实际，不奢华凡俗，简淡平和；淳真是因为其感情真挚朴素，不故作诗人姿态，也不故作豪言壮语。萧统《陶渊明集序》说：“语时事则指而可想，论怀抱旷而且真。”宋代陈师道在《后山诗话》说：“渊明不为诗，写其胸中之妙耳。”陈绎曾《诗谱》也说：“陶渊明心存忠义，心处闲逸，情真景真，事真意真，几于十九首。”（2）浑融完整，意境高远。诗中的自然景物，不重工笔刻模，也不拘眼前实有，而与心相和，与意相融。（3）语言精工而本色。梁代钟嵘《诗品》称陶诗：“文体省净，殆无长语。”苏轼《与苏辙书》说：“质而实绮，癯而实腴。”明代唐顺之《答茅鹿门知县》说：“陶彭泽未尝较声律，雕文句，但信手写出，便是宇宙间第一等好诗。”当然他的诗歌也有慷慨豪放的，但不占主流。

陶渊明的辞赋和散文。有三篇辞赋：《闲情赋》、《感士不遇赋》和《归去来兮辞》，前两篇都是在前人的基础上的仿作。而第三篇最为出色，这是他与官场的诀别书。全文真情袒露，平淡之至，叙议结合，骈散相间，语言省净，铅华洗尽，是体现作者人格与风格的代表作。散文中，《桃花源记》是文学史和思想史的一篇奇文，虚构了一个乌托邦式的桃花源，成为理想社会的代名词。

陶渊明的影响和评价。陶渊明在当代无论是为人还是作品，影响都不大，这与时代风气有极大的关系。南朝四代，是一个士族控制了政治、经济和文化的社会，在生活上追求声色奢华，风气虚浮，而文学上盛行的是讲究谈理论道、发言玄远的玄言诗和模山范水、注重声律辞藻的颜延年、谢灵运之类的山水诗。直到梁代，钟嵘、萧统等人才开始注意到陶渊明，但评价不高。从唐代以后，陶渊明的人格和文格才大肆风行。（1）从人格而言，李白的不愿摧眉折腰事权贵，高适的不愿“拜迎官长”和“鞭挞黎庶”而辞去封丘县尉，“转忆陶潜归去来”，都与陶渊明一脉相通。（2）从文格而言，清人沈德潜说：“陶诗胸次浩然，其中有一段渊深朴茂不可到处。唐人祖述者，王右丞（维）有其清腴，孟山人（浩然）有其闲远，储太祝（光羲）有其朴实，韦左司（应物）有其冲和，柳仪曹（宗元）有其峻洁，皆学陶焉而其性之所近。”鲁迅《题〈未定草〉》说：“就是诗，除论客所佩服的‘悠然见南山’之外，也还有‘精卫衔微木，将以填沧海，刑天舞干戚，猛志固常在’（陶诗《读山海经》）之类的‘金刚怒目’式，在证明着他并非整天整夜的飘飘然。这‘猛志固常在’和‘悠然见南山’的是一个人。倘有取舍，即非全人；再加抑扬，更离真实。”可以看作定论。

现在可以考见《陶渊明集》的版本最早的有两种：一是南朝梁代的昭明太子萧统编辑的《陶渊明集》，一是北齐阳休之编的《陶潜集》十卷。注释本中，清人陶澍的《靖节先生集注》十卷本综合了以前诸家的考订成果，堪称集评论、注释之大成，有文学古籍刊行社 1956 年排印本。今人的《陶渊明集》注本，以王瑶、逯钦立两家为代表。王本诗文分编，各按时代先后编年排列，注释简明，有人民文学出版社 1956 年版。逯本注释简略，卷末附有

《陶渊明事迹诗文系年》，有中华书局 1979 年版。这三本是目前最通行也最实用的版本。

《文　选》

南朝梁代萧统主编。萧统（501—531），字德施，南兰陵（今江苏武进西北）人。梁武帝萧衍长子，出生于襄阳（今湖北襄阳）。出生的第二年就被立为皇太子。萧统聪明颖慧，仪容美好，性情和蔼，笃信佛教，穿着朴素，不喜声色。又好山水，在宫中凿池作沼、立亭树馆，常与朝士名流在其间游览。特别爱好文学，东宫藏书有三万卷，常常招纳才学之士，“商榷古今”，著述文章，《文选》就是他和他的才人学士们编撰出来的。中大通三年（531）因落水染病，未到即皇帝位就身亡，谥号昭明，后世称为昭明太子。萧统有文集二十卷，可惜已经散佚。还撰集有《正序》十卷，《英华集》二十卷，二书到唐代时也亡佚。另外编辑有《陶渊明集》七卷，今存。

《文选》，又叫《昭明文选》，全书共三十卷，唐代李善注分为六十卷。收录从先秦到南朝梁代初年一百三十位作者和若干无名氏的作品共七百多篇。它是我国现存最早、影响也最大的文学总集。

一般认为，本书编辑的宗旨、选文的标准、范围和编辑的体例等，都应出自于萧统的意见。当然，编辑工作是由他手下的才人学士共同倾力完成的。从《文选序》来看，它的编撰原则是“综辑辞彩”、“错比文华”、“事出于沉思，义归乎翰藻”，也就是说，他把讲究“辞彩”“文华”“翰藻”的文章才看作“文”，而把以立意为宗、以发表意见为主的属于经、史、子的看成“笔”，排除在外。“文”与“笔”的区分很明显，这个编选原则文学性很强，体现了自东汉末年以来文学自觉潮流的积极成果，为文学的独立立下了很大功劳。在萧统之前，三国时魏国的曹丕在《典论·论文》中说“盖文章，经国之大业，不朽之盛事”，就被鲁迅先生认为标志了“文学自觉时代”的到来，预示了文学作为经学附庸的历史就要结束。之后，人们对文学的自身特质和作用的认识越来越深刻。南朝宋文帝在元嘉十五年（438）在首都建康（今江苏南京）建立了儒学、玄学、史学、文学四馆，说明文学已经取得了和儒学、史学并列的地位。之后，范晔在《后汉书》中设《儒林传》外又增设《文苑传》，把经学家和文学家分开。加之，也是从魏晋建安时期开始，对文学创作的题材、体裁和风格的辨析越来越细致，对文学自身的审美特质和艺术发展规律的探讨也越来越精深，出现了陆机的《文赋》、钟嵘的《诗品》、刘勰的《文心雕龙》等文学批评著作。再到梁代，编撰这样一部文学色彩极浓厚的文学总集就水到渠成了。

《文选》的编选范围。有两个特点：一、它不收录当时在世的作者，这是当时的通例，钟嵘的《诗品》就是如此。收录的作者最晚的是陆倕（卒于526年），何逊就不曾收入。二、在时代上近详远略，体现了鲜明的时代性。譬如，秦以前只收录了子夏（即卜商）、屈原、宋玉、荆轲、李斯等几人的作品，数量也很少，两汉有四十家，其余都是从三国到梁代的作家与作品。考察《文选》所收录的作品，以高文典册和清词秀句为主，体现了当时流行的江左文学风尚，讲究声色、辞彩之美，对仗排偶之工，受时代的局限很大，所以选录的多是班固、张衡、左思、潘岳、陆机、颜延年、谢灵运等人的作品；诗歌收录的多是五言诗，从汉代到梁代共五十九家，四百八十三首，体裁有古诗、建安体、正始体、太康体、永嘉体、永明体等，后世特别称之为“选体诗”，由此也可以考见五言诗的源流演变。

《文选》的编排体例。是“凡次文之体，各以汇聚。诗、赋体既不一，又以类分。类分之中，各以时代相次”。就是按照文体的类别区分，而以时代的先后为序编排、汇聚起来。《文选》

所分文体有三十八种：赋、诗、骚、七、诏、册、令、教、策文、表、上书、启、弹事、笺、奏记、书、移、檄、对问、设难、辞、序、颂、赞、论、连珠、箴、铭、诔、哀、碑文、墓志、行状、吊文、祭文、史论、史述赞、符命。由于诗和赋的数量庞大内容又不同，《文选》又把赋细分为十五小类，把诗歌细分为二十三小类。虽然这样分类难逃后人细碎之讥。但是，生活在南朝的萧统，是受时代风气的影响。因为在他之前的挚虞的《文章流别集》和他的同时代人刘勰的《文心雕龙》以及比他稍晚的任昉的《文章缘起》等的分类大致差不多，甚至更为细碎。相沿甚久的前人成规和时代风气的影响，都可以说明萧统的分类法既不是标新立异，也不完全是孤陋寡闻之见。

由于萧统等人考辨不够精审，《文选》收了少数的赝作，如李菱、苏武的诗文，孔安国的《尚书序》，司马相如的《长门赋》等。另外，收录的也有现在看来文学成就并不高的作家作品，如潘、陆、颜、谢，而忽视了如陶渊明等人的文学地位，这些应该归因于其时代。对于当时尚辞彩、重骈俪的风气而言，陶渊明的个性风格都与时代特征大相径庭，而潘江陆海、颜艳谢新，却是时代的宠儿。萧统重此抑彼，不亦然乎！何况萧统并非完全忽视陶渊明，还编有《陶渊明集》。

综观《文选》一书，不仅收录了数量甚为丰富的名篇佳作，成为后世人们学习的典范，而且不少篇章也因为此书得以保存下来流传至今。其实，晋、宋、梁、陈各代编撰文章总集的风气都很盛行，而唯独《文选》得以完整地流传，这与它的收录原则和编撰体例都是分不开的。《文选》艺术上极其注重风格的典雅、骈俪和华藻，符合了当时和以后的词章之学的需要。到了唐代，科举取士的科目以词章为主，骈文在唐代也发展到极致，风气所致，唐代士人大多精熟《文选》，并奉为圭臬。李白曾经“前后三拟《文选》”（见《酉阳杂俎》）。杜甫不但自己苦学《文选》，还要儿子宗武“熟精《文选》理”（见其诗《宗武生日》）。到宋代陆游记载了北宋前期的俗语“《文选》烂，秀才半”（见《老学庵笔记》），意思是只要精熟《文选》，就可作半个秀才。它不但在中国流传，而且在唐朝时就已经传入了日本和韩国。以致后来还出现了一门专业学问，就叫“文选学”，影响很大。

“文选学”之名起于唐初。隋代萧该作《文选音义》，其书虽不传，而实际开了“文选学”的先河。之后，隋唐之际的曹宪又撰《文选音义》，稍后许淹和公孙罗用《文选》来教授生徒，各自都有撰述。而李善从学于曹宪，给《文选》作注，成为“文选学”的集大成者。

李善（？—689），扬州江都（今属江苏）人。学识渊博，当时号为“书簏”，即书篓子。他注解《文选》，征引赅博。据骆鸿凯《文选学》，总计有经传十八种、经类十八种、经总训三种、小学类三十六种、纬候图谶类七十三种、正史八十一种、杂史六十九种、史类七十三种、人物别传二十三种、谱牒十二种、地理九十九种、杂艺四十三种、诸子八十五种、子类三十八种、兵书二十种、道释经论三十二种、总集六种、集四十二种、诗一百五十四种、赋二百二十种、颂二十二种、箴十七种、铭二十一种、赞七种、碑三十三种、诔词三十二种、哀辞七十四种、连珠三种、诏表笺启三十八种、书九十三种、吊祭文六种、序四十七种、论二十二种、杂文三十七种，共二十三类一千六百八十九种。并且所引之书籍，到现在多数都已经不存，其中的片言只语，端赖此书得以窥见一鳞半爪，辑佚古书，功不可没。更重要的是，李注大大拓展了文选学的范围，丰富了有关文献学、小学（指文字、音韵、训诂之学）以及文论等方面的内容。

李善注《文选》流行后，又有所谓的“五臣注”和“六臣注”《文选》。“五臣注”就是以唐玄宗时的吕向为首的五人注释的《文选》，而实际上远不及李善注精善。“六臣注”就是五臣加上李善合起来的《文选》注本。今存最早的李善注《文选》是南宋尤袤刻于淳熙八年（1181）的本子，但不够精审。最好的本子是清人胡克家的校勘本，完成于嘉庆十四年（1809），中华书局1977年曾将胡本影印出版。较好的普及本有吉林文史出版社1987年出版的《昭明文选译注》。

《魏郑公文集》

唐朝魏征撰。魏征（580—643），字玄成，曲城（今山东掖县）人，一认为是巨鹿下曲阳（今河北晋州）人。著名政治家、文学家、史学家。隋末天下大乱时，先后跟随瓦岗军李密和窦建德。入唐先为太子李建成洗马，唐太宗即位时官拜谏议大夫、侍中等职，封郑国公，谥文贞。以敢于直谏著称。曾主持编撰《隋书》，审定了梁、陈、齐各史，并做了总论。“多所损益，务存简正”，“时称良史”。他还主编了政治学著作《群书治要》。

《魏郑公文集》汇集了魏征的代表作品，共四卷。其中文三卷，二十四篇；诗一卷，三十五首。魏征是最典型的箴规讽谏型文人，所以他的文章也以箴规讽谏见长。从武德九年（627）玄武门之变后，魏征辅佐唐太宗计十六年，先后写了二百多篇奏疏陈谏，每道奏疏都是一篇出色的政论文。其内容十分丰富，主要可归纳为如下几个方面：1. 提出了“君臣同心，为治国之要”的观点。在这方面魏征曾提出了两条亘古不变的至理名言，即“上无信，则无以使下；下无信，则无以事上”，要求君臣都要有信用；另一条就是“兼听则明，偏信则暗”，帝王要多方听取意见。2. 在择官用人方面，提出的观点有“知人善任”、“才行兼备”、“不令自举”、“近君子，远小人”、“进六正，退六邪”等。其中，六正依次是圣臣、良臣、忠臣、智臣、贞臣、直臣。六邪依次是具臣（仅供备位，尸位素餐的）、谀臣、奸臣、谗臣、贼臣、亡国之臣。3. 理想的国家政治方针是“偃武修文”、“无为而治”，对国内以“抚”为主，对国外以和为主。4. 提出了民为邦本的主张，要求“为君之道，必存百姓”、“百姓为国家之本”。

体现在具体的措施上又提出了“轻用民力”、“轻徭薄赋”和“明德慎罚”等主张。5.要求唐太宗“居安思危”、“戒奢以俭”。在这方面，魏征曾多次上书反对大兴土木，反对到泰山封禅，反对盘游之乐等等。

这些奏疏中，代表作当推写于贞观十一年（637）的《谏太宗十思疏》，他先以居安思危、敬始慎终警告太宗：“凡百元首，承天景命，善始者实繁，克终者盖寡，岂取之易，守之难乎？盖在殷忧必竭诚以待下，既得志则纵情以傲物。竭诚则吴越为一体，傲物则骨肉为行路。虽董之以严刑，震之以威怒，终苟免而不怀仁，貌恭而不心服。怨不在大，可畏惟人，覆舟载舟，所宜深慎。”大多数开国皇帝开始还能励精图治、竭诚待人，是因为他心怀深忧，需要与大臣同心协力，共度危难，可谓善于始。但是一俟君王志得意满，就难免放纵个人的情感，对大臣的意见就不再虚心采纳，于是原本协调的君臣关系就会出现裂痕，甚至越来越大。虽然皇帝有莫测之威严，但要再获得大臣的衷心拥戴、竭诚尽智就不可能了。大臣们会力图苟免性命之忧而不会感激皇帝的恩德，外表谦恭而不会从内心服从。这些怨恨的情绪即使不大，但可怕的是人心的背离！最后以著名的比喻“水可载舟，亦可覆舟”，告诫太宗要善始善终。句句切中要害，令人惕然心惊。然后用铺叙的手法一口气列举了“诚能见可欲则思足以自戒”等十项所思之处，更增添了一种挟海上风涛的气势，具有很强的感染力。这“十思”是：见欲思足；将作思止；念危思谦；惧满思下；乐游思度；忧怠思始；虑蔽思纳；防邪思正；加恩思谬；及罚思滥。总之要慎重地对待来自臣下的意见，特别是来自于自己的欲望，防微杜渐，以此作为帝王修养的标准。切中肯綮地指出了国君要能做到这“十思”，就能达到“垂拱而治”的良好效果。本疏中也颇多名句，如：“人君当神器之重，居域中之大，不念居安思危，戒奢以俭，斯亦伐根以求木荣，塞源而欲流长也。”整篇疏文对偶、排比、设问、反问等，交错行运，起伏有致，说理透彻。

另一篇名作《十渐不克终疏》，写于贞观十三年（639），也就是在魏征六十岁“退休”后。面对唐太宗放松了戒慎的心理，有渐渐向骄奢方面发展的迹象，魏征劝谏唐太宗必须始终坚持十项原则（即十则），做到善始善终：1.渐渐市珍奇于域外。要求不扰百姓，不图享受。2.渐渐用民力于国内。要求珍惜民力，怜悯民苦。3.骄奢之情渐渐加重。要求力求克己，有利于民；4.渐渐疏远君子，亲昵小人。要求亲近君子，疏远小人。5.渐渐喜欢珍奇难得的宝物。要求倡导淳朴，崇尚节俭。6.处理事情渐渐从个人的好恶出发。要求举贤任能，用人不疑。7.渐渐想着安闲的游乐。要求深谋远虑，清静无为。8.对于忠臣善人渐渐不加恩礼。要求防骄破满，止奢节欲。9.对当务之急渐渐轻忽。要求尊重臣下，精诚竭力。10.侵扰百姓最为严重。要求遇灾安抚，始终如一。又强调指出“祸福无门，唯人所招”，规劝唐太宗务必“同周文之小心，追殷汤之罪己”，以保国运长盛不衰。本疏也具有立论明确、论证严谨、说理清晰、自然奔放、句式灵活、文辞精当的特点，显示出魏征作为卓越政治家的才能和风范。其他如“论时政四疏”、“论君子小人疏”等也有这样的优点，对后世的献纳、奏议之文，有很大的影响。

魏征的诗歌创作也取得了较大的成就，为繁荣唐诗、开创一代新诗风作出了贡献。魏征在《隋书·文学传序》中说：“江左宫商发越，贵于清绮；河朔词义贞刚，重乎气质。气质则理胜其词，清绮则文过其意。理深者便于时用，文华者宜于咏歌，此其南北词人得失之大较也。若能掇彼清音，简兹累句，各去所短，合其两长，则文质斌斌，尽善尽美矣。”显示了唐人融会南北文风的愿望，努力创造既有文辞又有情实的新型文风。魏征一生应写过许多诗，流传到现在的只有三十多首，大多是意气慷慨，笔力雄健，格调遒上的作品。其中，最著名的是他的咏怀诗《述怀》。一般认为，这首诗写于武德七年（624）七月之后，表现了魏征在隋朝末年群雄起义的经历，而主旨是抒发作者报答唐太宗知遇之恩的真切情怀。它描绘了魏征几十年来艰难曲折的经历：隋末群雄逐鹿，自己投笔从戎，屡次向李密献计进策，纵横奇谋可惜不被采用。后来转投唐王朝，请命出使安抚山东民心。他决心像汉朝终军的壮士，手拿一条长绳就可以捆缚南粤王归顺朝廷；或者像辩士郦食其，凭三寸不烂之舌就收复七十二座齐国城池，立下不世奇功，报答明主以国士相待的知遇之恩。从京师长安起程，走出关中平原，就进入了现在的河北境内。战乱给人民造成了很大损失。一路上少见有人，森林里传来寒鸟的号鸣，夜宿时只能听见猿猴在寂静的空山里啼叫。远远望去，赤地千里，魂一夕而九逝。旅途艰险，任务重大。但是既然答应要办到，不管有多大困难，也要尽力完成。人生就重在意气相投，究竟能否成就功名，谁还去管呢！慷慨激昂，风骨凛然，苍劲而又有一种古朴之美，在建唐初期的诗作中显得甚为突出，而与建安诗歌遥相呼应，又为盛唐气象的展现作出了自己的贡献。清人沈德潜正是在这一意义上高度评价这首诗的："盛唐风格，发源于此。"

《魏郑公文集》的主要版本有清人王灏辑录的《畿辅丛书》本和《丛书集成初编》本。

《李太白集》

唐代李白作。李白（701—762），号青莲居士。生于中亚碎叶（今吉尔吉斯斯坦共和国托克马克附近），当时属于唐代安西都护府。五岁时随家迁居蜀中绵州昌隆县（今四川江油）。青少年时期诵习六甲，阅读诸子百家，喜欢击剑任侠，又爱好文学，习纵横术而学道。二十三岁时出川畅游大江南北。在开元十九年（731）前后，曾一入长安，但失意而归。天宝元年（742）玄宗下诏征李白入京，三年后被赐金放返。离京之后，在洛阳与杜甫、高适结下了深厚的友谊，成为文学史的一段佳话。安史之乱爆发后，受李璘事件牵连，被流放夜郎。中途遇赦，免罪释放。六十一岁时，他准备投军报国，因病折回。第二年病逝于当涂（今属湖北）。

下面分别介绍李白的思想、诗歌内容和艺术特质。

1. 李白的思想。其多元性、复杂性，在中国古代文人中是非常突出的。龚自珍的《最录李白集》概括得很准确，他说：“庄屈实二，不可以并，并之以为心，自白始；儒仙侠实三，不可以合，合之以为气，又自白始也。”庄子的放达避世与屈原的忠君爱国；儒家的积极入世与道家的无为长生及游侠的行侠仗义都奇妙地统一于李白一生。李白自己也说他的理想是：“申管晏之谈，谋帝王之术，奋其智能，愿为辅弼，使寰区大定，海县清一，事君之道成，荣亲之义毕，然后与陶朱、留侯，浮五湖，戏沧洲，不足为难矣。”（《代寿山答孟少府移文书》）既讲为帝王师的儒术，又讲管仲、晏子的法家之道；既讲侍奉君主、荣耀亲戚的人伦之道义，又讲成功之后的逍遥人生，像范蠡、张良立大功而能全生远祸、游戏沧洲。他汲取了儒家积极入世的执着，又抛弃了它的因循迂腐，对没有经邦定国而只会皓首穷经的俗儒、腐儒非常鄙视。而对道家和道教，一方面李白想走以隐逸而求名的“终南快捷方式”，最终达到直入朝廷为天子师的目的，另一方面也受到道家的“含光混世”和“功遂身退，天之道”（《老子》）哲学的影响。任侠的意气给他增添了豪爽、自信、纯真、追求平等民主的性格特点，有种冲决一切羁绊的“狂客”气魄。从他的理想中，可以看出李白不拘一格、倜傥洒落、豪迈通脱的潇洒个性。综观李白，其思想虽复杂，但“功成身退”四字可成为各种思想的契合点，儒家思想促其成功，游侠、纵横更促其建大功；老庄和道家思想又促其急流勇退。所以林庚先生称赞他为“盛唐之音”的典型代表，体现了盛唐高度发达的文化精神风貌，是盛唐的时代之子。

李白是“盛唐之音”的典型代表之一。他的作品，反映了盛唐时代上升发展的气魄，洋溢着追求理想、追求自由的时代热情。“济苍生”、“安社稷”是他的壮志，功成不受赏的鲁仲连是他的榜样。从青年时代的《大鹏赋》，到中年时代的《上李邕》，直到晚年的绝笔诗《临终歌》，他都以扶摇而上九万里的大鹏自喻。他高歌“天生我才必有用，千金散尽还复来”（《将进酒》），虽屡遭挫折，也仍然相信“长风破浪会有时，直挂云帆济沧海”（《行路难》）。

2. 李白诗歌内容。其最突出的特点是表现自我。他的诗围绕着入世与出世这一对基本矛盾，塑造了自己诗仙、酒仙、谪仙的飘逸潇洒、傲岸不屈的生动形象。表现为三个方面：（1）表现了自己建功立业、奋发向上的雄心和怀才不遇、备受压抑的苦闷。这类诗最多，佳作也多，如《行路难》其二的“大道如青天，我独不得出”，《古风》其十五的“珠玉买歌笑，糟糠养贤才”，《梁甫吟》的“白日不照吾精诚，杞国无事忧天倾”等。（2）抒发了对理想生活的憧憬、追求和歌颂。李白心目中的理想生活是美好的、充实的、热烈的，甚至是浪漫的和纵欲的。既有物质的丰富，又有精神的开豁。美酒、鲜花、音乐、诗歌、太阳和永远少年的明亮心情，交汇在一起，构成文学史最难忘的壮丽景观。如《山中问答》的潇洒高洁，《月下独酌》的孤傲旷达，《襄阳歌》的天真烂漫、醉态淋漓："遥看汉水鸭头绿，恰似葡萄初发醅。此江若变作春酒，垒曲便筑糟丘台。"和"清风朗月不用一钱买，玉山自倒非人推"等。（3）是宣扬对崇高人性的向往、奋斗与赞美。平交王侯，一心只为帝王师的人生态度，使他对权贵是蔑视和傲岸不屈，对平民是热爱和感情真挚。《梦游天姥吟留别》和《赠汪伦》可分别为代表。所以，也有人说李白是个少见的布衣诗人。

李白的边塞诗和游侠诗，充满了"出门不顾后，报国死何难"的豪情。在安史之乱中，他唱出了时代的最强音："抚剑夜吟啸，雄心日千里。"而他的山水诗，妙笔生花。如吴越水乡的明媚，燕山"大如席"的雪花，"难于上青天"的蜀道，"飞流直下三千尺，疑是银河落九天"的庐山瀑布。而"君不见黄河之水天上来，奔流到海不复回"，"登高壮观天地间，大江茫茫去不还。黄云万里动风色，白波九道流雪山"，国人早已公认为是礼赞黄河、长江的千古绝唱。他还写过许多爱情诗、友情诗，如《长干行》、《长相思》、《赠汪伦》、《黄鹤楼送孟浩然之广陵》等，都是脍炙人口的名篇。傲岸权贵的诗人，对平民和朋友却是一派天真的微笑和深情的感激，这也许正是李白诗的魅力所在。

3. 李白诗歌的艺术特质。浪漫主义是其最突出、成就也最高的特点。李白继承了屈原的浪漫主义传统，并将它推向最高峰。表现为：（1）他的诗充满了饱满、热烈、丰富、激昂的感情又极具主观色彩。李白的自称"兴酣笔落摇五岳，诗成啸傲凌沧洲"（《江上吟》），杜甫称李白："笔落惊风雨，诗成泣鬼神"（《寄李十二白》），"敏捷诗千首，飘零酒一杯"都能说明。为了达到这一点，李白常使用以下手法：①通过富于主观色彩的抒情加以表现。不管是得意还是失意，遭受打击还是追求逍遥，他都是以“我”来强化。这在李诗中简直是俯拾皆是。如《庐山谣》“我本楚狂人，风歌笑孔丘”。②通过拟人化的手法加以表现，使自我感情更自然、更深刻的融入对象中，如《敬亭山》。③通过大胆而又贴切的夸张加以表现，这在写景诗中最为突出。④通过跳跃式的手法加以表现，显得流走奔放、俊逸潇洒。⑤通过灵活多变的形式加以表现，如多用句式长短不齐的歌行体、不拘格律的古体，向民歌学习，多用乐府体，多换韵，多用雄奇之语等。这是李白最擅长的体裁，成就也最大，如《将进酒》和被人们惊叹为“可谓奇之又奇，自骚人以还，鲜有此体也”的《蜀道难》。（2）他的诗充满了丰富、奇特、瑰丽的想象。他的想象时而光怪陆离、雄奇瑰丽，令人惊心动魄、目不暇接，如写梦境的诗；时而幽深飘渺，天真而不失深刻。如几首写月的诗：《古朗月行》的“小时不识月，呼作白玉盘。又疑瑶台镜，飞在青云端。仙人垂两足，桂树何团团。白兔捣药成，问言与谁餐？”和《把酒问月》的“青天有月来几时，我今停杯一问之。人攀明月不可得，月行却与人相随。”（3）清新自然的语言特质。“清水出芙蓉，天然去雕饰”是他追求的最高语言境界。

李白的赋也很有成就，善用俳偶而以充沛的气势驱遣，显得流利自然又纵横恣肆，与其诗风相似。如《大鹏赋》、《春夜宴从弟桃李园序》和《与韩荆州书》等，都是名作。

李白的人格和作品，对后世产生了深远的影响。从韩愈、李贺、苏轼、陆游、辛弃疾直到晚清的龚自珍等，莫不心师于他；他的事迹传说，更是在民间广为流传，并被写入戏曲小说，为人们津津乐道，可以说，在中国古代文人中最富有传奇色彩的莫过于李太白了。

现存最早的《李太白集》是据宋人晏知止校刊的“苏本”翻刻的“蜀本”，现藏日本静嘉堂文库。注释本以清人王琦的《李太白诗集注》较为完善。今人较好的本子有瞿蜕园、朱金城的《李白集校注》，詹锳主编的《李白全集校注汇释集评》，它们都收录了很多的参考数据，可供查阅。

《杜工部集》

唐代杜甫作。杜甫（712—770），字子美，生于巩县（今河南巩义）。曾居住在长安少陵，自称“少陵野老”，后世也称“杜少陵”；曾任左拾遗和检校工部员外郎，又称为“杜拾遗”、“杜工部”。杜甫出生于一个“奉儒守官”的仕宦家庭，祖父杜审言是初唐“文章四友”之一。二十岁起，有两次漫游：第一次是以吴越为中心，漫游江南。第二次以燕、赵为中心，结识了李白。中间曾回洛阳参加进士考试，落第。这是他“裘马颇清狂”的时期。到长安求取官职，困守十年。直到四十四岁才得到一个卑职。757 年，奔赴凤翔，授左拾遗，不久就被解职。后辗转漂泊到蜀中，在成都浣花溪建草堂，赢得了一生难得的安定时期。之后军阀叛乱，又是颠沛流离。好友严武再到成都为官，表荐杜甫为检校工部员外郎。768 年出三峡，漂流荆、湘，至死再未安顿过。

1. 杜甫诗歌的思想内容。杜甫诗歌达到了中国诗歌史上现实主义的最高峰。杜甫的诗歌，是他所生活的时代，也是他个人的情志、人品和天才的艺术结晶。他的诗被称为“诗史”，其具体表现有二：（1）关心国家命运，最全面、最深刻地反映时代。在安史之乱前，他就敏锐地感受到了大变将至的可怕气息，刻画了深刻的社会矛盾，天宝后期写出的《兵车行》描写的穷兵黩武、《丽人行》描写的权贵腐化、《自京赴奉先县咏怀五百字》所描写的贫富对立，都可以看作揭示安史之乱爆发的社会原因。安史之乱爆发后，他又用“三吏”、“三别”等诗歌进行反映。这些作品，不但是历史的，而且是诗意的，具有生动性、深刻性和一贯性的特点。（2）同情人民的苦难，最全面、最深刻地反映民生。

杜甫的忠君爱国是建立在“邦以民为本”的爱民思想基础之上的。更可贵的是他将忧国与忧民统一起来。丰富的经历产生丰富的诗篇，杜甫是用诗的艺术语言表达重大社会题材的能手，所谓“国家不幸诗家幸，赋到沧桑句便工”（清赵翼语）。总之，杜诗的强烈政治性是和浓厚的抒情性结合的，“慨世”是和“慨身”联系的，并非仅仅是政治上忠君的传声筒。

杜甫的诗又被称为“年谱”。清人蒲起龙在《读杜心解》中说：“少陵之诗，一人之性情，而三朝之事会寄焉者也。”杜甫经历玄宗、肃宗、代宗三朝，政治、经济、军事和社会生活都发生了巨大的变化，由盛而衰，由治而乱，杜甫大半生转徙流浪，个人的命运和国家人民的命运息息相关，社会矛盾、内心冲突、政治抱负与个人遭遇、家庭不幸和社会灾难，都交汇于杜诗。他在诗中详尽地叙述了自己在万方多难时的种种经历、遭遇、感受。一部杜诗甚至可以看作一部年谱与自传。而这些自传性的诗总是把自己和家庭的遭遇与整个国家和社会紧密联系在一起，这正是杜甫人格伟大、襟怀高尚之所在。

杜甫的诗还被称为“图经”。刘克庄说杜诗“山川城郭之异，土地风气所宜，开卷一览，尽在是矣。网山云：‘杜陵诗卷是图经’，信然。”这是说他的写景诗，大约有三种类型：（1）着意描绘自然风光的“优美”，体现闲适的心境。如《水槛遣心》的“细雨鱼儿出，微风燕子斜”。《曲江二首》的“穿花蛱蝶深深见，点水蜻蜓款款飞”等。（2）着意描绘自然风光的“壮美”，常和沉郁的心情吻合。如《登高》的“风急天高猿啸哀，渚清沙白鸟飞回。无边落木萧萧下，不尽长江滚滚来。万里悲秋常作客，百年多病独登台。艰难苦恨繁霜鬓，潦倒新停浊酒杯”。（3）着意刻画某处江山的独特景色。如“青青竹笋迎船出，日日江鱼入馔来”和“青惜峰峦过，黄如橘柚来”不问而知是蜀中；“莽莽万重山，孤城山谷间。无风云出塞，不夜月临关。”不问而知秦中也。

另外，杜甫的咏物诗成就也高。他最爱吟咏的是奔驰如风的骏马和翱翔碧空的苍鹰，在它们身上，杜甫寄寓了自己的志向和情操。如房兵曹的那匹胡马，杜甫写来是凛凛生风、张扬奋发："风棱瘦骨成。竹批双耳峻，风入四蹄轻。所向无空阔，真堪脱死生。骁腾有如此，万里可横行。"他将一只画上的鹰也写的是雄风淋漓、卓尔不凡："何当击凡鸟，毛血洒平芜。"（《画鹰》）他写舞剑是"浏漓顿挫、独出冠时"："昔有佳人公孙氏，一舞剑器动四方。观者如山色沮丧，天地为之久低昂。耀如羿射九日落，矫如群帝骖龙翔。来如雷霆收震怒，罢如江海凝清光。"（《观公孙大娘舞剑器行》并序）

2. 杜甫诗歌的艺术成就。表现为：（1）典型化的描写是杜诗重要的特色之一，主要手法有两种：①善于选择最富有典型意义的艺术形象。在反映人民苦难时，总要依托一些具体的任务形象，特别善于选择富有悲剧色彩的弱者。如寡妇、老人、儿童、失业徒、远戍卒等。②善于寓主观感情于客观事件，让诗中的客观人物和事件站出来讲话以感染读者。（2）杜诗的抒情风格，后人公认是"沉郁顿挫"，这构成杜诗的另一重要特色。就是当感情特别充沛深厚而又无法立刻倾吐时，必得几经反复方能淋漓尽致的表现。这种风格的形成和他的经历、思想、审美观分不开。安史之乱前，鼎盛的文化培育了老杜磅礴的气魄和崇高的理想，但涉世后，政局的腐败、江山的日非使他在"浩歌弥激烈"的同时，不能不"沉饮聊自遣，放歌破愁绝"。安史之乱后，他的忧愤更深广。加之他诗歌的两大主题忧国与忧民之间总横亘着激烈的矛盾，这都使杜诗必然有"沉郁"而"顿挫"的风格。当然，杜诗的风格是多种多样的，除沉郁顿挫外，还"有平淡简易者；有绵丽精确者；有严重威武，若三军之帅者；有奋迅驰骤，若泛驾之马者；有淡泊闲静，若山谷隐士者；有风流蕴藉，若贵介公子者"（王安石语）（3）杜诗在体裁和语言上也成就斐然。①杜诗众体皆备，且众体皆佳。写乐府决不沿用旧题，而是"率皆即事名篇，无复依傍”（元稹语），“独就当时所感触，上悯国难，下痛民穷，随意立题，尽脱前人窠臼”（杨伦《杜诗镜诠》）。杜甫的律诗典雅精工，标志着律诗的成熟和兴盛：五律格调苍茫、意境雄深，如《登岳阳楼》；七律兴会淋漓、慷慨激昂，如《秋兴八首》；还“因难见巧”，做长篇排律；绝句“无意求工而别有风致”。②杜甫一生虽然几次做小官，但基本上是个纯粹的诗人，诗是他的终身事业。“诗是吾家事”，从七岁学诗直到去世，从未停止写诗。他对诗艺的追求自始至终，“语不惊人死不休”，锲而不舍，刻意求精，“新诗改罢自长吟”，创作态度十分严肃。善用倒装，形成拗句，显得瘦劲峻峭、意蕴无穷；善用对句，又多用当句对、流水对。特爱炼字，也注重俗语、口语的使用。

3. 影响及评价。杜甫对后世的影响比李白更为深广。前人曾说：“少陵七律无才不有，无法不备。义山（指李商隐）学之，得其浓厚；东坡（指苏轼）学之，得其流转；山谷（指黄庭坚）学之，得其奥峭；遗山（指元好问）学之，得其苍郁；明七子学之，佳者得其高亮雄奇，劣者得其空廓。”这里说的是杜甫的七律，实际可以代表整个杜诗。元稹对杜甫的评价甚为公允：“至于子美，盖所谓上薄风骚（指《诗经》和《楚辞》），下该沈宋（指唐代沈佺期、宋之问），言夺苏李（指汉代苏武和李陵），气吞曹刘（指建安时期的曹植和刘桢），掩颜谢（指六朝的颜延年和谢灵运）之孤高，杂徐庾（指六朝的徐陵和庾信）之流丽，尽得古今之体势，而兼人人之所独专也。”杜甫是一个集大成的诗人。宋代人则从思想内容和艺术成就两方面，称杜甫为“诗史”和“诗圣”，荣衔无以复加。

历代杜诗的注本很多，号称“千家注杜”，现存宋人的《分门集注杜工部诗》，元代高楚芳的《集千家注杜工部诗》，清人仇兆鳌的《杜诗详注》、杨伦的《杜诗镜诠》、钱谦益的《钱注杜诗》，都是较好的本子。近现代人选注、研究杜诗的著作，在数量和质量上都更为可观。现在已有杜诗学的提法了。

《韩昌黎集》

唐代韩愈著。韩愈（768—824），字退之，河内河阳（今河南孟县）人，著名散文家和诗人。以郡望，世称“韩昌黎”；曾任吏部侍郎，也称“韩吏部”；谥号为“文”，又称“韩文公”。《韩昌黎集》是他的门人李汉所编，有文三十卷，诗赋十卷。又《外集》十卷，为宋人所辑。

韩愈三岁而孤，由兄嫂抚养成人。七岁读书，十九岁赴长安求官，在京城蹉跎近十载，未得一官半职。后任国子监四门博士、监察御史等职。贞元十九年（803），因上书论天旱人饥，触犯权贵，被贬阳山令。中间几度沉浮。元和十年（815），盗杀武元衡，因为上《论淮西事宜状》，又被贬。元和十二年，以行军司马佐裴度平定淮西，因战功升刑部侍郎；元和十四年因谏迎佛骨，激怒宪宗，被贬为潮州刺史。穆宗即位，诏韩愈为国子祭酒，后历任兵部侍郎、吏部侍郎、京兆尹等职。

1. 韩愈的政治、学术和文学思想。一方面，韩愈从小受到良好的教育，儒家思想对他影响很深；但同时，他又博览群书，穷究经传史记百家之说，因此接受了各家思想的影响。另一方面，韩愈又是一个热切关注现实的人物，识时知变，重视实用而不重教条。他崇尚儒家，以孔孟道统的继承者自居，竭力维护伦理纲常秩序，坚决反对佛老。韩愈排斥佛老也只是相对的，佛学固然不谈，道家的处世态度也并未绝对排除。这是他思想的极其矛盾处，也是他思想的独特处：既抟合儒家、墨家，又相容名家和法家，而以儒家为主，杂取先秦诸子的思想，是以解决社会现实问题为出发点的一种实用主义的新儒学。这样的思想状况，决定了他政治态度的复杂性。他一生热心仕宦，积极从政，抱着强烈的忧患意识和参与意识，并以极大的勇气“欲为圣明除弊事”，对一系列重大政治问题表明了自己的立场和态度：坚决反对佛老为害；坚决主张武力镇压藩镇割据，维护中央集权；反对宦官专权；关心民间疾苦，为民请命。

因此，他的文学思想，主要有两个方面：一方面是强调文学要为儒家之道服务，是文以载道派，他是政统、道统和文统的鼓吹者，以维护孔孟之道统自命，自认为是上继汉代的扬雄，远接孔子、孟子，欲恢复儒家从六朝以来失去的一统地位。这些主要见于他的《原道》、《原性》等文。宋代以后，韩愈文章大行其道，是和他的这种主张分不开的。另一方面，他也认为文学有“鸣不平”的功能，能够宣泄愤懑，排遣忧愁。对文与道的关系的强调，体现了其积极入世的人生态度和当世追求，他将文学纳入“道”的框架，是发挥文学为政治、教化服务的社会功能，构成其文学思想的核心。但真正能揭示文学的艺术特征的是以“不平则鸣”说为代表的文学理论，这是韩愈以一个在仕途连番蹉跌，又几经宦海风波的文人，用长达数十年的切身体会，从艰窘生涯里感悟、总结出来的。

2. 韩愈散文。其思想内容主要有两大方面：一是体现“明道”的作品。他认为现实社会的一切矛盾、动乱、争夺、欺诈的根源，是儒道衰微所致，因此，必须确立圣人之道德的绝对统治地位，文章也极力宣传严明纲纪和主张大一统。二是体现“不平则鸣”的作品。不少文章直接揭露了统治阶级的昏聩鄙陋和浅薄的世风，饱含着强烈的愤世嫉俗的批判精神。总之，其“明道”之作，多能既不悖于儒家传统思想，又符合时代的需要；其“不平则鸣”的作品，则多能突破儒家的传统思想，大胆干预时政，尖锐批判现实。他的大部分作品都表现了他为国家兴利除弊的抱负和社会责任感，也反映了一个有才干而又受压抑的不甘屈服的知识分子的呼声。

韩愈散文的艺术成就和风格。(1)其艺术成就表现为两方面：一是他和柳宗元等人一起发起了古文运动，根本目的就是要用散体文取代六朝以来盛行的骈体文。经过数十年的努力，到他去世时，他所倡导的新体古文已居于文坛的领袖地位，这是他对中国散文发展的重大贡献。二是他对各种文体的创新和突破，更为新体古文的发展开创了新局面，也更深刻地体现了他在文体改革方面的成就和贡献。在他之前的作家，一般只写一种或几种文体，而韩愈是文兼众体，且众体皆善，还能够对各种文体都不拘成规，大胆突破，尤其是他的议论、碑志、赠序、书启、传记等文，多独辟蹊径，别开生面，为各种文体开辟了广阔的发展前景。(2)散文的艺术风格。韩文虽多为实用文字，却是真正的艺术创造；虽各体文章各具特色，但又有共同的奇伟不凡风格，气势雄强，纵横变化，波激云诡，擅长比喻，严正又有内容。具体表现为：理直气壮，感情真挚。韩愈主张“气盛言宜”，故其为文颇重气势；由于韩愈很自信，故其为文多理直气壮。深于立意，巧于构思。刘大櫆《论文偶记》评价韩文说：“一集之中篇篇变，一篇之中段段变，一段之中句句变。神变、气变、境变、音节变，字句变，惟昌黎能之。”长于描绘，形象生动。如《张中丞传序》写南霁云乞师一段，语言准确精练、新奇自然。破散为骈，是新体古文区别于骈体文的标志之一。

3. 韩愈的诗歌。韩愈是中唐的著名诗人，是韩、孟（郊）诗派的领袖。他不满六朝以来的浮艳的诗风和因循的习惯，推崇李白和杜甫，力矫大历以来的平庸。他有意识地继承了李白的雄奇豪放、杜甫的沉郁顿挫，又独辟蹊径，开出奇崛奥衍一派，与元稹、白居易的新乐府派的平易浅切相对立。韩诗内容广泛，风格也很鲜明，主要有如下特点：（1）“以文为诗”，即诗歌的散文化和议论化，显得更加自由奔放，能容纳更多的内容，使诗歌的表达功能扩大。他善于将散文的章法结构、句式、虚词，乃至议论和赋的铺排手法移植入诗歌，如《南山诗》，连用五十几个“或”

字，形容岩石的形态，是用赋的手法写作的名篇。（2）奇崛险拗是韩诗的另一特点。韩诗力避陈熟，从意境、结构到语言技巧，都刻意与众不同，以超绝的想象力和豪壮的气魄创造诗歌世界。历代对韩诗褒贬不一，贬之者认为它不是诗，而是押韵之文和酒令，如宋代的沈括和清代的王夫之；而褒之者捧之上天，认为韩诗可以和李杜并列为三大家，如清高宗。其中，叶燮《原诗》的看法较为公允，他说："韩愈为唐诗之一大变，其力大，其思雄，崛起特为鼻祖，宋之苏（舜钦）、梅（尧臣）、欧（阳修）、苏（轼）、王（安石）、黄（庭坚），皆（韩）愈为之发端。"指出了韩诗实开宋诗的理趣和议论之风。

4. 有代表性的评价。韩愈有文学理论，领导了声势浩大的古文运动，能文之外又能诗，并且都取得了卓越的成就。编辑韩愈诗文集的及门弟子李汉在《韩昌黎集序》中，说他"大拯颓风，教人自为。时人始而惊，中而笑，且排先生志益坚，其终人亦翕然，而随以定。呜呼！先生于文，摧陷廓清之功，比于武事，可谓雄伟不常者矣！"宋人苏洵说："韩子之文，如长江大河，浑浩流转。"欧阳修说："韩氏之文之道，万世所共尊，天下所共传而有之。"苏轼在《潮州韩文公庙碑》中说韩愈"文起八代之衰，而道济天下之溺；忠犯人主之怒，而勇夺三军之帅"，更是成为对韩愈的定评。而他的夫子自道也许最准确，《进学解》说："先生（指韩愈自己）之于文，可谓闳其中而肆其外矣。"

《韩昌黎集》的版本很多，有南宋魏仲举的《五百家注音辨昌黎先生文集》四十卷，外集十卷本，南宋廖莹中的世彩堂本和明代徐时泰的东雅堂复刻本等。近人马通伯有《韩昌黎文集校注》。童第德选注的《韩愈文选》，选注了韩愈的有代表性的优秀散文五十四篇，对入选的作品除有注释外，还对作品的时代背景、思想内容和艺术特色作了简明扼要的介绍。钱仲联有《韩昌黎诗系年集释》，均可资参考。

《柳河东集》

柳宗元（773—819），字子厚，我国中唐时期杰出的思想家、文学家、政治家。历经代宗、德宗、顺宗、宪宗四朝。祖籍河东（今山西运城西），被称为柳河东，又因曾贬官柳州，称柳柳州。他出生于显赫的世族大家，从小就受到良好的教育和熏陶，二十一岁进士及第，二十六岁博学宏词科入选，被任命为集贤殿书院正字，后任蓝田尉、监察御史等职。贞元二十一年（805），三十三岁的柳宗元参与“永贞革新”，被升为礼部员外郎。不久改革失败，贬为永州司马，十年后，改贬为柳州刺史，又四年，病逝于柳州，时年四十七岁。

柳宗元死后，他的好友刘禹锡将他所留下的著作编成《柳河东集》，共三十卷，文四百多篇，诗一百四十多首。宋代世采堂刻本则将之分为四十五卷，外集二卷。从卷目看来，大致有诗、赋、论、议辩、碑（铭）、志、对、问答、说、传、骚、吊赞箴戒、序、记、书、启、祭文等类型。为便于读者理解，本文将分别从思想和文体等方面进行简要介绍。

1. 哲学思想：柳宗元是个朴素唯物主义的无神论者，他勇敢地批判天命论、宿命论、因果报应论等。

《贞符》一文中，他直接否定儒家的“符命说”，将董仲舒、刘向、司马相如等宣扬“瑞物”之人都斥为“淫巫瞽史”，并列举大量史实，批判史学领域中的种种神学迷信观念，斥责了受命于符，受命于天的反动说教，又在叙述人类社会的形成和发展中，总结各朝兴衰的原因，从而明确指出：帝王不是受命于天，而是受命于人。

《天说》是以朴素唯物主义观点解说“天人关系”的专章，它认为，宇宙间一切客观现象都是自然范畴的物质，人类的祸福与天无关。

《天对》基于当时的科学水平，以宏大的规模逐条回答屈原在《天问》中所提出的一百七十多个问题。比如，他回答天地形成和由谁营造的问题时，贯彻王充的“元气论”思想，提出“天由阳气聚积而成，不是由人创造的”。在回答天的边沿和擎天柱在何处的问题时，则以天体无限的理论，批驳了天体有限论的“盖天说”，说明天宏大广阔，运动不息，根本就没有边沿和支柱。这其中体现了朴素的世界物质性、空间无限性和时间客观性的思想，在回答关于天命的问题时，则认为天与人无关，不能将人事与天道扯为一谈。在回答关于仙人长寿的问题时，则指出这是一通胡说，虚无飘渺不足信，这与《天说》中的无神论思想完全一致。

《非国语》是一部重要的思想著作。非，即非难，责问，驳斥。全书分上下两卷：上卷有小序一篇，短论三十篇；下卷有短论三十七篇，跋文一篇。它包括的范围极广，哲学、历史、政治、经济、伦理，无所不涉。但最突出的是哲学。它采用读后感的方式，先摘引《国语》原文，然后加以批判，它集中地反映了柳宗元的无神论思想、唯物思想。

2. 政治思想：柳宗元政治思想的主要方面是儒家思想，但并不拘于一家，他同时还吸收了法家、释家、道家、墨家、纵横家等各家思想。

《封建论》最能体现柳宗元的政治思想。封建，是指奴隶制时代“封国土，建诸侯”的分封制度，与今天含义不同。他抨击妄图恢复分封制的反动思潮，论述了郡县制的巨大优越性，指出郡县制代替分封制是历史的必然之“势”，肯定秦始皇“废分封，建郡县”的卓越功勋不可磨灭，同时他并不否认秦始皇的历史过失，但他认为，秦之亡，是“失在于政，不在于制”。接着，他又以汉朝为例，从而总结一条重要的历史经验：任何政治人物，只有顺应历史发展的必然之“势”，才能成就功业；反之，则必然陷入困境。

《六逆论》反映了柳宗元的“人才观”，他主张“任人唯贤”，反对世袭特权。此文通过评论《左传》所载的“六逆”（贱妨贵、少陵长、远间亲、新间旧、小加大、淫破义）之说，就如何“择君置臣”的问题展开讨论，认为“贱妨贵、远间亲、新间旧”不能说是“逆”，而是“理之本”，如果“贵人”无能，而“贱民”能干，贱就可取代贵人。当然，他对于“少陵长、小加大、淫破义”并未否定，这是儒家正统思想的反映。

《兴州江运记》、《非国语·不藉》、《时令论上》等篇中，体现了柳宗元“重视农战”的政治思想。《兴州江运记》中，他主张驻防军队应垦荒种田，《非国语·不藉》中，他主张不违农时，保证农业生产力，改善农民生产条件，合理征税。《时令论上》中，他主张制定政令应以“利于人，备于事”为原则。

另外，柳宗元还具有深刻的“利民”，即“官为民役”思想。这具体体现于《晋问》、《送宁国范明府诗序》等文中。

3. 文学思想：南北朝时，骈体文泛滥为患，盛唐略有改观，中唐时则出现了轰轰烈烈的古文运动。古文运动是以儒家思想为内容，以奇句单行的散句为形式的文体文风革新运动。这场运动以韩愈、柳宗元为领袖人物。

柳宗元文学思想的核心就是“文以明道”。“道”实际上是一个包含了世界观、人生观、政治观、伦理观的复杂综合性概念，柳宗元的“道”，主要就指他的无神论思想和政治主张。在《报崔黯秀才论为文书》和《答韦中立论师道书》中，他提出了“文以明道”这一理论主张，他认为写作的根本目的是为了“明道”，语言文字必须根据思想内容来进行选择。但他并不主张抽象说教，在《杨评事文集后序》中，他就要求作品应起褒贬和讽喻作用，褒贬要学《春秋》笔法，讽喻要学民歌民谣。他反对片面地讲究辞藻的华靡文风，但也非常重视“文采”，《送豆卢膺秀才南游序》就十分精辟地阐述了文章应该做到思想性与艺术性相统一，内容与形式相统一。

其次，柳宗元谈到了作家的品德修养问题，他认为这是作家从事写作的首要条件，在《报袁君陈秀才避师名书》中，他提出“文以行为本，在先诚其中”的理论。“行”指道德行为，“诚”指纯洁而真实的思想感情。

再次，柳宗元谈到了如何吸取前人经验的问题和写作态度及写作技巧，他结合自己的实际体验，在《答韦中立论师道书》中系统阐明了写作应兼取百家之长的观点，并总结四种应该避免的错误的写作态度：轻心（轻率之心卖弄文笔）、怠心（不认真地潦草为文）；昏气（头脑不明而写得文意杂乱）、骄气（骄矜之气）。同时，他概括了写散文的方法和技巧，做到既“抑”使之“奥”，又“扬”使之“明”；既“疏”使之“通”，又“廉”使之“节”；既“激”使之“清”，又“固”使之“重”。就是说既要抑制一些话不说完，使文章含蓄深刻，又要尽情发挥使文章明快易懂；既要疏导文意使之气势通达顺畅，又要削繁就简使文章有节制有变化有曲折；既要激发激情使文章俊爽轻清，又要保存文气使作品深厚凝重。

《柳河东集》涉及的文体形式有：

1. 人物传记：《柳河东集》的传记类文章如果将墓志、碑铭计算在内，约在七十篇左右，其中艺术成就相当高的有十四、五篇，多作于贬居永州之时。

《种树郭橐驼传》作于长安，讽刺封建政府官吏不顺民性而骚扰劳动者，它先简介郭橐驼的籍贯和外形特征，接着以对话形式叙述郭的种树技艺并由此引申到官府“好烦其政令”，使百姓不能安生，巧妙地将“顺木之天，以致其性”的道理“移之官理”，揭露了弊政，表明了革新政治的愿望。

《童区寄传》刻画了一个机智勇敢的牧羊少年形象。它以简短的文字，生动的情节叙述儿童区寄杀死两个拐卖人口的强盗而得以返乡的故事。

《捕蛇者说》揭露了“赋敛毒于蛇”的黑暗现象，它选取蒋氏为典型，以蒋氏之口诉说蒋氏祖孙三代以捕蛇抵税，祖父、父亲都被蛇咬死，他自己捕蛇二十多年也多次险些送命，但却宁死不肯改换职务务农种田，将百姓的悲惨与官府的黑暗狠毒形成鲜明的对比，寄寓了鲜明的爱憎。

《段太尉逸事状》选取段秀实一生中两件典型事例，刻画了一个勇敢正直而又爱民如子的封建官员形象。

从题材看，柳宗元的人物传记多选取下层劳动者为对象，从艺术表现看，他很会选取典型人物、典型事件置入典型环境中进行深入地刻画，因而文学性极强。

2.山水游记：收入《柳河东集》的山水游记约有三十篇，都作于被贬以后，大部分作于永州。《永州八记》最具代表性。其中前四记《始得西山宴游记》、《钴姆潭记》、《钴姆潭西小丘记》、《至小丘西小石潭记》作于元和四年（809）秋天，后四记《袁家渴记》、《石渠记》、《石涧记》、《小石城山记》作于元和七年（812）秋天。

《始得西山宴游记》：先记述到西山胜景的经过，接着描绘西山景物，在尽力刻画西山之高峻时也写出了登临绝顶的精神境界。此文语言和句式的运用颇具匠心，情景交融，优美动人。

《钴姆潭记》：一开始就对钴姆潭进行细致的描绘，一个小潭被写得清新秀丽，有声有色。后面则叙述购得小潭的经过，寄寓了自己激愤的感情。

《至小丘西小石潭记》是最为精美的一篇，写潭水、游鱼、树木、岩石，宛如一幅诗情洋溢的风景画。在短短的篇幅中，叙事、写景、抒情，都极具造诣。

《小石城山记》先极力描绘小石城山的奇异景象，再以抒情的笔调议论为什么美景偏在荒僻之地，明人茅坤曾评论这篇作品是“借石之瑰玮，以吐胸中之气”。

柳宗元的山水游记，往往在对山水的精细描摹之中，渗透进寂寞悲愤的感情，情景交融，抒情议论相结合，把山川之美与社会之黑暗进行对照描写，从而开创了具有独立审美意义的山水散文。

3. 寓言：《柳河东集》中寓言有近二十篇，都作于永州。一般都是讽刺病态社会的人情风尚，如《三戒》、《福罴说》、《鞭贾》、《哀溺文》、《招海贾文》；或批判当权的旧官僚，如《憎王孙文》、《骂尸虫文》、《斩曲几文》、《宥蝮蛇文》、《鹘说》、《谪龙说》、《东海若》、《牛赋》、《瓶赋》、《愚溪对》等。

《三戒》是《临江之麋》、《黔之驴》、《永某氏之鼠》三篇寓言的总称，意思是三件应该警戒的事情。麋、驴、鼠都本身并无本事，或借助表面的强大，或依仗主子的势力而猖狂一时，但终究难逃厄运。

《哀溺文》、《招海贾文》都是讽刺因贪财而亡命的人。《哀溺文》写一个善于游泳的“永之氓”因舍不下身上一千钱而被淹死的故事，以小喻大，耐人寻味。

《憎王孙文》描写一群居在山上的王孙，不爱惜山上物事，随意践踏庄稼，破坏环境。旨在控诉在朝太监、旧官僚的胡作非为。

《骂尸虫文》则斥骂潜伏人体内的害人虫——尸虫，它们专门寻找人的小过失，趁人睡觉时就上告天帝，柳宗元愤怒地揭露、批判尸虫，实则批判他的政敌们。

柳宗元的寓言，讽刺人情则用语犀利清隽而略带风趣，批判官僚则含蓄隐晦。他借物讽人，善于体物察微，抓住物类的特征，加以想象、夸张，塑造成真实生动的艺术形象。他创造性地继承前人的成就，在他之前，寓言仅仅是一种穿插在作品中的说理工具，到他笔下就成为一种完全独立的文学形式。

4. 诗歌：柳宗元存诗虽不多，但是成就却非常高，就内容而言，主要分为四类：

第一类：反映劳动者生活的，如《田家》三首，着墨不多，却深刻地反映了官吏的残暴和农民的痛苦。

第二类：反映守边战争，如《泾小黄》、《铁山碎》、《吐谷浑》、《高温》等。这些诗都以叙事方式，寄寓强烈的抗敌御侮的爱国精神，闪射出耀人的战斗锋芒。

第三类：政治讽刺诗，如《行路难》、《笼鹰词》等。表达自己坚贞不渝、不屈不挠的拼搏精神。

第四类：山水诗，如《渔翁》、《江雪》、《夏昼偶作》、《雨晴至江渡》、《柳州山洞氓》等。这些诗，清新脱俗、圆润自然、明朗生动。而又寄寓了自己清峻高洁的情怀，恰如清人姚莹在《论诗绝句》中所说："《史》洁《骚》幽并有神，柳州高咏绝嶙峋。"

柳宗元无论是在思想史上还是在文学史上都是杰出人物，《柳河东集》作为他的毕生之作，无论是在散文史上、诗歌史上还是寓言史上都是一座丰碑。

《临川集》

《临川集》又叫《临川先生文集》，北宋王安石著。王安石（1021—1086），字介甫，号半山，抚州临川（今江西抚州）人。北宋著名政治家、思想家和文学家。宋仁宗庆历二年（1042）进士。神宗熙宁二年（1069）任参知政事，次年拜相，在神宗的支持下，主持推行了包括青苗、免役、均输、农田水利、市易、保甲等法令在内的“熙宁新政”，是北宋历史上最重要的一次政治改革，引发了官僚集团内部的新旧党派的争斗。在旧党的反对下，王安石两次被免职。熙宁九年（1076）退居江宁（今江苏南京）钟山。元丰八年（1085）神宗病逝，太皇太后高氏临政，旧党司马光为相，尽废新法，王安石也于次年去世。他被封为荆国公，世称王荆公。谥号为文，又称王文公。

《临川集》一百卷，约四十万字。凡诗、赋、集句三十六卷，文六十二卷，目录二卷。编次以古诗、律诗、挽辞、集句、四言诗、赋、铭、赞、书跋、奏状、札子、内制、外制为顺序。中华书局 1959 年本还附有《临川集补遗》。《临川集》的主要内容有：

1. 政治方面。（1）为解决北宋王朝的“积贫积弱”的社会危机，推行新政，达到“富国强兵”的目的，而写了一系列的奏章。其中以《本朝百年无事札子》等长篇最著名。该篇分析了北宋当时的内忧和外患，指出宋王朝已经危机四伏、岌岌可危，而唯一的出路就是变法改革。《上仁宗皇帝言事书》说：“视时势之可否，而因人情之患苦，变天下之弊法。”主张巩固皇权，同时又要注意国计民生，把生财和理财作为治国安邦的根本问题。在《乞制置三司条例》中说：“聚天下之人，不可无财；理天下之财，不可无义。”都很有明理的特点。（2）有许多文章论述了推行新法的必要性，对各种新政措施进行说明。特别是为取得朝野对新法的支持和拥护，消除各种阻力，对古代经典重新作出解释，从理论上说明新法有古代经典作依据，符合经意。如《上王事札子》申述免役法的法意所本时说：“免役之法，出于《周官》所谓府史胥徒，《王制》所谓庶人在官者也，然而九州之民，贫富不均，风俗不齐，版籍之高下不足据。今一旦变之，则使之家至户到，均平如一，举天下之役，人人用募，释天下之农，归于畎亩，苟不得其人而行，则王等必不平，而募役必不均矣。”（卷四十一）。（3）解答对新学、新法的疑虑，反驳对新法、新学的攻击，为新法新学辩护。如《答司马谏议书》严肃地反驳了司马光说新法是“侵官”、“生事”、“征利”、“拒谏”，反过来讽刺司马光是苟且偷生、不以国事为重的思想。逐条反驳，指出“受命于人主，议法度而修之于朝廷，以授之于有司，不为侵官；举先王之政，以兴利除弊，不为生事；为天下理财，不为征利；辟邪说，难壬人，不为拒谏”，最后说“如曰今日当一切不事事，守前所为而已，则非某之所敢知”。

2. 哲学方面。集中从六十二卷到七十卷是议论和杂著，很有哲学意义。特别是《洪范传》、《易象论》、《礼论》、《礼乐论》、《性情》、《原性》、《性说》、《太古》等，比较集中地反映了王安石的哲学思想。（1）本体论方面。如，在《洪范传》中，他反对汉朝刘向、董仲舒为代表的天人感应说，提出自然界虽有变异，但并不足畏。他认为自然界是由“五行”（水、火、木、金、土）构成的，天地万物是由五行的变化而生成的，而“行”本身也是发展变化的。天地万物之所以运动变化，都是因为“有耦”、“有对”，就是说有矛盾。他把运动的基本形式概括为两种：相生和相克；而它们要遵循一定的规律，就是“道”。“道”是自然而然存在的，是万物变化的普遍原则，不以人的意志为转移。（2）认识论方面。在《礼乐论》中，他认为人的认识能力是人的物质属性，不是由神秘力量来支配的；没有了人的形体，认识也不可能，“形者，有生之本”；认为物质世界是可知的。他有较进步的历史观：认为“太古”并不像古来人们在经典中想象的那样美好，他反对颂古非今，反对把一切都归之太古：“吾以为识治乱者当言所以化之之术，曰归之太古，非愚则诬。”他又认为历史是不断变化发展的，“礼法”也不能不变。总之，王安石在古代的一些重大问题上，都表明了自己的独到看法，虽大多有为政治改革服务的现实目的，但是，仍具有朴素的唯物论倾向和历史的进步观点。

王安石散文的特点。（1）最大的特点是政论性。《临川集》体现了王安石的“所谓文者，务在有补于世”的文学主张，具有鲜明的政治实用性。大多数文章可以说是为政治改革、实行变法服务的。《上仁宗皇帝书》、《答司马谏议书》等议论文，都是宣扬当时的变法思想和主张，结构严谨，概括性强，语言朴素简洁。《上仁宗皇帝书》更是议论繁多而头绪清楚，全文提挈起伏，照应收缴，熟极而流，动娴法则，被梁启超称为“秦汉以后第一大文”。即使一些学术论著，也大都为他的政治主张开路。正是他的这种不拘成说，大胆否定一些传统的迂腐看法，对儒家经典的重新阐释，创立了后世所谓的“荆公新学”。其中《周官新义》可为代表。（2）另有一些小品，笔力矫健，文风峻峭，感情洋溢，有咫尺千里之势，如《书刺客列传后》、《读孟尝君传》等。（3）叙议结合，寓意深远。如《游褒禅山记》。总之，其文章以明理见长，立意超卓，说明事理，切中肯綮。刘熙载《艺概》卷一认为王安石的文章“取法孟（子）、韩（愈）”，“兼似荀（子）、扬（雄）”，前人也常常以雄健、峭刻、简贵、精悍等来形容他的文风，是唐宋八大家之一。

王安石的诗歌。按其内容可分为以下几类：（1）有关政治的。直接反映当时的政治、经济危机，同情百姓苦难。如《感事》、《收盐》、《河北民》等；抒发变法中为维护新法、反击政敌的明志之作。如《众人》、《孤桐》等；颂美皇帝、支持新政。如《元丰行示德逢》、《后元丰行》。这些政治诗除纪实和议论外，也包含言志。在《北陂杏花》一诗中，他便以“纵被春风吹作雪，绝胜南陌碾成尘”的杏花为喻，显示了自己的高洁人格。（2）咏史怀古。著名的《明妃曲》，借歌咏王昭君和亲一事，从“意态由来画不成”，得出“当时枉杀毛延寿”的结论，将罪责由画师转到君王本人；后又援引“咫尺长门闭阿娇”这一熟知故事，更进一步说明真正的悲剧不是在出塞，而是在“人生失意无南北”的普遍性感受上，深化了诗歌的境界。其他如《商鞅》、《贾生》，也善于作翻案文字，显出作者卓越而新颖不凡的见解。（3）写景状物。体裁上以绝句见长。如《书湖阴先生壁》和《泊船瓜洲》，既长于取境，又精于锻炼。他提出“吟诗要一两字工夫”，而用典要“自出己意，借事以相发明”，《泊船瓜洲》的“绿”就是这种主张的结果。另外，他的词也很有名，如《桂枝香·金陵怀古》。总之，王安石的诗在宋代特别是对江西诗派，影响较大，又特别是对他晚年绝句这类的小诗，为宋人所津津乐道。黄庭坚说：“荆公暮年作小诗，雅丽精绝，脱去流俗，每讽咏之，便觉沆瀣生牙颊间。”杨万里《读诗》说：“半山绝句当早餐。”南宋后期，严羽的《沧浪诗话》论列本朝的诗体流变，专门列出“王荆公体”。只是由于王安石的新学在南宋长期遭到诋毁，王诗的影响才日趋微弱。

王安石的文集，最早是由北宋末年薛昂编辑的。清朝沈钦韩有《王荆公诗集李壁注勘误补正》四卷，《王荆公文集注》八卷，中华书局合成《王荆公诗文沈氏注》。现在最完善的《临川集》版本，是中华书局1959年印行的本子，它将詹大和桐庐刻本校正重印，并以陆心源、朱孝臧、唐圭璋和日本汉学家岛田翰等人辑录的王安石佚文编为《临川集补遗》作为附录。

《苏东坡集》

《苏东坡集》共一百一十卷，宋苏轼作。苏东坡，字子瞻，号东坡居士。生于宋景祐三年（1036），元符四年 （1101）病逝于常州，终年六十六岁。苏轼出生于有文化教养的家庭，父亲苏洵、弟弟苏辙，都是著名的散文家，他的母亲是位贤惠而有文化的妇女，对子女很负责任。后人把苏轼他们父子三人连同唐代的韩愈、柳宗元，宋代的欧阳修、王安石、曾巩等合称为“唐宋八大家”。他的诗开宋代社会新风气，与黄庭坚并称“苏黄”；又他的词开南宋豪迈一派，与辛弃疾并称“苏辛”；还因为他的书法特色，与黄庭坚、米芾、蔡襄并称“苏黄米蔡”。宋仁宗嘉祐元年（1056），苏轼第一次进京考试，结果获得欧阳修的青睐，一时轰动京城。他曾经做过福昌县（今河南宜阳西）主簿，关心人民疾苦，在力所能及的范围内尽量减轻人民的痛苦。苏轼一生为民谋利的精神，以及他留下的大量的优秀作品，永远闪耀着不朽的光辉。

《苏东坡集》，原名《苏文忠公全集》，又称《东坡七集》，因为其中包括《东坡前集》四十卷；《东坡后集》二十卷；《东坡奏议》十五卷；《东坡外制集》三卷；《东坡内制集》十卷；《东坡应诏集》十卷；《东坡续集》十二卷，共有一百一十卷。其中《前集》包括诗、词、赋、铭、颂、赞、论、杂文、叙、表、传等。《后集》分为诗、赋、铭、颂、赞、杂文等，又志林、表、状、札子、启、书、记等等。《奏议》、《外制集》、《内制集》是奏议和起草的文告。《应诏集》分策略、策别、策断、中庸论、人臣论、人物论。

苏轼的诗歌创作，摆脱了宋初浮艳的风气，重视诗歌的思想内容，有真情实感，追求清新自然。并且他的诗材内容丰富、题材广阔，对生活挖掘很深刻。有些诗歌反映了民生疾苦，比如《吴中田妇叹》“霜风来时雨如泄，杷头出菌镰生衣。眼枯泪尽雨不尽，忍见黄穗卧青泥”，这首诗是反映作者对新法的反对，但从中不难看出对人民疾苦的关切和同情。苏诗敢于揭露社会矛盾，敢于反映人民的痛苦生活，在各个时期的诗作中，都能发现类似的作品。比较能够代表苏诗特色的是大量的抒发个人情怀和描写自然景物的诗篇。比如《和子又渑池怀旧》、《游金山寺》、《望湖楼醉书》等等，形象而又生动地描绘了大自然，使之栩栩如生，“欲把西湖比西子，淡妆浓抹总相宜”则是传诵已久的名句。苏诗的大量作品，表现了他的内心世界，反映了那种坎坷不遇的心理，展示了那种有抱负、有理想而又与现实世界格格不入的士大夫形象。苏轼在政治上很有进取精神，对生活充满向往和追求，但又感到无穷的厌倦，企图找到超脱，这是无奈之下的消极思想。但大部分诗歌是开朗活泼的，反映了他的诗歌主流，那些描写祖国美丽山河、自然景物之美的诗篇，是他对祖国和家乡热爱的诚挚感情的流露。

宋诗的共同特征是，以议论为诗，以才学为诗。苏诗不仅如此，而且挥洒自如，比喻贴切，富有浪漫主义色彩和现实主义色彩。苏轼善于从小事中看哲理，比如《题西林壁》：“横看成岭侧成峰，远近高低各不同。不识庐山真面目，只缘身在此山中。”诗歌虽短，却道出了很深的道理。恰恰是苏轼，发展了诗歌创作中的散文、议论的倾向，他的诗歌增强了情趣，能够引起人们的注意，他的作品将描写、议论、抒情融为一体，不但蕴含深刻的哲理，而且极其形象生动。

其次，在词的创作上，苏轼同样有创新性。扩大了词的题材，语言清新、风格豪迈，具有鲜明的特性。一、推动了词的发展，五代宋初时，词作主要写艳情闺思，风格柔婉。苏轼则以诗为词，拓宽了词的题材，将游记、怀古、送别等等诗歌常用的题材融会到了词作中，从而不断促进词的发展，取得了很高成就，成为宋代文学重要的一派。二、鲜明的艺术色彩。苏轼将他的旷达超脱、开朗乐观的人生态度反映到了词的创作中，比如《水调歌头》“明月几时有？把酒问青天”，还有诸如《念奴娇》“大江东去”等等，反映了豪放词派的精神风貌，将词作引上健康广阔的路子。无论他的豪放词，还是婉约词，都渗透了这种思想情调，既旷达又闲适。苏轼的豪放风格独具特色，形成前所未有的完全成熟的艺术风格，到了南宋时期，辛弃疾等人又发展了这种风格，从而形成了豪放词派。三、扩大了词的题材。关于农村的词作还有《浣溪沙》等五首，以婉约见长的爱情词作也不少。总之，苏词的特色在于内容清新，风格豪放，不受形式束缚，语言流畅，表达自然，诚可谓“无意不可入，无事不可言”。

再次，关于散文的创作，不讲求辞藻的宏丽，政论文明晰透彻，游记和随笔说理善于设喻。苏轼反对浮巧的文风，反对求奇逐险，大胆走自己的路。在《文说》中他说：“吾文如万斛泉源，不择地而出。在平地滔滔汩汩，虽一日千里无难。”苏轼的杂说、政论、游记、书序、碑传、铭文、书信、题跋等等，都是清新自然流畅的。尤其是他的文学散文，能够随口而出，信手拈来，行文如流水，下笔如有神，感情真挚、形象逼真、论说精辟，有很高的艺术成就。有句谚语说的好，“苏文熟，吃羊肉；苏文生，吃菜根”，意思是熟读苏轼的文章可以中科举，可见他的文采影响多广多深。

《苏东坡集》传本很多，商务印书馆《万有文库》、《国学基本丛书》等都是根据明成化年间刻本排印。中华书局《东坡七集》、《四库备要》本后附录有校勘记。1958 年，商务印书馆重印《苏东坡集》，后面附录追加了《宋史》本传、苏轼年谱和墓志铭。

《陆游集》

《陆游集》，宋陆游作。陆游，字务观，号放翁，南宋时越州山阴（今浙江绍兴）人。生于宋徽宗宣和七年（1125），卒于嘉定三年（1210）秋天。幼年陆游正逢宋朝国运处于暴风雨即将来临之际，金兵南下迫使陆游长期过着逃难生活，这给他带来了心灵上的震撼，所以他说“少小遭丧乱，妄意忧元元”，终身主张驱逐金兵，收复失地，解救沦陷区百姓的痛苦，其思想根源于此。宋高宗对内残酷压迫、贪暴，对外妥协、软弱无力；秦桧卖国求荣，偏安一隅。如此黑暗的现实让陆游看在眼里，记在心头，给他以极其深刻的教育，使他能够爱憎分明。再者，当时来往于陆家的还有很多优秀的文人学者，他们常常在漫漫的长夜和陆宰灯下长谈，论述着诗文的流派和创作上的诸多问题，对少年陆游的学习是个很大的启发和帮助。复次，陆游是个相当聪敏的孩子，自小热爱学习，“我生学即耽书”，从小对书产生了浓厚的感情。绍兴三十二年（1162），陆游参政，并积极抗战，由于他参加了实际的生活和斗争，因而感受颇深，他的诗作内容充实，感情热烈，风格豪迈，包含了丰富的爱国主义情感和震撼人心的艺术力量。

《陆游集》，包括《剑南诗稿》八十五卷，附录续稿；《渭南文集》五十卷。共收录诗歌九千三百多首。因为纪念在蜀生活，故名。有逸稿二卷。

陆游的诗歌反映了诗人的志向，这些诗篇是诗人内心感情的流露，比如陆游书写早年抱负时说“上马击狂胡，下马草军书”，《书叹》中说“少年志欲扫胡尘”，《金错刀行》讲“楚虽三户能亡秦，岂有堂堂中国空无人！”至老壮志未泯，有抒发八十二岁的豪情的诗句“一闻战鼓意气生，犹能为国平燕赵”（燕赵是战国时代两个国家，在今河北、山西一带，此指被金兵占领的北方），再如“壮心未与年俱老，死去犹能作鬼雄”，晚年的《示儿》“死去原知万事空，但悲不见九州同。王师北定中原日，家祭毋忘告乃翁”，成为千古传诵的名作，可见他自小至老始终不渝的爱国和报国的壮志情怀。

《剑南诗稿》很多诗篇，表达了强烈的爱国思想，而且比较进步的是，他的爱国思想不仅仅是忠于宋朝皇帝一家一姓，而是以国家和民族为重。当时金兵南下，宋室仓皇南逃，很多北方百姓急切希望宋军北上收复失地，但总是希望落空。陆游有诗：“三万里河东入海，五千仞岳上摩天。遗民泪尽胡尘里，南望王师又一年！”大诗人将黄河比喻三万里长，将西岳华山比喻五千仞高，用夸张的手法形容祖国山河的壮丽，但却失之他人之手，诗人感到不无痛惜，尤其对沦陷地区百姓的痛苦生活和焦急迫切心情的感触极其深刻。正是由于陆游进步的观点，因此他对当时社会的现实看得非常透彻明了。《关山月》有诗句讲“和戎诏下十五年，将军不战空临边。朱门沉沉按歌舞，厩马肥死弓弦断”，下面还有“遗民忍死望恢复，几处今宵垂泪痕”，本诗反映各种关系，宋孝宗隆兴二年向金人和约后，朱门酣歌醉舞，醉生梦死，甘心屈辱地向金人称臣纳贡；但战士却极力希望战死沙场；北方遗民则翘首以待，盼望宋室收复失地。从中可以对当时阶级状况、社会现实状况、民族矛盾有清楚的认识，也包含了作者忧国忧民的悲愤之情。同时陆游还为百姓大声疾呼，“富豪役千奴，贫老无寸帛”，多么鲜明的对比！陆游诗歌同情人民生活，《农家叹》讲“门前谁剥啄？县吏征租声，一身入县庭，日夜穷笞榜”，揭露了地主的剥削和掠夺，反映了劳苦大众受到的残酷压榨，表达了为民呼吁的心声！

再次，陆游诗篇表达了对祖国山河的热爱，很多是描写了壮丽的自然山河，格调清新俊逸。《游山西村》“山重水复疑无路，柳暗花明又一村”，还有《临安春雨初霁》“小楼一夜听春雨，深巷明朝卖杏花”，作者笔下的农村生活热闹而不乏和谐，向世人展示了景色绚丽的画幅，给人如临其境之感。晚年陆游二十余年的时间是在农村度过的，从事一些农业劳动，能够和百姓走到一起，这一段时期，他对百姓有更深刻的认识，表达了对劳动人民的尊重和重视，这在封建时代的知识分子中是少见的，也是非常可贵的。

《渭南文集》内分文集四十二卷，《入蜀记》六卷，词二卷。陆游曾经封渭南县伯，故名。陆游散文也相当著名，有些作品能够畅快淋漓地表达他的爱国之情。比如《静镇堂记》、《书渭桥事》等等，风格沉雄悲愤有力度，从中也不难看出南宋的时代特征。另外还有些闲适情趣之文，《居室记》就是一篇。《入蜀记》则是陆游日记体的散文，陆游四十五岁时受命去四川做通判，他沿着长江行进，经过江苏、江西、湖北、湖南等省，又过形势险峻、江流湍急的三峡，他将一路上所见历史古迹、名山大川、民情风俗等都写进了日记里，从而《入蜀记》成为一部优美的散文游记，并且是研究历史地理的参考书。

陆游诗歌用语通俗易懂，有说服力、有感染力，所谓“清空一气，明白如话”就是说的这个意思。陆游对词句的选择也相当慎重，经常反复修改，比如《剑南诗稿》中多篇诗文就被淘汰掉了，现在所见大都艺术成就颇高。他的诗气势恢弘，词句精练，结构谨严，篇幅短小精悍，意味深远，因而备受后人称颂。

陆游活了八十五岁，给我们留下了将近一万首诗作和其他作品，数量上是古代诗人中首屈一指的，质量上也达到了一个高峰。《陆游集》中的《剑南诗稿》、《渭南文集》都有《四部备要》本。1976 年，中华书局有校点本《陆游集》，包括《剑南诗稿》和《渭南文集》。

《稼轩词》

《稼轩词》南宋辛弃疾作。辛弃疾（1140—1207），字幼安，号稼轩，山东历城（今济南）人。绍兴三十年（1161），金兵主帅大举南下，山东农民起义领袖耿京起来抗金，辛弃疾曾经率领二千人去投奔。后来宋高宗派他任江阴签判，后又做湖南、湖北、江西、福建、浙东安抚使。他一生坚决主张收复中原，由于统治势力的排挤，辛弃疾曾经两次被迫落职，先后在江西上饶、铅山两地度过二十余年的闲适生活。宋宁宗嘉泰三年（1203），他被起用做绍兴府兼浙东安抚使，后改知镇江府，但辛弃疾依然没有看到他的恢复中原的愿望实现，最后被弹劾回到铅山，忧愤而死。辛弃疾词作在两宋词人中作品最多，有六百多首。他的词题材广泛，风格多样，并以豪放为主，与苏轼的接近，世称“苏辛”。辛弃疾处在民族矛盾尖锐的时代，他的词作反映了社会现实，充满了作者慷慨激昂的爱国主义思想感情。

辛弃疾的词，表现了浓厚的爱国主义精神。辛弃疾为收复失地、完成统一大业奋斗了一生，他的词作最激动人心的、最宏伟壮丽的就是反映远大理想和驰骋疆场的心胸气魄。《水龙吟·登建康赏心亭》：“楚天千里清秋，水随天去秋无际”，“可惜流年，忧愁风雨，树犹如此！倩何人，唤取红巾翠袖，揾英雄泪？”

辛弃疾到南宋已有十二年多，他满怀壮志，但久久不得重用。遥望祖国山河壮丽，心头升起无限感慨。没有人理解诗人的愁闷心情，“无人会，登临意”。他对岁月蹉跎，无情流逝，对于壮志难酬感到无限悲愤的心情显露无遗。另外反映社会现实的代表作有《菩萨蛮·书江西造口壁》：“郁孤台下清江水，中间多少行人泪？西北望长安，可怜无数山！青山遮不住，毕竟东流去。江晚正愁余，山深闻鹧鸪。”这首词，反映了作者迫切奔赴前线的愿望和收复失地的强烈心情。从词作中可以发现，辛弃疾对统治者投降路线的愤怒谴责和对不抵抗行为的强烈批判。“中间多少行人泪”，百姓处于水深火热之中，词人心急如焚，他迫切盼望能够有滔滔江水冲破重山的气概，能够有滚滚东流江水的浩荡之势，去实现收复失地的愿望，去拯救黎民于困苦之中。

揭露黑暗的社会现实，讽刺统治集团的腐败是辛词中的另一重要内容。社会动荡之际，百姓背井离乡之时，社稷安危关键时刻，达官贵人偏安一隅，醉生梦死。辛弃疾对此极度痛恨，对其进行了无情的讽刺。《水龙吟》讲：“渡江天马南来，几人真是经纶手？长安父老，新亭风景，可怜依旧。夷甫诸人，神州沉陆，几曾回首。”南宋大小官员只知道个人享乐，在“神州沉陆”之际，竟然“几曾回首”，看都不看一眼，给人切肤之痛的感觉。

另外对不抵抗主义、对不能够重用人才感到无比的气愤，有《木兰花慢》“西风塞马空肥”之叹，有《贺新郎》“千里空收骏骨”之悲切。当然，辛弃疾的讽喻并非不着边际，他实际对宋朝皇帝抱有很高期望，从他大量的怀念古代风流人物的作品中可见一斑，比如对“剑指三秦，一战东归”的刘邦，对“金戈铁马，气吞万里如虎”的宋武帝刘裕的推重，都是辛弃疾对宋室也能够振作、能够北上收复失地的期望。

正是黑暗的社会让作者陷入痛苦之中，从《祝英台近·晚春》可见一斑。这是一首描写离别相思的词篇。如果我们联系辛弃疾的思想实际和他一生的经历来看，这首词很可能寄托了作者由于祖国长期遭受分裂、不得统一而引起的悲痛。这首词有两个值得注意的特点。一是善于通过动作来刻画人物心理活动。词中侧重于描写女主人公盼望丈夫早日归来的焦急心情，在写法上，作者舍弃了一般常用的即景抒情的手法，而是通过动作的某些细节来突现人物的内心活动。二是通过梦中的呓语来表示对春天的怨恨。

这首词通过儿女之情，寄托了家国之愁。作者满腹的怨恨，却不说破。于是就可以使人用自己的想象来加以补充和发挥了。

辛弃疾的词，除了反映社会现实和表达爱国之情外，就词本身而言，有很多特点。比如善于运用拟人的手法，《沁园春》中“青山意气峥嵘，似为我归来妩媚生”，栩栩如生；《满江红》中“恨牡丹笑我倚东风，头如雪”，将牡丹的形象描绘得惟妙惟肖；再如《水调歌头》“二年鱼鸟江上，笑我往来忙”，把鱼写的生动活泼。其次，思想和艺术融为一体的杰作。比如对田园风光的描写“茅檐低小，溪上青青草，醉里吴音相媚好，白发谁家翁媪？”（《清平乐》）把宁静而又和谐的生活情景绘声绘色地体现了出来，虽写茅屋、青草、流水、老人，实写词人对生活的热爱，对美好生活的憧憬。再次，运用古语甚多，辛弃疾把大量的典故巧妙地熔铸于词作中，使他的词作倍添神韵。比如《南乡子》说“天下英雄谁敌手？曹刘。生子当如孙仲谋”，引了《三国志》中的话；《一剪梅》“探梅踏雪几何时？今我来思，杨柳依依”，采用了《诗经》中的话等等，另外引用了李白、杜甫、苏轼、王安石等等很多人的诗句，大大拓宽了诗歌语言的范围。再者，词风豪放，比如《沁园春·迭嶂西驰》“迭嶂西驰，万马回旋，众山欲东”，将青山高大奔腾的形象凸现了出来；《水调歌头·落日塞尘起》“汉家组练十万，列舰耸层楼”，兵舰如高楼，气势宏大。总之，辛弃疾雄奇的想象，恢弘的气势，正是和词人高远的抱负不可分的，也与词人的遭遇、经历难以割舍。

《稼轩词》有四卷本和十二卷本传世，商务印书馆影印本四卷，《四部备要》本作十二卷，附录补遗。辛弃疾词有毛晋汲古阁《宋六十名家词》本四卷，就是由十二卷合成的；近人邓广铭在 1939 年编有《稼轩词编年笺注》，共六卷，补遗一卷，非常详细，且有年谱。1957 年古典文学出版社影印元大德刊本《稼轩长短句》十二卷，约四十二万字。《稼轩长短句》，1959 年 2 月中华书局上海编辑所据国家图书馆藏元大德三年刊本影印出版，约六万字。辛弃疾的词作脍炙人口，成为中华民族宝贵的文化遗产。

《陈亮集》

南宋陈亮著。旧称《龙川文集》。陈亮（1143—1194），思想家、文学家。字同甫，号龙川，学者称为龙川先生，宋婺州永康（今浙江永康）人。才气豪迈，喜谈抗金，力主恢复北方河山。为布衣而前后三次诣阙上书，又先后两次入狱。最后在绍熙二年（1191）中进士第一，授签书建康府判官公事，未到任就去世。他是永康学派的著名代表。

《陈亮集》共三十卷。包括《书疏》一卷，《中兴论》一卷，《问答》二卷，《酌古论》四卷，《论》一卷，《经书发题》、《箴铭赞》一卷，《策》一卷，《三国纪年》一卷，《史传序》一卷，《序说引》一卷，《序》一卷，《记》、《题跋》一卷，《诗歌词》一卷，《表启》一卷，《书》三卷，《祝文》、《祭文》四卷，《行状》、《哀辞》一卷，《墓志铭》四卷，《补遗》三则，《附录》三件，共计三十四万字。另外，陈亮还著有《龙川词》四卷，通过今人唐圭璋《全宋词》辑补，共收词七十四首。

《陈亮集》的内容十分丰富，主要反映了以下几个方面：

1. 陈亮的历史观。一般而言，是一种经世致用而求变通的历史理性主义。在卷十五《问古今法书之详略》中说：“《易》：‘穷则变，变则通，通则久’，是以圣人成天下之大顺，致天下之大利，和同天人之际而使之无间。”借《易经》来为自己的变革思想开路。能够根据现实的变化而采取相应的变革措施的皇帝，在陈亮的心目中，才是真正的“英雄之主”或“明君”。面对南宋的现实，他又把能否变通北宋祖宗重文轻武的家法，以重新振起已经衰弱的国势，最终实现收复北方失地的宏伟目标，提到了真正“奉天承运”的高度。他认为：“今中原既变于夷狄矣，明中国之道，扫地以求更新可也！使民生宛转于狄道而无有已时，则何所贵于人乎！”（卷四《问答下》）假如不能彻底谋求更新之道，就意味着人道的丧失，同时也就意味着天道的丧失，因为“人道失其统纪，而天地几于不立矣”（卷三《问答上》）。他在卷十四的《问古今财用出入之变》中，认为学者的可贵就在于能够“明古今之变而已乎”。所以，陈亮力求变通、因时立制的落脚点，就在经世致用，为当代的社会现实发挥作用。

2. 陈亮的社会政治思想。应该说是受他的历史观的指导。陈亮集中论述了尊王攘夷和恢复中原的必要性。（1）批判了当时的学风。面对南宋 “举一世而忘君父大仇”的情形，他认为这实在是道德性命之学风行的结果，以至于“为士者耻言文章行义，而曰尽心知性；居官者耻言政事书判，而曰学道爱人。相蒙相欺以尽废天下之实，则亦终于百事不理而已”。所以，他痛骂那些自以为得到了正心诚意的真谛的儒生们是犯了风痹之症而不知道痛痒。忘掉君父陷身胡虏的大仇和沦落于异族铁蹄的北方人民，对于他们大谈特谈的“人道”，这又算人道吗？（2）论述了改革之必行。在卷一的《上孝宗皇帝第三书》中，他要求变革祖宗家法，“不思所以变而通之，则维持之具穷矣”。而“维持之具既穷，臣恐祖宗之积累亦不足恃也”（卷一《上孝宗皇帝第一书》）。（3）在此基础上，论述了恢复中原的必要性。在卷二的《中兴论》以不可辩驳的言辞说：“赤子嗷嗷无告，不可以不拯；国家凭陵之耻，不可以不雪；陵寝不可以不还，舆地不可以不复。”总而言之，中原必须恢复。现实的原因在《中兴论》以及上孝宗皇帝诸书中都曾提到，大略有：钱塘为东南偏僻的一隅，不足以长久维持天命和人心；担心金朝占领北方一久，根基越来越牢固，再想有所作为会难以动摇，而沦陷于北方的人民日久会不再怀念宋朝。（4）陈亮思想上深受孔子《春秋》尊王攘夷的微言大义影响。“尊王攘夷”在陈亮的思想里，一是要严明夷与夏的差别，使中国与夷狄不得混而为一；一是要拨乱反正，才能进入《春秋》“三世说”的“升平”，进而转入“太平”。尊王攘夷必须以中国为宗主国，是当然的正统，他认为：“中国，天地之正气也，天命之所钟也，人心之所会也，衣冠礼乐之所萃也，百代帝王之所以相承也，岂天地之外夷狄邪气之所可奸哉！”（卷一《上孝宗皇帝第一书》）因此，尊王攘夷有了第三层意思，就是不仅仅要抵御外侮，而且是为已经与民族血液融合的历史文化传统，而捍卫文明、抵抗野蛮。他认为，如果是真正学习孔子的学者，就应该鼓励皇上积极于恢复中原之大计，决不用苟安于江南的策略来使皇上灰心（同上）。正是在这一根本政治观念指导下，他竭力主张恢复中原，反对与金人缔结和议，指责汉、唐君主用公主与夷狄“和亲”，攻击宋徽宗约金伐辽之策，批评朝中大臣不讲《春秋》大义导致了“夷狄专中国之祸”（见卷四《问答下》、卷二十《汉论》、卷八《酌古论》）。

3. 陈亮的法律思想。他认为法制和仁义一样是政治的必要手段，在《问汉唐及今日法制》中说：“仁义、法制，帝王之所以维持天下之具也。”（卷十三）但是他并不主张实行法治，并且认为法令过于繁琐，会造成极大的弊端，“持法深者无善治”（卷十七《汉论》）。他关于法的根本观念是：“法当以人而行，不当使法之自行”，“天下不可以无法也，法必待人而后行者也。”（卷十五《问古今法书之详略》）他主张法令要宽松和简易，而用刑要适当和平稳。

4. 陈亮的人才思想。提出了著名的论点：“一世之才自足一世之用。”（《问人才》）他认为天下并不缺才，他说：“何世不生才，何才不资世。……天下固有雄伟英豪之士，惧陛下诚心之不至而未来也。”（卷二《中兴论·论开诚之道》）在广开才路上，他主张唯才是用，不拘北方南方。在人才培养上，他主张首先要付诸于实践，“天下不可以坐取也”，“度外之功，岂可以论说而致？”其次，帝王平时要注意培养人才：“养之不于平时，而仓卒欲望其用，岂不难哉。”（卷十三《问人才》）他又谴责了忌贤妒能的恶劣风气。

5. 陈亮的经济思想。主要有：（1）主张农业是国家富裕的根本源泉，要求发展农业生产，解决农民的土地流失问题。（2）提倡兵农合一，减省军费的巨大开支。（3）减轻赋税，以民富为国富之本。（4）鼓励通商，主张农商相辅，认为天下应当有豪民富商，反对绝对平均主义。

总之，他提倡注重事业功利有补国计民生的“事功之学”，与只讲主观心性而空谈道德修养的理学家如朱熹等展开了反复辩难。但是，陈亮并不反儒，他也认为，儒家是孔子弟子子游、子夏等人建立的一个学派，而且是先秦各学派中影响和声势都较大的一个学派。只是他认为即使是一个“纯儒”也算不得一个完人。

其好友叶适在《龙川集后》说：“《同甫集》有春秋属词三卷 ……又有长短句四卷，每一章就，辄自叹曰：‘平生经济之怀，略已陈矣。’”乔行简在奏请给陈亮加谥号的札子中说：“（陈亮）以特出之才，卓绝之识，而究皇帝王霸之略，期于开物成务，酌古理今，其说盖近世儒者之所未讲。平生所交，如（朱）熹、（张）栻、（吕）祖谦、（陆）九渊，皆称之曰，‘是实有经济之学’。……若亮识足以明义，气足以折奸，可谓节义彰着矣；学足以名家，文足以传后，可谓声闻显著矣。”明代方孝孺读了陈亮的上孝宗四书后说：“同甫岂狂者哉，盖俊杰丈夫也。”

《龙川文集》的最早刻本是由陈亮之子陈沆编次为四十卷，由叶适在嘉泰四年（1024）作序刊刻。以后的各本只有三十卷，已多散佚。现存版本有永康应氏刻本、湖北书局刻本等、《四部备要》本。1974 年中华书局改《龙川文集》为《陈亮集》，较为完备。1988 年中华书局又出版了邓广铭的《陈亮集》增订本，收录了很多相关资料，在版本校勘上特具功力，可资阅读和参考。

《乐府诗集》

南宋郭茂倩编著。郭茂倩，生卒年不详，郓州须城（今山东东平）人，其生平已不可考。

《乐府诗集》总共一百卷，它包括从汉魏至唐、五代的乐府歌辞，其中一部分是乐府民歌，大部分是文人创作的乐府诗，也编入汉代以前传说的古代歌谣。

全书分为十二类：1. 郊庙歌辞（十二卷）：是用于祭祀天地、太庙、社稷时的歌辞。2. 燕射歌辞（三卷）：是用于宴飨和宾射之礼的歌辞。3. 鼓吹曲辞（五卷）：是与短箫、铙、鼓一类军乐相和的歌辞。4. 横吹曲辞（五卷）：是用来和在马上吹奏的军乐相和的歌辞。5. 相和歌辞（十八卷）：是用丝竹相和的汉代街头巷陌歌谣。6. 清商曲辞（八卷）：其来源出于相和三调（指平调、清调和瑟调）的古调及曹操、曹丕、曹叡所作的乐府歌辞。7. 舞曲歌辞（五卷）：是用来与郊庙、朝飨、宴会中的雅舞、杂舞相和的歌辞。8. 琴曲歌辞（四卷）：是用来与五曲、九引、十二操等琴曲相和的歌辞。9. 杂曲歌辞（十八卷）：是内容广泛的各种歌辞。10. 近代曲辞（四卷）：是指隋唐时期的杂曲歌辞。11. 杂歌谣辞（七卷）：指的是徒歌（没有音乐相和的歌谣）、谣、谶和谚语。12. 新乐府辞（十一卷）：是唐代仿乐府而作但不配乐的新歌辞。

其中，《相和歌辞》、《杂曲歌辞》、《鼓吹曲辞》三类中都包含了汉代民歌，以《相和歌辞》为最多，如《饮马长城窟行》“青青河畔草，绵绵思远道”、《陌上桑》、《孤儿行》。《横吹曲辞》中收了北朝的一些民歌，著名的如《敕勒歌》、《木兰诗》。《清商曲辞》中收了南朝的一些民歌，著名的如《子夜歌》、《西洲曲》。《新乐府诗》所收的是唐代诗人所写的“即事名篇，不复依傍”的一种歌行体，如杜甫的新题乐府，白居易提倡的新乐府诗。它的特点是音节、韵律一般比较自由，句式往往参差不齐，富于变化。

《乐府诗集》中收录的民歌，最值得我们珍视。它们大都是“感于哀乐，缘事而发”，具有浓烈的现实主义风格。由于汉代一度曾撤销乐府机构，到民间采风的工作中断了；汉代以后，虽然各个朝代仍然设有乐府机关，但没有大规模地采集民歌，所以被保存下来的民歌极少。在《乐府诗集》中民歌大约也只占十分之一。

本书是收集历代乐府诗最完备的一部总集，它把历代歌辞按其曲调收集分类，使许多作品得以汇编成书，为乐府诗的整理和研究提供了很大的方便。汉代有不少民歌原来散见于各种典籍中，例如《陌上桑》、《东门行》等见于《宋书·乐志》，《孔雀东南飞》见于《玉台新咏》，还有一些则散见于《艺文类聚》、《文苑英华》等典籍中。特别是古代的一些民谣，多散见于各种史书之中，因为编者收集并著录于一书之中，不仅保存了大量的乐府诗歌，而且检阅也很便捷。

本书的编排方法也很有特点，它将古词列在前面，历代模拟作品依次列在后面，这样就可以从中看出歌辞的变化痕迹和文人诗歌受到的前代民歌的影响。例如《相和歌辞》中的《蒿里行》在《宋书·乐志》中，仅著录了曹操的拟作，而在本书中却收录了汉代的古词，又如《陌上桑》一曲，在《宋书·乐志》中也只收录曹操和曹丕的拟作，而本书引用《古今乐录》指出，《陌上桑》本来是汉代《相和歌辞》中的《瑟调曲》，并录有古词。这样不仅可以说明某种曲调的来源及其本意，而且可以清楚地显示出古代民歌对后代文人的创作的深远影响。对于一些古词已经亡佚，而其曲调对后人有过影响的乐曲，本书也以各种方法来表明其来源。而对于一些题目不同的曲辞，郭茂倩也能详细地加以考证，指出其继承关系，例如“梁鼓角横吹曲”中的《黄淡思》，郭茂倩就引用陈代的释智匠的《古今乐录》，指出《黄淡思》就是“汉横吹曲”中的《黄覃子》。真正做到了“辨章学术，考镜源流”。

另外，本书的各类歌曲前都有总序，每首歌曲前都有题解，对各种曲调及歌辞的起源与发展，都有较为详实的考订，可以帮助读者更好地了解乐府歌辞。并且在考订时郭茂倩征引了大量现在已经失传的书籍，如南朝刘宋时期的张永的《元嘉正声伎录》、南齐的王僧虔的《伎录》、陈代的释智匠的《古今乐录》等书，它们也因此得以保存。这对文学史和音乐史的研究都有重要的参考价值。

当然，本书在收录方面也有不足之处。本书兼收合乐和不合乐的乐府诗歌，而在合乐的部分所收录的作品不免贪多而稍滥。例如在第七十九卷中收有隋代薛道衡的《昔昔盐》一首，共二十句；唐代赵虾就以每一句为题目，依次赋诗一首，而本书不加甄别，将这二十首与乐府无关的诗也一并收入，列于薛诗之后。这样处理是同本书的收录原则不相符合的。又比如第六十八卷收录隋代李元操《鸣雁行》一首，而该诗内容是咏雀的；第七十四卷录隋代王胄的《枣下何纂纂》两首，而内容却是写柳写槐，与题目不相吻合。

对乐府诗的研究，主要是从解放后才开始的，1951 年到 1955 年的研究文章大都已被收入作家出版社编辑出版的《乐府诗研究论文集》中。余冠英的《乐府诗选序》和王运熙的《略谈乐府诗的曲名本事与思想内容的关系》等，对乐府诗有很精当的研究和介绍。萧涤非的《汉魏六朝乐府文学史》可谓集大成之作，可资参考。

《乐府诗集》的版本有《四部丛刊》影印的汲古阁本、《四部备要》本，明代的南监本和 1955 年文学古籍刊行社根据宋代刻本影印的四册精装本。此外，中华书局 1979 年出版的点校本《乐府诗集》，书后附有“作者姓名索引”和“篇名索引”，可为读者提供很大的方便，是目前最完善的一个版本。

《正气歌》

南宋文天祥作。收入《文山先生全集》。文天祥（1236—1283），民族英雄，诗人。字履善，一字宋瑞，号文山，吉州吉水（今属江西）人。宋理宗宝祐四年（1256），举进士第一，为状元。德祐元年（1275），元世祖忽必烈大举南进。二年，元兵进逼临安，为右丞相兼枢密使，出使元营谈判。被扣留，后又逃脱，拥立端宗，继续组织军队抗元。景炎三年（1278）十二月，兵败被俘。囚大都（今北京）三年，誓不投降，从容就义。

《文山先生全集》是诗文合集，包括《文集》、《指南录》、《指南后录》、《吟啸集》和《集杜诗》等。本书共二十卷，前十二卷是《文集》收录的都是德祐之变以前的作品，计诗二百四十八首，词三首，各体文六百四十六篇。以诗为例，是一般文人的诗，大都为应酬之作。但也有一些佳篇，比如他的登临、抒怀的诗，可以看出他的忧国伤时的感情抒发。德祐之变以后的诗，是用沸腾的热情与模糊的血泪写成的，体现了爱国主义的高尚情操。一般又可分为两个时期，第一个时期是在五坡岭被俘以前，国家尚存兴复希望，他的诗体现了百折不挠的艰苦战斗精神。第二个时期是在五坡岭被俘之后。他亲见厓山行朝覆灭，跟他多年共患难的战友全部牺牲，他的复兴国家的志业已告绝望。这时他万念俱灰，但求速死。但是他绝望并不垂头丧气，相反，歌声更加凄厉而高亢。所以在被俘北行经过南康军时，《和东坡〈酹江月〉》还高唱“乾坤未歇，方来还有英杰”。总之，德祐以后，他的诗使人凛然于忍辱偷生的可耻，了然于为保全民族气节而牺牲的光荣。

本书卷十三，为《指南录》，收诗九十二首，历叙自己起兵勤王至景炎二年春所遭遇到的危恶境界。《扬子江》末二句："臣心一片磁针石，不指南方誓不休。"《指南录》从此取名，表现了他以恢复大任自许自誓决不动摇的坚强意志。卷首有《自序》和《后序》，可为这一时期所作诗的最好注脚。特别是《后序》，叙述详实，笔锋曲折，在悲痛和愤怒之中，浸透着忠贞的爱国之情："不得已，变姓名，诡踪迹，草行露宿，日与北骑相出没于长淮间。穷饿无聊，追购又急，天高地迥，号呼靡及。"刻画了逃难的艰难困窘情状，历历如绘。结尾表示了"誓不与贼俱生"，"鞠躬尽瘁，死而后已"，气势高亢，抒发了"返吾衣冠，重见日月"的救国愿望，是宋代散文中难得的佳作。

卷十四为《指南后录》，收诗一百四十三首，词八首。收入《指南后录》的诗，格调悲壮苍凉。著名的如《过零丁洋》最后两句："人生自古谁无死，留取丹心照汗青"，阐明了人生的重要意义，给当时和后世以深远的影响。《二月六日，海上大战，国事不济。孤臣天祥坐北舟中，向南恸哭，为之诗曰》、《南安军》、《除夜》、《金陵驿》等都是广为传诵的名作。《正气歌》也收录其中。

《正气歌序》引《孟子·公孙丑》"吾善养吾浩然之气"，说自己以一腔正气完全可以胜过丑恶的七气：水气、土气、日气、火气、米气、人气、秽气。因此，文天祥以"正气"为题，并以正气发端，作成这首悲壮昂扬、激奋人心的豪迈之歌。时间是作者被囚禁二年后，即元世祖忽必烈至元十八年（1281）的夏天。地点是元大都阴暗潮湿的监狱。前十句为一个意义层。开篇他就高唱"天地有正气"，并说正气有不同的表现形式，于物，是大地上奔流的大河和高耸的峻岭；于人，就是那充沛的塞满无垠苍穹的浩然正气。时局危险的时候，忠臣就会纷纷涌现，成为后人仰慕敬佩的典型：齐太史的简书，晋董狐的直笔，秦张良的博浪沙之铁椎，汉苏武十九年坚毅不屈的壮节，东汉严颜宁作断头将军，晋嵇绍的甘洒热血，唐张巡的咬断钢牙，严杲卿的骂贼断舌。他们的义烈行为，感天地而动鬼神。还有不仕伪朝漂零辽东的管宁之帽，写“鞠躬尽瘁，死而后已”的诸葛之表，为恢复中原而渡江中流的祖逖之楫，血染逆廷、段秀实用以击贼的笏板，都是天地正气的化身。在诗中，文天祥列举了十二个凛然有着昂扬正气的典型，作为榜样来勉励自己。这就表明正气是维系天柱、地维和人伦并使之绵亘古今而不绝的巨大力量。它广大雄厚，磅礴凛冽。当正气横贯日月的时候，人们可以将生死置之度外，也因此地维赖之以立，天柱赖之以尊，纲常也因之而不乱。这是第二个意义层。以下到篇尾是第三个意义层。追述自己遭逢了国家大变乱的经历，写了狱中生活与邪气搏斗的情形。最后点明作歌主旨，“哲人日以远，典型在夙昔。风檐展书读，古道照颜色。”往古的贤哲虽然离我们的时代久远了，但是他们的为正气所钟的义烈风貌，却还留在了史册上，成为我们学习的榜样。全诗不尚雕饰而大气包举，感情深挚而韵味深厚，显然受到了杜甫诗歌的启发，但是本诗真力弥漫、大气磅礴，自是因为作者心中充盈着那腔至刚无匹的浩然正气的缘故。

卷十五为《吟啸集》，收诗八十五首、文章二篇。除少数作于赴大都途中外，其他都是作于狱中。《己卯十月一日》写了在狱中的生活；《立春》“无限斜阳故国愁”、《夜起》“万里灯前故国情”、《感兴》的“万里云山断客魂”和“月侵乡梦夜推枕”，怀念故国家乡。另外还有怀念故朋旧友、准备随时以死报国内容的诗歌。如《上元怀旧》“风生江海龙游远，月满关山鹤唳高”，志气益愤而气格益高。

卷十六为《集杜诗》五言绝句二百首，有题，或有序。集杜就是用杜甫的诗句来作诗。文天祥自序说这二百首诗概括地叙述了自他“颠沛以来”的“世变人事”，目的是记述历史，是把它当作杜甫诗史来写作的。《集杜诗》不仅是集句艺术的高峰之作，而且也为后代留下了一份宝贵的历史遗产和文学遗产。吴之振在编选《宋诗钞》时称赞说："裁割熔铸，巧合自然，尤千古擅长。"

总的来说，后期文天祥写的最多也最好的是古体诗和律诗。古体诗常常感情奔放、气势磅礴，如《正气歌》。还有《高沙道中》，运用平易流畅的散文化语言，叙述经历的险境，详细而不琐碎，在复杂的叙事中以一句"自古皆有死"为线索。全诗五言，隔句押韵，长达八十多韵。而且一韵到底，读来有一种浑灏流转的感觉。它的篇幅甚至超过了杜甫的《北征》，而笔力矫健，始终不懈，实在难得。《二月六日，海上大战，国事不济。孤臣天祥坐北舟中，向南恸哭，为之诗曰》一首，作于厓山行朝覆灭时，通篇七言四十四句，由于每句押韵、两句一换韵，读时更觉得声调急促沉痛。"厥角稽首并二州，正气扫地山河羞"，只两句就呵斥了投降政策；"我欲借剑斩佞臣，黄金横带为何人"也只两句，声讨了卖国贼的罪行；"一朝天昏风雨恶，炮火雷飞箭星落；谁雌谁雄顷刻分，流尸漂血洋水浑"，只四句，极写战争的激烈；"昨朝南船满厓海，今朝只有北船在；昨夜两边桴鼓鸣，今夜船船鼾睡声"也只四句，就描摹了战后海面凄暗景色，同时刻画出沉痛悲悼的心情。这些都体现了文天祥用词的简洁，感情的奔腾汹涌。他的律诗佳作也很多，《赴阙》、《过零丁洋》传诵最广。就是《集杜诗》也颇能传其情愫，如"耳想杜鹃心事苦，眼看胡马泪痕多"。

《文山先生文集》的版本有明嘉靖三十九年（1560）张元谕刊本、《四部丛刊》影印明刊本的《文山全集》本、清光绪十三年（1887）重镌的《庐陵文丞相文山先生全集》、20 世纪 30 年代生活书店出版的郑振铎编《世界文库》中有《指南录》和《指南后录》。其中《指南录》有宋刊本。1979 年人民文学出版社出版了黄兰波编选的《文天祥诗选》，有注释。

《关汉卿戏曲选》

《关汉卿戏曲选》，今人吴晓铃等编校。关汉卿（1230？—1300？），元代杂剧作家，号已斋叟，大都（今北京市）人。他和马致远、郑光祖、白朴并称元曲四大家，是中国戏曲史上创作最丰富的戏剧家。金灭亡之后，他流落歌楼、酒肆、瓦舍、戏场之中，不愿意为官。为人倜傥不羁，具有坚强不屈的性格。关汉卿对人们的生活非常熟悉，对各种艺术形式也很爱好，他擅长歌舞，精通音律，创作了大量人们喜爱的戏剧，很多有开创意义。他的杂剧有六十三种之多，但保存至今的只有十五种，为《单刀会》、《西蜀梦》、《绯衣梦》、《拜月亭》、《调风月》、《望江亭》、《窦娥冤》、《金线池》、《鲁斋郎》、《蝴蝶梦》、《救风尘》、《谢天香》、《玉镜台》、《哭存孝》、《陈母教子》。他对后世的影响相当大，元代很多戏剧家都向他学习。

《窦娥冤》是《关汉卿戏曲选》中最出色的悲剧。内容是写一个读书人窦天章的女儿窦娥一生的不幸。她三岁死了母亲，到七岁时因为抵债被父亲送到蔡婆婆家当童养媳，十七岁结婚，两年后丈夫去世，从此过着悲惨的寡居生活。蔡婆婆外出讨债，赛卢医要谋财害命，地痞张驴儿和他的父亲借口救蔡婆婆，赖在蔡家。张驴儿垂涎于窦娥美色，窦娥不肯就范，于是他想毒死蔡婆婆，不料张驴儿父亲被毒死，于是诬陷窦娥毒杀其父。审案的太守是个昏官，将窦娥屈打成招，判处死刑。刑前，窦娥发誓：若死的冤枉，刀过头落，热血飞溅白练；天降瑞雪三尺掩盖其尸；楚州大旱三年。其誓感动上天，果然应验。后来其父做了提刑肃政廉访使，来到楚州，并为窦娥洗刷冤屈。窦娥的一生是中国古代封建社会普通妇女的写照，窦娥身上体现出来的性格基本上反映出普通妇女的性格。她善良而不失刚强，从幻想对官府抱有期望到认清官府的黑暗，从相信天地到对天地提出大胆的质问。她的悲剧恰恰是对元代社会政治、伦理、社会风尚的尖锐的解剖和批判。

《救风尘》是关汉卿杂剧中有代表性的喜剧。内容是妓女赵盼儿拯救同行姊妹，向纨绔子弟周舍斗争的故事，本篇反映了下层妇女的奴隶地位、悲惨生活和斗争要求，称颂她们的勇敢和智慧，揭露封建统治者的愚蠢和无耻。《望江亭》是《救风尘》的姊妹篇，主题、情节、人物基本相似。《鲁斋郎》是一部比较好的公案戏，这篇作品反映了元代社会里压迫者和被压迫者的矛盾，有对豪强恶霸荒淫无耻生活和凶横残暴的揭露。《单刀会》描绘了关羽只身赴会，在会上屡破鲁肃计谋的故事。本折戏讲述了统治阶级内部的争夺，说明荆州应归汉家，在蒙古族统治下的元代不无现实意义。对关羽人物形象的描绘也是煞费苦心，那种坚贞不屈、胸襟磊落的英雄气概活脱脱地展现出来，气节崇高，表现的咄咄逼人，这是一部相当不错的历史英雄剧。

《关汉卿戏曲选》体现了关汉卿创作上的各种特征。首先是重视人。戏曲就是人间生活的反映和缩影，人是戏剧的主要角色，无论情节还是事件都要受到人的支配。只有把人写的有意义，有存在的价值，才使艺术的生命得以长青。在描绘人物时，体现出人应平等的观念，各色人等，不分贵贱，都有尊严，都有自己存在的空间，有自己活着的价值。但关汉卿生活在不人道的社会里，于是在他的笔下就有了各种丑恶的现象，通过艺术的手法反映了当时的社会。正是看清了这样的社会，关汉卿萌生了人道主义的思想，成为他企图改造社会的精神武器。比如《西蜀梦》、《哭存孝》这两部英雄悲剧，都是以复仇为主题，但都富有很浓厚的人道主义色彩。关汉卿的人道主义思想是时代的折射，反映被欺凌者不甘于被欺凌的矛盾。而关汉卿总是站在被欺凌者一边，他的作品就是人道的控诉，就是正义的呐喊。其次是对人的力量的发现，尤其是对妇女的重视。当时的现实是，社会不承认人的价值、人的自由幸福，尤其是女人更没有人的地位，女人中的妓女、寡妇等更是备受歧视。但关汉卿却发现了妇女的才智、品质和力量，在他的戏曲中，越是处于社会底层的就越有反抗精神，尽管还是微不足道，但却是闪光点，是最为可贵的地方。关汉卿在现实中发现了美好的理想，将之赋予到惨遭不幸、屈辱的社会底层的妇女身上，比如有智勇双全的再嫁寡妇谭记儿，倔强气傲的妓女杜蕊娘，感天动地的童养媳出身的青年寡妇窦娥等等，都有不让须眉的胆识和才干。这样将妇女的形象加以描绘，不是艺术的拔高，而是对男尊女卑社会的挑战，是根据现实而来的。再次，《单刀会》等将英雄主义的雄健形象凸现出来了。不仅是有关关羽、张飞等人，就是有反抗性的妇女也洋溢着敢于斗争、乐观上进的精神。关汉卿作品呈现出英雄主义和人道主义紧密结合的精神。复次，在关汉卿的作品中找不到宿命论的故事，虽然他本人并非无神论者。在剧作中，喜剧中主人公在遭遇困难时刻，并没有去求神问卦，而是通过自己的力量和奋斗度过的；悲剧中主人公具有顽强的性格，报仇雪恨都靠自己的力量，总之是自己掌握自己的命运，这点是很可贵的思想。

今人吴晓铃等编校的《关汉卿戏曲选》，1958 年 4 月戏剧出版社排印本，共二册，七十三万余字，编者对关汉卿的创作搜集的比较齐全，不仅汇集了所能搜集到的全部戏剧，而且对他的散曲和已散佚的戏曲也做了一些辑佚，另外对关汉卿的剧作的各种版本做了详细的校勘。再有人民文学出版社 1958 年出版的《关汉卿戏曲选》。

《水浒传》

《水浒传》是自北宋末年一直到元末明初二百五十年间经过许多有名的无名的作家不断整理加工而成的我国第一部以农民起义为题材的长篇白话小说。它通过梁山英雄从个人复仇到集体反抗乃至最终失败的悲壮历程，塑造了农民起义的英雄群像，揭示了封建时代尖锐的社会矛盾和起义产生、失败的社会根源。

小说揭示了“官逼民反”是梁山起义的社会根源。作品把封建统治集团代表人物高俅的发迹作为开篇，开宗明义地表达了“乱自上作”的思想。高俅成为贯穿全书的一条黑线。他上与蔡京、童贯勾结，下与地方官吏串通，加之镇关西、蒋门神、祝朝奉、毛太公等豪霸，构成了自上而下的社会黑暗势力。这使身处社会底层的李逵、将门后裔杨志、世袭贵族柴进纷纷加入起义行列。智取生辰纲是梁山英雄从个人复仇到集体反抗的开始，此后经过“三山聚义”、清风寨报仇，起义军逐渐发展壮大，并在三打祝家庄、踏平曾头市、大破连环马中与统治阶级展开了大规模的武装斗争。“梁山泊英雄排座次”是梁山起义发展的高潮。

作品在七十回后写了起义军在两胜童贯、三败高俅的大好形势下竟接受了朝廷的招安，从此走上了失败的道路。如何看待招安，是《水浒传》评论的一个焦点问题。多年来对这部小说的思想内容及其人物评价的褒贬，均由此引发。从历史的真实来看，小说故事的原型宋江起义就是接受了招安的。这也是民族矛盾激化时期的一种思想倾向。鲁迅先生指出：“招安之说，乃是宋末到元初的思想。”（《中国小说的历史变迁》）从艺术的真实来看，它符合宋江等人的性格的发展，招安导致的悲剧结局客观上揭示了农民起义的局限性和起义失败的根源。

《水浒传》第一次热情歌颂了农民起义，开创了中国文学的官民对立模式。它洗去了统治阶级强加在起义者头上的污水，将起义者塑造成大忠大义的英雄豪杰，并描画了一个全新的异于现实的美好理想的世界：水泊梁山。它是“桃花源”母题的变形置换，不再是一个狭隘的地理概念，而演变成一个文化符号。这种以“侠”和“义”为基石构筑起来的理想大厦，也是文化史上的奇观。这种不好色，不贪财，不怕死，铲除不平，劫富济贫，兴利除弊，拯救他人就是拯救自我的精神，闪烁着永久的光芒。

宋江是《水浒传》中最为复杂的人物。他的性格始终具有反抗与妥协的二重性。一方面他能救困扶危，以重义而名扬江湖。论文才武略他在梁山英雄中并不出众，但其忠贞侠义的品格和养济万人的度量使他在梁山具有无可取代的主心骨与凝聚力的作用。另一方面，他出身地主家庭，做过刀笔小吏，具有封建正统观念，即使被逼迫上梁山，他报效朝廷的念头却没有断。直到接受招安，酿成悲剧，他临死仍表示“宁可朝廷负我，我忠心不负朝廷”。宋江这一人物是小说情节发展演变的关键之所在。

《水浒传》还塑造了一系列起义英雄的形象。在人物刻画中，小说准确把握了人物与环境的关系，共性与个性的关系。林冲、鲁达、杨志都是武艺高强的军官。其中林冲是八十万禁军教头，又有美满家庭，自然形成安于现状、忍辱求全的性格。刺配沧州后，地位、家庭丧失殆尽，甚至生命也受到威胁，他才忍无可忍，奋起反抗。鲁达则一无牵挂而无所顾忌，因此具有勇于抗争，好打不平的性格，这使他与社会现实格格不入，最终主动走上了反抗之路。“三代将门之后”的杨志一心追求功名，为此忍辱负重，百折不挠，直到生辰纲被劫，退路全无，才被逼上了梁山。

小说还善于在曲折的故事情节、尖锐的矛盾冲突中展示人物性格。如武松的英雄豪气在“景阳冈打虎”中已有展露，后又通过“斗打西门庆”、“醉打蒋门神”、“大闹飞云浦”等一系列你死我活的拼杀、刀剑血影的搏击中淋漓尽致地得以表现。

运用对比、烘托等艺术手法，写出人物的种种差异，是小说描绘人物的高超技巧。林冲的息事宁人与鲁智深的打抱不平，宋江的深谋远虑与李逵的心直口快形成鲜明对比，同是粗鲁，鲁智深急躁，李逵粗野，武松爽快，史进任气。同是粗中有细，李逵则天真淳朴，鲁智深则机智有谋。正如金圣叹所说："叙一百八人，人有其性情，人有其气质，人有其形态，人有其声口。"（《第五才子书施耐庵水浒传序三》）

《水浒传》的结构属于单线连环结构。它的叙事情节呈单线发展，由一个又一个的故事组成。这些故事既有相对独立性，又一环紧扣一环，从而构成一个完整的有机整体。如小说的二到七回是鲁智深的故事，七到十二回是林冲的故事，十三到二十二回是智取生辰纲的故事。接下去的十回是武松的故事，再往后十回是宋江的故事。其中鲁智深的故事由史进引出，林冲的故事由鲁智深引出，生辰纲的故事由林冲引出，环环相扣，巧妙连缀，这种结构的形成是水浒故事长期在民间流传的结果。同时这也是小说内容的需要。梁山英雄个个有曲折复杂的经历，轰轰烈烈的事迹，最终都被逼上梁山。通往梁山的条条道路，汇集起来就是一幅波澜壮阔的英雄画卷。

在情节设计上有意从类似的情节中写出不同来，或称"犯而不犯"，如写了武松打虎，又写了李逵打虎。前者是遽然遇虎，赤手空拳与虎搏斗，惊险万状；后者是有心寻虎，用刀连杀四虎，有惊无险。武松杀嫂后，又有石秀杀嫂。前是亲嫂，后是义嫂。前者因有杀兄之仇，告状不准，才被迫杀嫂，且请邻居做证，杀后又主动投案自首，不连众人，显得光明磊落；后者是出于心胸狭窄，且滥杀无辜，嫁祸于人，显得自私狠毒。其他像江州劫法场救宋江以及大名府劫法场救卢俊义；武松发配及宋江发配；林冲起解途遇公差刁难加害以及卢俊义起解途遇公差加害；阎婆惜与人偷情要害宋江以及贾氏和管家通奸害卢俊义；三打祝家庄以及两打曾头市等。

作为我国第一部长篇白话小说，《水浒传》的语言在《三国演义》半文半白的基础上更进一步，具有大众化、口语化的特点。它继承和发展了宋元以来“说话”的语言艺术，提炼了带有浓烈生活气息的大众口语，并使之洗练，丰富而生动。无论是叙事或写人，常常是寥寥几笔便形神毕肖。如三十八回李逵初见宋江时，问戴宗道：“若真个是宋公明，我便下拜。若是闲人，我却拜甚鸟。”当确认是宋江时，李逵“拍手叫到：‘我那爷！你何不早说这些个，也教铁牛欢喜！’扑翻身躯就拜”。三言两语，李逵率直粗放的个性便活脱脱呈现在读者面前。

《水浒传》首开中国小说英雄传奇的先河。后世的《说唐》、《杨家将》、《说岳》等无不受其影响。它们共同构成了中国小说的“英雄史诗”。

《红楼梦》

《红楼梦》，又名《石头记》、《金玉缘》，曹雪芹著，清代著名长篇小说，一百二十回。曹雪芹（1715？—1763？），名霑，字梦阮，号雪芹、芹圃、芹溪。原籍辽阳（今属于辽宁），一说河北丰润，满洲正白旗人。曹雪芹的祖先是汉族人，在明朝末年定居于沈阳，他的高祖曹振彦参加了新兴的清政权，从龙入关，隶籍于满洲正白旗包衣佐领，由于包衣是皇帝通过内务府直接管理的，所以曹家是皇室的家奴，可看作满人。曹雪芹的先世具有特殊的亲贵身份，过着尊荣的生活，并且又有较高的文化素养，这一切给曹雪芹的创作带来巨大的影响。曹雪芹的一生可考的事件并不多，主要是和敦诚、敦敏兄弟交往，再者和在北京西郊教学的张宜泉来往甚密。他的最后十年，在北京西郊度过，生活极其清苦，常常靠赊欠度日。在雍正抄家前，曹雪芹大概是居住在江宁织造，度过童年、少年的富贵生活，抄家后来到北京，晚年流落西郊山村，一生没做过官，大概当过杂差，但他才华横溢，能文工诗善画，常常靠卖画度日。

关于《红楼梦》，曹雪芹在世时只有《红楼梦》的稿本和脂砚斋等批语的抄本。在曹雪芹去世后二十年间，出现了程伟元的枣梨本，此为程本系统。当然还有所谓甲戌本，名为《脂砚斋重评石头记》，是乾隆甲戌年（1754）脂砚斋抄阅再评本子的传抄本；庚辰本，名为《脂砚斋重评石头记》，祖本是乾隆庚辰年（1760）评定本，共有数十种版本。主要有三个大的系统：即程本、脂本、红楼梦研究所本，后者为中国艺术研究院红楼梦研究所综合脂本和程本而成，1982 年由人民文学出版社出版。

《红楼梦》的主要内容。从《红楼梦》的整体来看，它的线索不外三条，其一是林黛玉和贾宝玉的恋爱悲剧；其二是贾、王、史、薛四大家族尤其是贾府的兴衰，凤姐、探春的理家及其失败是重要内容；其三是贾政、宝玉父子在人生道路上的分歧，中间涉及宗族教育、科举考试制度等等。贾宝玉在贾府有着特殊的地位，他是贾政的嫡子，根据《红楼梦》是女娲补天遗落未用的彩石幻化而来，生时口衔通灵宝玉，深得祖母史太君疼爱。他从小在大观园和少女们厮混，不爱读儒家圣贤书，不乐进学入仕，即使遭到父亲严责，依然未改其人生态度。同黛玉恋爱不成，被迫和宝钗结婚，最终出家为僧。林黛玉是两淮盐政林如海的女儿，贾母外孙女，母亲早亡，寄居舅家，她资质聪颖，工诗善言，但寄人篱下，又无从表达对宝玉的爱慕，郁闷而终。《红楼梦》主要根据此二人为中心展开人物众多、场面宏大、情节曲折的叙述的。其中有刘姥姥逛大观园，有黛玉葬花，有探春理家等等故事情节连缀而成。书中人物个性鲜明，比如有忠心事主而遭到塞了满嘴马粪的焦大，有不甘心于三等丫头地位一心向上爬的能言善道的小红，有野性十足的女戏子芳官等等，形象逼真、绘声绘色。

《红楼梦》开场批评了才子佳人小说的低劣的技法，曹雪芹深知人物形象的重要性，追求语言的洗练，在表现技法上有创新。首先，人物形象鲜明、逼真、生动。比如宝玉和黛玉就是不满封建制度、具有民主色彩人物类型的典型；来旺、王善保是欺软怕强、仗势凌人的奴才形象；尤三姐是平民中有理想并敢于为之奋斗又不怕牺牲的形象，等等。诸如此类的人物形象，可反映社会上的某一类人，他们相互补充，展现了各个阶层的人物特征和精神面貌。至于描写人物时，最大限度地用各种手法去挖掘人物的思想、性格，通过行动、语言和内心活动等等创造丰富的人物形象、反映复杂的社会现实。其次，生动优美的语言。曹雪芹尽量采用民间语言，用新鲜活泼有韵律的语言，反对八股文体。比如写见到黛玉、宝钗躲避远远的，说“生怕这气大了，吹倒了姓林的；气暖了，吹化了姓薛的”，将弱不禁风的、秉性冷淡的状态活灵活现地表现出来了。又如写刘姥姥吃饭时的各种怪像，引起三次哄堂大笑，每一次都不同，令人眼花缭乱，却纹丝不乱。正是运用了大量丰富的富有神韵的语言，才使人物形象完美丰满。再次，结构谨严，情节有节奏感。《红楼梦》开卷以冷子兴“演说”交代贾府的源起及其发展趋势，再叙黛玉、宝钗进入荣国府，接着是凤姐协理宁国府，到刘姥姥入大观园等等，一个故事衔接一个故事，紧凑而不失自然；各事件相间相生，既可独立又不可或缺，读来给人豁然贯通、酣畅淋漓之感。

《红楼梦》是中国古典小说发展到高峰的标志，其思想性极其深刻；《红楼梦》的故事如同曹雪芹的家庭兴衰，反映了大的社会背景。首先，暴露了封建君臣的虚伪、罪恶。在 《红楼梦》中没有正面写皇帝，但却可以给人皇权严厉的感觉，从贾政过生日时，皇帝宣诏让贾府上下惶恐就可以看出皇帝的言行主宰臣民的祸福，这是用艺术特色从侧面对皇权的揭露。薛蟠打死冯渊扬长而去，贾赦害得石呆子家破人亡等等故事，他们之所以能够肆无忌惮地作恶，就是因为有官僚的庇护，曹雪芹把这种关系用“护官符”表述得非常准确，用几件血淋淋的事实，揭露了以皇帝为首的封建国家残暴和政治的黑暗腐败，表明封建国家机器和官僚政治是万恶之源，是社会机体的毒瘤。其次，抨击各种腐败的制度。比如婚姻制度方面，很多婚姻悲剧的产生就是因为父母包办婚姻，比如迎春由父亲做主嫁给了孙绍祖，被折磨而死，就是个悲剧下场。当然曹雪芹着力描写的是黛玉和宝玉的恋爱，他们一个被迫死去，一个出家，都没有好归宿。正是以这些婚姻悲剧来有力地控诉封建婚姻制度的戕害青年人的吃人本质，揭露了“以理杀人”的残暴本性。还有就是教育制度的沉沦没落。哪里是教育人才，明明是让青年学子只读儒家圣贤书，学做八股文，扼杀人的思想，束缚人的才智。再次是提供了丰富广阔的社会空间内容。曹雪芹对人们的生活方式、生活事例的描写相当细腻、真实。

对人们的精神生活和情趣，还有各种生活习俗，都有详细的描述，《红楼梦》实在是当时社会的真实写照。

当然在《红楼梦》中还有一些唯心主义的观念，比如历史循环论、宿命论、色空观念等等，曹雪芹安排宝玉出家，大概是和《好了歌》的出世思想相一致的，也反映了他本人多少也具有出世想法。

但归结起来，《红楼梦》取得了辉煌的成就，展示了一幅无与伦比的封建晚期社会生活画面，揭露并批判了封建主义，是封建晚期社会的一面镜子；其思想性极其深刻，艺术手法细腻逼真，描写人物形象生动、栩栩如生，语言精练，无论思想性还是艺术性都达到了古典小说的顶峰，是值得中国人民引以为豪的文化遗产。

《小仓山房集》

清朝袁枚作。袁枚（1716—1798），著名文学家。字子才，号简斋，自号仓山居士，因筑园林于小仓山，号随园。浙江钱塘（今杭州）人。少年得志，二十四岁中进士，选翰林院庶吉士。三年后外放为官，历任溧水、江浦、沭阳、江宁等地知县。乾隆十三年（1748）辞官，居于江宁（今江苏南京）。除乾隆十七年曾到陕西做官一年外，不再出仕。过着论文赋诗、悠闲自在的享乐生活。袁枚是清朝中期著名的诗人，与蒋士铨、赵翼并称乾隆三大家。又是诗歌评论家，主张抒写性灵，影响很大。著有《随园诗话》，品评诗歌史上和当时的诗人与诗作，风靡一时。袁枚一生著述甚丰，主要的诗文都收集在《小仓山房诗文集》。另外还著有诗话类的《续诗品》、笔记类的《随园随笔》、小说类的《新齐谐》等。

《小仓山房集》包括：诗类三十七卷，补遗二卷，存诗近七千首。文类正集二十五卷、续集十卷，外集八卷。正集收有赋、杂着一卷，神道碑二卷，墓志二卷，传记二卷，行状、书事二卷，序跋二卷，记二卷，祭文、哀辞、诔一卷，书五卷，论、议二卷，说、辨、疑一卷，书后一卷，铭、策问、解一卷。续集收有赋、神道碑、墓志二卷，传、行状、书事一卷，序跋一卷，记、祭文一卷，书、书后一卷，墓志、传、序、书事五卷。外集八卷是骈体文，计有表、序、祭文三卷，书一卷，启、疏一卷，碑、墓志一卷，补遗二卷。诗集有薛起凤的序，蒋士铨、赵翼、李宪乔的题辞，李宪乔的诗赞。文集有杭世骏的序，蒋士铨的题辞，袁谷芳的后序，万应馨的题辞。外集有李英的序，蒋士铨的题辞。共计一百三十余万字。

本书所反映的袁枚诗歌理论，可与《随园诗话》所论相互补充、相互印证，可以丰富他的性灵诗论。1. 袁枚主张写诗要抒写性灵，认为诗歌就是要写出人的真性情。在《随园诗话》，他说："自三百篇至今日，凡诗之传者，都是性灵，不关堆垛"；在本书的《答何水部》书信中，他说："若夫诗者，心之声也，性情之所表露者也"；在本书的《寄怀钱玙沙方伯予先归里》诗中，他说"性情之外别无诗"，都强调诗歌要有真情实感，不能无病呻吟，更不能堆砌古人词汇，强充古色古香，因为这样就假、伪。2. 袁枚的论诗更能表达他对诗歌和诗人的评论，由此也可了解他的论诗主张。诗集卷二十七有《仿元遗山论诗》第三十八首（金代著名诗人元好问有《论诗绝句》。用诗的形式来评论诗歌，就叫论诗诗），就是评论古文家桐城派的方苞和神韵派诗人王士祯："不相菲薄不相师，公道持论我最知。一代正宗才力薄，望溪（指方苞）文集阮亭（指王）诗"，是说方苞的文集和王士祯的诗歌虽然都号称是一代之正宗，但是实际上他们的才力还不足，脱离了真性情。也有批评当时以考据入诗的，说他们是"错把抄书当作诗。抄到钟嵘《诗品》日，该他知道性灵时"，因为《诗品》反对在诗歌中堆砌典故，更别说抄书了。3. 袁枚的文集中也有很多宣扬他的诗论主张的文字。文集卷二十八《何南园诗序》就鼓吹诗才的重要："诗不成于人，而成于其人之天。其人之天有诗，脱口能吟；其人之天无诗，虽吟而不如无吟。"是说作诗靠的是人的天分，不是靠吟咏的工夫，实际也是以性灵为根底。文集卷三十《答蕺园论诗书》说："且夫诗者由情生者也。有必不可解之情，而后有必不可朽之诗。情之所先，莫如男女。"也表明了他的论诗倾向。

袁枚的诗歌创作。与他的性灵论相一致，他的诗歌也大都抒发了他的情怀。大致可分如下一些方面：1. 表现兄妹之间的骨肉之情和同胞之爱与夫妻之间的缠绵悱恻之情的诗作。《陇上作》、

《哭三妹五十韵》、《哭阿良》、《哭聪娘》等诗是他悼亡诗的代表作。其中收录在诗集的卷十五的《哭三妹五十韵》一诗与他的《祭妹文》，都是脍炙人口的至情至性的佳作，都以哀婉真切的感情抒发了对亡妹素文的怀念，很是感人。2.另有一些诗抒发了他的绵绵的乡情，如《归家即事》、《还杭州》、《还武林出城作》等诗。3.还有一些感情健康的情诗，也表现了袁枚对抗假道学的人事真情。如写给他妻子的一些诗，感情细腻、悱恻缠绵，体现了他自己所说的"情之所先，莫如男女"的思想。4.还有很多山水景物诗，也是性灵之作，写得通透剔灵，飞扬跃动，笔调轻快，很好地表现了景物的特点，寄寓了自己的情怀。如《登华山》、《观大龙湫作歌》、《水西亭夜坐》等。5.咏史诗立意清新，隽永有味，如《马嵬》之感叹杨贵妃。6.早年有一些关心民生疾苦的作品，继承了汉魏乐府和杜甫、白居易等人的诗歌传统，有一定的思想意义和认识价值。如《沭阳杂兴》、《苦灾行》、《俗吏篇》等。

袁枚的文章。他自己也很自负，但他对文章的看法与他的论诗主张不一样，他在《与孙俌之秀才书》中说"欲奏雅者先绝俗，欲复古者先拒今"，强调雅正古朴。他的文章可分三类：议论文章说理严密，有贾谊、陆贽的风采，如《上陈抚军辩保甲状》、《上两江制府黄太保书》等；抒情文章感情真挚，催人泪下，如广播人口的《祭妹文》、《祭薛一瓢文》，情感曲折，而语言平白如话；碑志传记文章更具特色，展现了当时众多各具特色的人物的生动形象。如棋手范西屏、名医徐灵胎、名厨王小余、贤吏鲁亮侪等，细节刻画都很生动，人物形象鲜活，体现了他们各自的特点。

有代表性的评价。对他的诗歌，清朝人有不同的看法，称赞他的如姚鼐，在为袁枚写的墓志铭中说袁枚的诗歌"纵才力之所至，世人心所欲出不能达者，悉为达之。士多仿其体。"强调他的语言表达能力很突出，对当时的诗歌界产生了重大影响。贬斥他的如朱庭珍，说“一盲作俑，万瞽从风，纷纷逐臭之夫，如云继起。因其诗不讲格律，不贵学问，空疏易于效颦”，是说袁枚在诗歌上开了不好的风气，就像先是一个人眼睛瞎了，于是很多的瞎子也纷纷跟着起哄，造成了不良影响。原因就是袁枚论诗、写诗都不讲究格律和学问，所以让那些空疏不学的浅薄之徒容易仿效。对袁枚文章的评价，袁谷芳在《小仓山房文集·后序》中，认为他一人而兼理学之文、经济之文与辞章之文三者的长处，说：“予观古今以来，其有兼三者而一之人乎，无有也。乃今读先生之集而知其为信能兼之者矣。”虽是溢美之词，但也能看出袁枚文章的特点。姚鼐还谈到了袁枚的诗文甚至传到了海外，有了国际影响。他在《袁随园君墓志铭并序》中说：“随园诗文集上自朝廷公卿，下至市井负贩，皆知贵重之。海外琉球有来求其书者。”

《小仓山房集》的版本。袁枚的诗文、杂著在乾隆、嘉庆间先后都由随园刊刻出来，后人将袁枚的诗文杂著和他的小说、笔记、诗话等加上袁氏兄弟的杂著汇聚在一起，称为《随园三十种》，以后在此基础上不断有所增加，或称三十二种，三十八种，四十三种。袁枚的骈文集，即《小仓山房外集》，有多家笺注本。1988年上海古籍出版社出版了周本淳标点、校正的《小仓山房诗文集》，纳入了《中国古典文学丛书》，分装为四册，是目前袁枚诗文集最完备的本子。

读袁枚的诗文，特别是他的诗歌，语言上面的困难并不太大，但必要的用典还是有的。所以，阅读时仍要留心。由于他的作品数量很大，必须要有选择性、有针对性地阅读。如要了解他的诗歌理论，当以《随园诗话》所载为主，参阅《续诗品》和清朝其他人的诗歌主张。另外，对明朝前后七子的情况也要有些了解，这样对袁枚的诗歌理论就有较为全面的评价。如果要了解他的诗歌创作，也应与唐代的杜甫、白居易的诗歌做些比较阅读。另外，还可以注意南宋的杨万里的诗歌，因为他们在创作风格上有相似之处。

《镜花缘》

这是一部长篇小说，清朝李汝珍作。李汝珍（1763—约1830），文学家。字松石，直隶大兴（今北京大兴）人。据胡适考证，他曾跟随做官的哥哥李汝璜，长期寓居江苏海州（今连云港市），一度在河南做过县丞。他是一个对乐理音韵很有研究的学者，曾受业于凌廷堪，著有音韵学著作《李氏音鉴》和围棋谱《受子谱》等。

根据《镜花缘》第一百回自序，他从中年就开始着手该书的写作，大约花了三十年的心血，到晚年才定稿成书。而且原书本来打算写二百回，现在流传下来的只有一半。但这一百回，作为小说来讲，还是完整的。

《镜花缘》的故事主要由两大部分组成。前半部写武则天篡夺帝位，徐敬业、骆宾王等起兵造反，造反失败后部属及父兄子女流落四方。武则天在寒冬却下诏要百花齐放，适逢百花仙子出游未归，众花神无法请示，只得下令百花齐放。因为不顾节期而乱令百花在冬天开放，触犯了天条，百花仙子和其他九十九位花神都被贬下凡尘。百花仙子降生为岭南河源县秀才唐敖之女，取名小山。唐敖进京考试，中了探花。却因为有人告发他曾与徐敬业等人结拜为异姓兄弟，仍旧被贬为秀才。从此唐敖看破红尘。他随经商的妻兄林之洋和舵工多九公出海贸易，一路上经过了君子国、两面国、女儿国等十几个国家，见识了形形色色的风土人情，沿途搭救了由花神转世的几个女子。唐敖本人最后入小蓬莱山而不归。这时武则天下诏特开女子考试，但唐小山执意要林之洋带她出海寻找父亲。历经艰险，终于到了小蓬莱山，从一个樵夫的手中得到了唐敖的信，命她改名“闺臣”赴考，约定考中才女，才能再次团聚。

小说的后半部分就写唐闺臣等人参加女科考试，由花神托生的一百个女子都被录取为才女。才女们连日举行宴会，表演了书、画、琴、棋、医、卜、星相、音韵、算法、灯谜、酒令、双陆、马吊、射鹄、蹴球、斗草、投壶、百戏等，显示了各自的才能。后来分别散去，唐闺臣再次来到小蓬莱，也入山不返。第九十五回以后，写徐敬业等人之子联合剑南节度使文芸起兵反对武则天，一些才女也投入了军中，并有殉难者。在仙人的帮助下，打败了武氏兄弟设下的酒色财气四大迷魂阵。取胜后，唐中宗复位，仍尊武则天为“则天大圣皇帝”。武则天又下旨来岁仍开女科，并命前科众才女重赴红文宴。

《镜花缘》是一部表现作者李汝珍的社会理想的小说。本书最突出的精华，是李汝珍对封建社会里男尊女卑的现象表示了极大的愤慨和不满。小说颂扬了女性的才能，着重写了一百个才女的活动，而且她们的活动不局限于家庭里，而是活动在社会上，活动面也很宽，其中有考试、艺术、社交、游艺，而且有武功。她们表现出来的智慧，绝不亚于男子。由于在封建社会里参加科举是参加政治活动的先声，因此，李汝珍在《镜花缘》里实际上已经接触到女子参政的问题。这种广泛的多方面的写妇女的活动，而且是抛开男女性爱来写女性，这在中国古典小说中是具有开创意义的。

本书对封建制度强加在妇女身上的压迫进行了尖锐的抨击。特别是在小说的第三十三回的女儿国中，所有中国封建社会男子加给妇女的种种残酷待遇，如穿耳、缠足等等，在这里都反过来由女子强加给男子，让男子也尝到那可怕的滋味。对此，胡适在《〈镜花缘〉的引论》中评论说：“这个女儿国是李汝珍理想中给世间女子出气伸冤的乌托邦。”鲁迅在《中国小说史略》中说：“作者命笔之由，即见于《泣红亭记》，盖于诸女，悲其销沉，爰托稗官，以传芳烈。”这与曹雪芹有感于“千红一窟（哭）”和“万艳同杯（悲）”而撰《石头记》实有某种相似之处。在第五十一回中，李汝珍还表明了自己反对纳妾的态度。他借一个女子之口说：“若要讨妾，必须替我先讨男妾，我才依呢！”这一观点在当时的封建社会里确实是够大胆的。因此，有学者认为李汝珍是中国最早提出妇女问题的人，而《镜花缘》是一部讨论妇女问题的小说，不无道理。

李汝珍对于当时封建社会的腐朽现象也作了无情的、辛辣的揭露和鞭挞。鲁迅指出：“其于社会制度，亦有不平，每设事端，以寓理想。”“淑士国”、“白民国”的儒士酸腐又不学无术，“两面国”的人狡诈而虚伪，“无肠国”的富翁贪吝复刻薄，“结胸国”的人好吃又懒做，“翼民国”的人“爱戴高帽子”，“豕喙国”的人撒谎成癖。只有“君子国”才是他的理想社会，人人都是君子，“无论富贵贫贱，举止言谈，莫不恭而有礼”，宰相也“谦恭和蔼”，“脱尽仕途习气”，国王也纳谏如流，不扰民残民。这些描写与现实社会的尔虞我诈、贿赂成风形成了对照效果，也有针砭现实的作用。通过想象的这些虚无国度，对封建剥削、压迫、迷信和封建社会末期的伦理，以及这个时期儒士的空虚、高傲、迂腐、酸吝和不学无术，还有封建地主、官僚的两面派作风等，作者都作了痛快淋漓的攻击和挖苦。在这些方面，虽然《镜花缘》艺术形象的塑造不及《儒林外史》深刻、形象、生动，但触及的问题是相同的，在揭露当时知识分子的丑态和封建地主官僚的两面派作风上，其尖锐性甚至超过了《儒林外史》。

书中也有不少落后陈腐的东西。具体表现为它对封建制度的批判并不彻底，作者的思想核心还是儒家思想，他把“万恶淫为首，百行孝为先”，仍看作是天经地义的，又始终把求取功名和成仙得道当作人生的最高追求目标。作者虽写了一百位才女在社会上的一些活动，但归宿还是像镜中花，像水中月，都非真实，《镜花缘》的书名和书中的“水月村”都暗示了作者的主观认识程度。当然，我们也不能因此而苛求于他。毕竟李汝珍在《镜花缘》里还是反映了对于海外世界的憧憬和对于新的生活理想的向往，这是应当肯定的。

《镜花缘》的艺术特点。它是一部浪漫主义的作品。其想象虽然没有飞扬奔放的情致，但它的优点是富于诙谐和风趣。笔调幽默，冷嘲热讽，涉笔成趣。书中有几个刻画得较为生动的人物，也大多是这一类，如林之洋、多九公、孟紫芝等，性格爽朗、风趣。由于受清朝乾嘉学派的考据癖影响，《镜花缘》重视写书的博学，而不太重视文艺的表现，显露出它的不足。约有两点：（1）书中有很多卖弄才学的地方。比如小说的后半部分只着重介绍古代游艺的花色，做一些文字音韵的游戏，艺术性就不强。所以鲁迅在《中国小说史略》中说它是“学术之江流，文艺之列肆（商店铺子）”，作为小说就不大合适。当然，在李汝珍的“掉书袋”里也有一些不乏机智的片段和一些精辟的谜语和笑话，一直到现在仍被人们广为传播。（2）艺术上的最大缺点是结构不匀称，不连贯，人物的形象也较为贫乏，故事性不强，过多的抽象的概念代替了具体的描写，让人感到作者从生活中汲取的东西少而从书本中撷取的多。由于卖弄学问，《镜花缘》中非文艺的因素压倒了文艺性的因素。总之，这部书优点突出，缺点也很鲜明，认识上的价值大于艺术上的价值。所以有学者认为这是一部二流的小说。

《镜花缘》的版本很多，文字大体都相同，差异较少。马廉的旧藏本被认为是“原刊初印本”，刻于嘉庆二十三年（1818），二十卷一百回。1955年人民文学出版社出版的张友鹤校注本就是用该本为底本，旧序和批语都已被删去。

《曾文正公全集》

《曾文正公全集》是收录晚清重臣、湘军首领曾国藩生平著述的一部文集，主要由李鸿章之兄、湖广总督李瀚章辑录而成。

曾国藩（1811—1872），原名子城，字伯涵，号涤生，湖南湘乡白杨坪（今属双峰）人，道光年间考中进士，入翰林院，后来累迁至内阁学士、礼部侍郎，先后兼任过兵、工、刑、吏部侍郎等职。1852年，太平军从广西攻入湖南，横扫湘江流域各县，引起清廷的极度恐慌。为对抗太平军，正在原籍为母亲守孝的曾国藩，奉旨帮同湖南巡抚办团练。受命之后的曾国藩上奏朝廷，认为绿营军不堪使用，主张按照戚继光的练兵方法来建立新军。于是他招募当地农民为兵勇，任用儒生为将领，号称“湘勇”。1854年初，湘军已拥有水陆师一万七千多人，是年曾国藩发布《讨粤匪檄》，极力与太平军对抗，但屡为太平军所败。此间，连遭败绩的曾国藩曾欲投水自杀，被人救起，后重整湘军。1860年，曾国藩身加兵部尚书头衔，任两江总督，并以钦差大臣的身份督办江南军务，从此兵权、地方大权在握。1861年，他又加太子少保衔，节制浙江、江苏、安徽、江西四省军务。他向朝廷举荐左宗棠、李鸿章，并支持李鸿章创建“淮军”。1864年7月，在英法等外国国势力的支持下，曾国藩、李鸿章共同绞杀了太平天国革命。曾国藩因此被朝廷封为一等毅勇侯，加太子太傅头衔，赏双眼花翎。1865年，曾国藩调任钦差大臣，节制直隶（今河北）、山东、河南军务，对捻军作战，战败革职。1870年，在直隶总督任内曾国藩在查办天津教案过程中屈从于外国势力，受到舆论谴责，还任两江总督。1872年，曾国藩在南京病逝，赠太傅，谥号文正。曾国藩传奇式的政治生涯既使他享有“中兴第一名臣”的美誉，又背负“卖国贼”的恶名。

曾国藩还是中国近代洋务运动的首创者。他重视采用外国军火，主张“师夷智以造炮制船”。1861 年，他设立了制造“洋枪洋炮”的安庆内军械所，后又试制小火轮船。1864 年，造成轮船“黄鹄”号，并派容闳赴美国购买机器。1865 年至 1866 年间，他还与李鸿章、左宗棠创办江南机器制造总局、福建马尾船政局等近代军事工业，后来还为之积极筹措经费，派遣学童赴美留学。

曾国藩一生博通群书、泛览百家，其思想体系丰富庞杂，但总体是讲求身心修养的理学和力主辅物济时的经世之学的结合。他主张兼取各家之长，认为义理、考据、经济、词章缺一不可，但他毕生是将理学放在首要位置，其经世之学也是服从于理学的纲常名教、传统礼治的。曾国藩在古文、诗词方面也造诣颇深，被奉为桐城派的后期领袖。

曾国藩病卒后，后人辑其所著诗、文、奏章、批牍、书札等为《曾文正公全集》。此文集最初于 1874 年编成，1876 年刊行，后几经刻印，但卷数不尽如一。一般来说，全集包括奏稿、书札、批牍、十八家诗钞、经史百家杂钞、经史百家简编、鸣原堂论文、诗集、文集、杂著、求阙斋日记类钞、求阙斋读书录、年谱、家训、家书等内容。

《曾文正公全集·卷首》一卷，收有赐谥赐祭、恤遗族、封曾氏子孙上谕三则、御制碑文、国史本传及江苏安徽湖广江西直隶等地的督抚请求为其建祠的疏文、神道碑、墓志铭等。

《奏稿》三十二卷，收录曾国藩生平奏章及朝廷发给他有关谕旨和录有这些谕旨的信札等。

《书札》三十三卷，收录曾国藩的亲笔信函。

《批牍》六卷，共收曾国藩的批牍咨文八百八十三件。

《十八家诗钞》二十八卷，收有曾国藩选录的古今体诗人如陶渊明、李白、杜甫、韩愈、白居易等凡十八家的诗文，共六千五百九十九首，一般诗后都附有曾氏的评语。

《经史百家杂钞》二十六卷，《经史百家简编》二卷，曾国藩在此两书中将古文辞分为三门十一类，其中著述门分论著类、词赋类、序跋类；告语门为诏令类、奏议类、书牍类、哀祭类；记载门包括传志类、叙记类、典志类、杂记类等。因为采辑的古文史传类作品较多，所以二书以经史命名。

《鸣原堂论文》二卷，是著者对若干篇古今名臣的奏疏作出的详评。

《诗集》三卷，《文集》三卷，收曾国藩所作的诗词、联语等。

《杂著》二卷，收录曾国藩所作的赋、寿序、诗序及榜文告示等。

《求阙斋日记类钞》二卷，是曾国藩日记的节抄本，分问学、省克、治道、军谋、伦理、文艺、鉴赏、品藻、颐养、游览十类，便于即类考求。

《求阙斋读书录》十卷，收集了曾国藩研读经史子集书籍的心得体会以及考证校勘等方面的内容。

《家书》十卷，收曾国藩致祖父母、父母、叔父、诸弟、妻子、儿女书信一万八千八百九十七封等，反映了曾国藩一生的主要活动和他治政、治家、治学、治军的主要思想，是研究曾国藩其人及这一时期历史的重要史料。

《家训》二卷，录有曾国藩在为人、修身、治家、学问、作文、书法等方面教育子女的精辟见解，对于今天的人们仍有极好的借鉴作用。

《年谱》十二卷，为黎庶昌编写。此外还有《孟子要略》三卷，《古文简本》二卷。

《曾文正公全集》始刊刻于光绪二年（1876），共一百二十六册；另有 1932 年上海扫叶山房石印本，共四十八册；1936 年上海世界书局铅印本，精装四十册；1974 年台北文海出版社本，精装四十册，收入《近代中国史料丛刊续编》。岳麓书社 1986 年出版的《曾国藩全集》收入了《曾文正公全集》的全部内容，并有所补充。

在曾国藩的这些著述中，流传至今，并受世人重视的，应属其中的“家书”部分，著名学者南怀瑾在《论语别裁》一书中说过：“清代中兴名臣曾国藩有十三套学问，流传下来的只有一套《曾国藩家书》。”

其实不止如此。卷帙浩繁的《曾文正公全集》，不仅为我们了解曾国藩治湘军，镇压太平军、捻军的历史提供了极好的第一手史料，而且它对于我们了解曾国藩这位历史人物“生平学术之所以在与其行事之迹散见于集中者”，也“可得而窥也”。

青年时代的毛泽东对于他这位赫赫有名的同乡评价极高。1917 年，他在致友人的信中说到：“吾于近人，独服曾文正。”蒋介石更是把曾国藩奉为毕生学习的楷模，他从《曾国藩家书》中摘取语录，诵读参悟。你想知道其中的奥妙吗？那就开卷来读这部《曾文正公全集》吧！

《大同书》

《大同书》，康有为著，共十卷。康有为（1858—1927），近代资产阶级改良派领袖、著名思想家。原名祖诒，字广厦，号长素，广东南海人。光绪朝进士，曾经于1895年联合各省在京会试的举人发起“公车上书”，为百日维新的主要谋划者，后来成为保皇会首领。

《大同书》是康有为在1901年到1902年避居印度时写成的，书中将中国古代公羊派的“三世说”，《礼运》的大同说，佛教、耶稣教的平等、博爱、自由思想，卢梭的天赋人权以及空想社会主义思想杂糅在一起，描绘了一个男女平等、无家庭、无国家、无君主的 “大同世界”，表现了从封建主义束缚下解放出来的资产阶级知识分子的向往，它是代表康有为社会思想的最主要的著作，也是研究近代思想史的一部重要文献。

1898年9月，以康有为为首的资产阶级改良派的变法运动失败，康有为流亡海外，他游历了欧洲、美国和南洋后避居在印度，在此期间完成了《大同书》的写作。正是由于这是一部游历中所写的书，其中多有关于海外的见闻，尤其是对印度的情况多有提及，这次游历也让康有为在思想上有了深刻的变化。在戊戌政变前，康有为接触过一些西方国家的民主概念，或者通过翻译的图书来了解资本主义国家的社会制度，在此期间也吸收了中国儒家今文经学“变”的哲学，早就孕育了“大同境界”的思想，并希望“只有天下为公，一切皆本公理而已”。其实康有为所谓的“大同”，就是资本主义国家的君主立宪制，这正与他的思想相一致，想使中国由一个封建国家，通过维新改良，逐步富强。

康有为大同学说的中心思想是历史进化论观点。康有为以《礼运》来解释公羊，把三世说解释为“乱世”、“小康”、“大同之世界”，这就推翻了魏源所说的历史循环论的观点。康有为把三代和汉、唐、宋、明一律看作是小康之世，把汉学、宋学所推崇的不论荀卿、刘歆、朱熹的学说一概列为“小康之道”，单独把孔子看作大同学说的创造者，利用孔子的名义来推行他的学说，替他作“离经叛道”的挡箭牌。康有为大同学说这么有创造性的见解，在发展中显然是受到了资产阶级社会进步学说的影响，它尖锐地批判了“弱肉强食”的理论。

康有为在《大同书》中描述“人人极乐”的“太平之世”，是“天下为公，无有阶级，一切平等”的“极乐世界”。乙部《去国界合大地》中提到的社会组织形式：“公政府即立，国界日除，君名日去”，“于是时，无邦国，无帝王，人人相亲，人人平等，天下为公，是谓大同，此联合之太平世之制也。”

《大同书》中所反映出来的“大同”，其社会组织形式“略如美国、瑞士联邦之制”，即是资本主义民主共和制度，这反映出康有为对欧美资本主义制度是向往的。虽然他的理想是建立公政府，希望“无国而为世界”、“人人皆大同至公”。但是康有为始终没有能够越出资本主义的范畴，“太平世”要求去除国界，成立一个世界总的联邦，即公政府，然而美国、瑞士在当时已经建立了自由的州郡，因而这种“公产”的、“无有阶级的社会”基本上就是一种理想。

为了实现他的大同世界，康有为还提出了很多方法。比如通过“弭兵会”和国家之间的联合与合并等方式。1899 年，俄皇尼古拉二世倡议在荷兰首都海牙召开“海牙和平会议”，就是所谓的“国际和平机构”，究其实质是一些大国的工具而已。康有为把资产阶级的虚伪民主，把资产阶级专政的联邦及其操纵的“国际和平机构”，看作“大同之前驱”；所谓万邦联合也不是指消灭了帝国主义后的各民族的平等联合，而是企图通过美国或瑞士式的联邦的成立，以几个大国为中心，分别把其他国家联合起来，可见康有为的思想明显地没有跳出资本主义的窠臼。

《大同书》反映康有为改良的思想，他对通过资产阶级民主革命的方式走向资本主义社会是恐惧的，而对通过资产阶级政治改革的方式逐渐转变为资本主义是赞同的。他说："日本昔有封建，于是有王朝公卿，有藩族，有士族，有平民，颇与春秋时相类，自维新后一扫而空，故能骤强。"

《大同书》反对革命的飞跃，主张循序渐进，其中说"据乱之后，易以升平、太平；小康之后，进以大同"。康有为说"方今列国并争，必千数百年后乃渐入大同之域"，就是说大同的实现要在千百年后，明显是暗示中国只能实行君主立宪，只可循序渐进，在理论上是为了否定民主革命，暴露了他的改良主义的面目。同时，康有为在《大同书》中描绘的图景，他的现实目的就是宣传中国必须"小康"，即是实行君主立宪，这样《大同书》就成为康有为变法失败后力主君主立宪、保皇复辟的重要依据。

为了实现康有为心目中的理想社会，在《大同书》中他对封建制度进行了猛烈的抨击，对外来帝国主义殖民压迫深感不满，很多地方是光辉的；但是，《大同书》中的所谓"大同"不是导向"无阶级社会"，而是导向资本主义社会；《大同书》提出走"大同"的道路，不是赞成革命，而是主张改良，主张循序渐进；《大同书》的现实目的不是"大同"而是"小康"。《大同书》撰写于革命形势发展的时刻，革命派与改良派正逐步明确划清界限，康有为思想也趋于保守、沉沦，这些都是应该注意的。

《大同书》写于光绪二十七年（1901），共十部，五十六章，1913 年在《不忍》杂志上发表过甲乙两部，全书于 1935 年经弟子钱定安整理，由中华书局出版，另外还有北京古籍出版社的校订本。

《天演论》

《天演论》在中国最早的中文译本是严复的译本。原书的作者是英国生物学者、哲学家托·亨·赫胥黎（Thomas Henry Huxley），此书原本是赫胥黎1893年在牛津大学的讲稿，内容生涩难懂，于是次年他又补写了一篇导言，用通俗的语言传播科学基础知识，宣传达尔文的进化论观点。而在风雨飘摇的19世纪末的中国，尤其是在甲午战争后，中国面临着亡国灭种的危险，救亡图存成为摆在当时国人面前最迫切、最严肃的问题，于是严复将赫胥黎的《进化论与伦理学·导言》（1894）和《进化论与伦理》（1893）两篇合译成一篇，题名为《天演论》。天演论即进化论，严复希望用“物竞天择，适者生存”的原理来警告尚未觉醒的晚清政府，中国随时有被帝国主义列强覆灭的危险，并提醒人们瓜分之祸危在旦夕，只有上下同心，奋起反抗，才能适应“物竞天择”的规律，免除亡国灭种的厄运。

虽然，用生物的自然竞争的规律来解释和取代社会阶级斗争的观点，是帝国主义弱肉强食、对外侵略的理论依据之一，在本质上是反动的，但是在当时民族危机空前严重的中国，严复站在救亡图存的立场上大声疾呼，要求国人变法图强，其历史意义是重大的，也是进步的。故此书一经出版就在社会上引起了强烈的震撼，康有为曾盛赞道：“西洋留学生与本国思想界发生影响者，复其首也。”一批又一批的中国传统士人在进化论观点的影响下，逐步转化为或多或少具有近代意识的知识分子，因此严复的《天演论》与康有为的《孔子改制考》齐名，它们在中国传统哲学思想史上掀起了一场革命，并从根本上改变了国人的世界观。

严复（1854—1921），原名宗光，字又陵，后改名复，字幾道。严复生于福建侯官（治今福州）一行医之家，1867年（同治六年）以优异的成绩考进福建船政学堂，学习新兴的科学技术。毕业后赴“建威”舰实习，并随舰远航南洋一带。1877年（光绪三年）被清廷选派留学英国，先后肄业于抱士穆德(Portsmouth)学校和格林尼次海军大学(Greenwich Naval College)。严复在归国后不久的1880年，就被李鸿章调到北洋水师学堂，由总教习（教务长）累迁至总办（校长）。1894年，甲午一役，中国惨败，举国皆惊，严复深忧国势，于是写成《救亡决论》，大呼“今日中国不变法则必亡”，还陆续发表《论世变之亟》、《原强》、《辟韩》等文章，为维新变法制造舆论。后来康梁的维新变法失败，严复就把精力转入翻译，他想向国人介绍当时中国稀缺的“科学”（Science）与“民主”（Democracy）。辛亥革命胜利后，建立民国，严复曾一度在蔡元培主持的北京大学任教。但是此时的严复思想渐趋于保守，后来竟赞成袁世凯称帝，这成为他一生中的污点。1921年10月，严复因肺病归乡，不久病逝于家乡，其著有《严幾道诗文钞》等。

虽然严复晚年有失，但他为晚清一代启蒙大师的地位以及《天演论》在思想界和学术界的地位是不可动摇的。严复将赫胥黎的《进化论与伦理学·导言》和《进化论与伦理》两篇合译成《天演论》，后来赫胥黎又将这两篇编进他的《文集》的第九卷，并将它们合编成《进化论与伦理学及其它论文集》。而严复的译文原稿在1896年（光绪二十二年）曾有非正式的陕刻本，后来严复又将一小部分内容刊载在天津的《国闻汇编》的第二、四、五、六期上，直到1898年全书才由湖北沔阳卢氏慎始基斋木刻初版刊行问世。由于在百年前的中国知识界通行的是文言文，严复为了让更多的士大夫知识分子接受进化论学说，所以用雄居清代二百数十年的桐城派古文笔法从事译述。桐城派的古文讲究义理、考据、词章，因而严复的译文篇篇是声韵铿锵的典雅式古文，为时人推崇。但是，对长在白话文环境中的现代青年而言，则过于深奥难懂，于是今人冯君豪先生为严复用古文译成的《天演论》作注解，并译成白话文，以便今天的读者更好地阅读，其书由中州古籍出版社编入《猛醒丛书》，于1998年发行。

严复的译著《天演论》虽然已逾百年，但书中反复强调的“物竞天择，适者生存”的道理，在晚清敲响了国人救亡图存的警钟，时至今日，它依然具有巨大的警世作用。全书分为上、下两卷，卷上导言十八篇，卷下论十七篇，总共三十五篇。它以世界变动为开端，终结于社会进化，凡天事、人道、宗教、野蛮、文明、政理、动植物等的演变都有论述。其内容大致可概括为：（1）阐述万物恒变的道理，本书开宗明义，说道：万物恒变，古今莫外；（2）阐明物竞天择，适者生存的自然规律，认为自然界的适者生存的规律同样适用于人类，强者、知者生存，而弱者、愚者则被淘汰；（3）提倡主权在民的思想，严复深感资本主义制度优于晚清的政治制度，想以西方的民主政治救治中国的君主政治；（4）重视人口问题，接受马尔萨斯的人口理论，反对赫胥黎人类生存竞争源于人口过剩的观点；（5）提出符合唯物史观的世运之见，严复指出“夫转移世运，非圣人之所能为也，圣人亦世运中之一物也”；（6）用进化论阐解万物，破除宗教迷信；（7）用兴教重学来疗救中国愚昧落后之病；（8）提倡正当的义利观，用西方的功利观劝导晚清当局应该效法西方“富强之道”；（9）推崇逻辑，批判旧学；（10）介绍希腊文明，追溯西学的源头；（11）承接赫胥黎的哲学观点，相信不可知论；（12）指出事物遵循规律发展，办事应该循规律前行。

严复的《天演论》一经出版，在19世纪末、20世纪初的中国产生了巨大的影响，很多青年都是在《天演论》的影响下成为进化论者的。所以《天演论》一版再版，仅十余年间就有三十多种版本，这在出版界是十分罕见的。《天演论》之所以能有如此巨大的影响，除了它以进化论观点唤醒晚清志士的爱国意识外，还在于它的高超文笔，因而很多人认为严复不是在译文而是在著文，而且严复还在《译例言》中提到了译文的三个重要因素：信、达、雅。至今信、达、雅仍作为翻译工作者的翻译信条。

《刘申叔先生遗书》

刘师培撰，共有七十四种。刘师培，字申叔，号左盦，又名光汉。清朝光绪十年（1884）出生于江苏仪征一个经学世家。他的曾祖父刘文淇，精心研究经史典籍，逐渐形成以研究《左传》为核心，广泛整理经史典籍的门风。在刘师培诞生之前，刘氏家学已经凝成一个稳固的学术传统，兼取吴、皖派之长，罗列数据、整理数据和研究专题相结合，在调整学术理论和方法，使学术研究在客观的基础上切入社会的主题。刘师培受他的父亲刘贵曾的影响颇大，对汉代古文经学的传承有较深的研究，在经学、古文问题上，他比较认同今文经学对于学术精神的发挥。1903年，刘师培在上海见到蔡元培、章太炎等人，思想发生了深刻的变化，他曾长久地进行革命宣传和革命活动，并加入上海光复会。1907年到达日本，对无政府主义表现出很浓厚的兴趣，对其理论有所创新和发挥，民族民主革命思想发生了蜕变。晚年漂泊四方，1919年去世，年仅三十六岁。

《刘申叔先生遗书》收录作者家藏稿本，已经出版的和刊于各杂志的论著共六大类七十四种。甲类为论群经及小学，有二十二种，包括《尚书源流考》等；乙类为论学术及文辞，有十三种，包括《国学发微》等；丙类为全书校释，有二十四种，包括《周书补正》等；丁类为诗文集，共五种，有《左盦集》等；戊类为读书笔记，有四种，包括《读书随笔》等；己类为学校教本，有六种，包括《伦理教科书》等。书中还附录有年表、著述系年、墓志铭、传略、序跋、校勘记等，钱玄同对本书的精要部分评论道：“一为论古今学术思想；二为论小学；三为论经学；四为校释群书。”有1936年排印本。

刘师培的学术成就颇多，大凡经学、史学、子学无不涉猎，均很有见地。学术成就之一在经学研究。《遗书》第七册《读左札记》是刘师培1905年到1906年在《国粹学报》上连载的文章，鲜明地表述了他对当时经学研究的基本态度，驳斥了今文经学家对《左传》的污蔑。刘师培提出关于《左传》研究的课题，即“今观左氏一书，其待后儒之讨论者约有三端：一曰礼；二曰例；三曰事”。他认为礼、例、事“三书若成，则左氏之学必可盛兴，若夫历谱地舆欤”。这一课题很准确地抓住了以往《左传》学的不足，有很高的学术价值。他的这种研究经学的思想，特点是超乎今文经和古文经的争论，实事求是地梳理古文经学的发展线索，并紧密联系民族、民主革命任务，用新的眼光来解析经学的命题，使之具有时代气息。他指出汉代以前并没有今古文之分，今古文的区别主要是文字差异，而且认为古文经基本可信；他还试图用社会进化论的观点对儒家经典进行新的诠释。晚年刘师培做的重要工作有：全面梳理古文经的线索，论述古文经的真实性，并做了细致的辑佚工作，以图恢复古文经的原貌；他还依据严格的家法观念，系统地整理了西汉到东晋时期的古文经的学术研究状况，比如《遗书》第八册《春秋左氏传例略》即其一例。刘师培对于经典中的礼仪制度的分析成为后人研究中国古代社会政治、经济、军事、文化生活的参考。

在史学方面，《中国历史教科书》是刘师培撰写的关于史学革命思想的重要的教材。在这部书中表达了很多重要的思想，比如历史是进化的，史学应以西方进化论的历史观为指导；史学的价值标准应该是民族和民主意识；史学认识的进步需要新的史料观念，加强史学研究者的哲学修养，吸取新的历史认识方法。《中国历史教科书》反映了刘师培对新史学的认识，反映出他积极赞同史学革命的目标。

在子学方面，刘师培认为诸子学有一个悠远的文化背景，从礼制特征来看，诸子学起源于礼学。从礼制文化的传承和研究者来看，史官在古代学术研究中有重要的作用，所以诸子学又出于史官。他提出先秦诸子有原理和方法相统一的特征，刘师培在探讨诸子思想的演变历程和思想特色中，明确地指出了诸子思想文化的特征，把它归结为礼制，并从九流思想中一一加以论证。

刘师培学术革新的思想和方法。他和章太炎等人批评了传统学术研究主要是为专制政权服务，民主意识淡薄，对国民的重要性也缺乏认识，提出将国民作为学术研究的价值中心。又对传统学术研究缺乏历史进化观念进行批评，提出研究历史发展的基本规律。刘师培认为中国近代学术必须加强经世意识，必须坚持理论和方法的统一，认为中国近代学术的发展目标是建设为民族民主革命服务的学术经世途径，探索新的学术理论，尝试新的方法。《遗书》第十八册《攘书》、第十六册《中国民约精义》等则表达了此类思想。其次，他认为学术应有批判意识，《古学出于官守论》和《补古学出于史官论》，对章学诚、龚自珍的学术起源观点进行了阐述和辩论，指出批判意识是必不可少的。再者，刘师培指出要建立新的学术哲学和方法论体系，还需要学习西方社会学、哲学、法学、政治学等各种理论方法，培养学术研究的敏锐意识和方法素养。比如《周末学术史序》，刘师培大量采用西方科学的分类方法，将周末学术史分为十六大类，即心理学史、伦理学史、社会学史、宗教学史、兵学史等等，他的分类为中国学术的科学化作了有益的探索和尝试。

刘师培的语言文字研究。他认为中国汉字起源于刻画，另外《小学发微补》、《音韵反切近于字母》、《论中土文字有益于世界》等对语言文字都有独到的看法，比如对六书说诸如转注、假借等认识比较深。另外他还分析了汉字的社会学意义，认为中国语言文字的发展过程证明了社会的进化；而且指出汉字的发展过程中因为考虑了字体的形状，所以提出从字体的变化了解历史发展的进程，甚至可以弥补西方社会学理论的不足。

在其他方面。刘师培评论了中古文学，早年他认为历史是一个自然变化的过程，不同历史时期必然有不同的文学形式，1907年后他改变了看法，在《中国古文学史讲义》中认为只有魏晋六朝才反映了中国文学的特色，他是中国近代最早试图将魏晋六朝文学作具体分析和研究的学者之一。另外在《国学发微》、《论古今学风变迁》等著述中对秦汉学术史、魏晋学术、隋唐宋直到清代学术也都有很多研究。

《朱执信集》

朱执信著，共二卷。朱执信，近代民主革命家。名大符，祖籍浙江萧山，1885 年生于广东番禺（今广州），1920 年秋天去世。他的父亲长期充当地方官员的幕僚，家族成员多为士大夫阶层。1902 年，朱执信由私塾进入“教忠学堂”读书，当时义和团反帝爱国运动正遭受血腥镇压，帝国主义强迫清政府签订丧权辱国的《辛丑条约》，严重的民族危机和社会危机，在朱执信心中激起了强烈的救亡、变革的愿望。他不断学习著名进步思想家王夫之的著作，并开始接触西方资产阶级的代表作品，比如《天演论》、《原富》、《民约论》等等。1905 年，朱执信加入同盟会，并担任评议部议员兼书记，从此开始了革命活动。后来加入中华革命党，积极拥护孙中山，曾经多次发表文章，宣传民主革命。他的一生，经历了旧民主主义革命的高涨、失败阶段和向新民主主义转变的最初时期。

《朱执信集》分为上下二集，收入文章三十二篇，诗十七篇，小说一篇，按照时间先后顺序排列。反映了朱执信在各个时期提出的革命理论和革命思想。

1905 年到 1907 年间，朱执信参加与资产阶级改良派的论战，为了捍卫并宣扬孙中山民主主义政纲和原则——三民主义，他撰写了很多政论文章。论述民族主义的文章有《论满洲虽欲立宪而不能》、《驳法律新闻之论清廷立宪》等，朱执信抛弃了对清政府的幻想，高举反清革命的旗帜，为了“驱逐鞑虏，恢复中华”付出不懈努力。系统论述民权主义的著述有《论社会革命当与政治革命并行》、《心理的国家主义》等等，对民权主义进行了系统的论述，认为要推翻封建专制制度，欲建立资产阶级共和国，就必须通过“政治革命”，而且强调“国民革命”的观点，认为不应以“豪右之族”为中心点，而应该以“细民”、“平民”作为“当代革命的主力”。在《英国迎总选举劳动党之进步》、《土地国有与财政》中，朱执信着重阐述了民生主义，认为“社会革命之原因在社会经济组织之不完全”、“资本跋扈”等等使得“社会革命”不可避免。在朱执信看来，民生主义的主要内容是“土地国有”，认为这种经济纲领的实现能够防止“垄断”并给社会带来福利。

除了阐发三民主义外，在《德意志社会革命家小传》中朱执信还部分地翻译了《共产党宣言》和《资本论》的内容。他的理论具有相当积极的社会意义：坚持了民主革命的原则，并驳斥了资产阶级改良派的谬论，无情地揭露清政府假立宪的无耻勾当，可以看出朱执信的革命思想是相当激进的。

袁世凯夺取了辛亥革命的果实后，朱执信在广东策划了一系列反对袁世凯的斗争，在此期间，朱执信发表了《无内乱之牺牲》、《暴民政治者何》、《开明专制》等著述，猛烈抨击袁世凯政府的独裁性质，驳斥在当时甚嚣尘上的“开明专制论”，预示袁世凯的倒行逆施不会长久。他的斗争始终都是饱含激情，将满腔热血倾注在民主革命的伟大事业上。

俄国十月社会主义革命和五四运动的爆发，给朱执信带来了巨大的希望。这期间他写下了大量的论著，进一步阐发关于三民主义的思想。就民族主义而言，朱执信强烈谴责了帝国主义及其殖民政策，在《朝鲜代表在和会之请愿》、《伯达铁路之过去及将来》等文中指出：帝国主义是以“治异族为根本政策”，欺压剥削“弱小民族”，反而正是这种欺压迫使被压迫民族奋起反抗，帝国主义殖民统治决无长久之理。其次，在民权方面有文章《我们要一种什么样的宪法》等，指出通过“直接民权”作为根本的解决办法，实现主权在民的原则。最后，谈到民生主义的问题，重点阐述了“土地国有”，他还注意到中国的工业化问题，认为应该实现孙中山的“实业计划”，改变“工业没有发达的现状”，同时批判了资本家的剥削行为，认为应该提高劳动人民的生活现状等一系列主张。

朱执信还有很多非常宝贵的思想。比如，他反对当时流行的妥协主义的“调和论”，认为应该通过革命的武装来斗争，而革命就需要自己的武装。主张勇于面对斗争，为此还批评了逃跑到湖州去的胡汉民和戴季陶，指出：“自命高尚而作隐遁生活的人，都是过分的贪婪。”再次，朱执信还看到了革命所应该依靠的力量，他把目光转移到了人民群众的身上，在朱执信看来，中国“商人”团体不能打破现状，中等阶级也是“没落”的，至于“学界”则缺乏真正的力量，认为最有力量的应该是人民大众，因此必须依靠人民群众的支持，这些思想都闪烁着无比的光辉。

但是，朱执信的三民主义的理论没有提出彻底反帝反封建的内容，而且在民生主义中还搀杂很多主观社会主义的因素，在辛亥革命前他的民族主义带有大汉族主义的色彩，在人民群众的历史作用问题上，也表现出阶级的局限性。

朱执信的哲学思想具有鲜明的唯物主义倾向。他相信科学，接受了进化论思想，承认人类“是从猴属发展来的”。他反对所谓“精神不灭”的唯心主义论调，认为人的精神“依托物质”。在认识论上，他主张客观世界是可知的。他说，人的认识“有学而知，有习而得，前者所谓教育，后者所谓经验也”。而“经验”，则是“由事物而生，未有事实，何由有经验”。朱执信的社会历史观也具有一些合理的思想成分。他坚信人类社会历史是不断进化的，封建制度必然进化为资本主义制度，资本主义制度也不会长久，人类社会必将进到没有国家、阶级的平等、互助的“共产社会”。他承认阶级和阶级斗争“是现存的事实”，说“历史上的事迹，都是阶级斗争的表现”，并且指出，只有通过阶级斗争，才能使阶级和阶级斗争“绝灭”。此外，朱执信还注意从经济上探讨一些社会现象的根源，认为社会的阶级斗争、革命运动的产生，均有经济上的理由。同时他也相信抽象的“互助论”，认为人类之所以能组成社会在于“互助”和“相爱”，说人类“贵互助不贵争斗”。

在朱执信的革命生涯中，理论活动是最主要的内容，从1905年到1920年，他在《民报》、《民国》、《建设》、《民国日报》、《星期评论》等报刊上发表内容丰富的论著，1921年出版了二卷本的《朱执信集》，1926年又出版《朱执信文抄》。1979年中华书局根据力所能及得到的资料，另外补充了未刊行的手稿和函札等等，出版了《朱执信集》，是目前收集朱执信文章最完备的集子，约六十二万余字，是研究朱执信思想的重要文献。

《孙中山选集》

孙中山著。孙中山（1866—1925），中国近代民主革命的伟大先行者。名文，幼名帝象，字德明，号日新，后改为逸仙，在日本从事革命活动时曾经化名中山樵，广东香山（今中山）人。

《孙中山选集》，共上下卷，约六十二万余字，上卷三十篇，主要是孙中山1923年改组国民党之前的著作；下卷三十九篇，是孙中山改组国民党之时或以后的著作，是研究孙中山思想和中国近现代史的重要资料。人民出版社1956年为纪念孙中山诞辰九十周年而出版，1981年再版，改为一卷本。

《选集》收入的文章是以写作或发表的时间先后来排列的，而这些文章无不是伴随着孙中山先生的政治生涯而诞生的，每一篇都饱含了强烈的爱国情怀，渗透着救国救民的政治理想。通过读这本书，可以让我们同伟大的革命家孙中山先生共同体验其一生的思想转变的历程。

1866年，孙中山出生于一个农民家庭，青少年时代他就十分向往太平天国解救百姓的革命事业。1892年，孙中山毕业于香港西医书院，在这之前，由于中法战争的影响，已激起了他挽救民族危亡的爱国热情。又亲眼目睹了清政府的软弱，并对洋务派的富国强兵政策所造成的结果感到不满，1894年孙中山上书直隶总督、北洋大臣李鸿章，即是《文集》的开篇《上李鸿章书》，提出了“人能尽其才，地能尽其利，物能尽其用，货能畅其流”的改革主张，文中虽然没有涉及政治制度的维新改革方案，但却是一个进行全面经济建设的蓝图，并在其中体现了他的革命思想，是一篇谈改革的重要文献，但可惜的是李鸿章没有采纳他的主张。

1894 年 11 月，孙中山来到檀香山，为挽救民族危亡，组织了兴中会。《文集》第二篇《兴中会章程》即是此时写作的。它向全世界宣告："是会之建设，专为振兴中华，维持国体。"并提出了要挽救民族危亡和社会危机，改变中国腐朽的政治制度和经济状况。单从这两点来看，"振兴中华"的内涵应十分广泛，包含了中国社会的政治、经济、文教等各个方面，这是孙中山追求中国近代化，实现中国独立、统一、民主和富强的政治抱负的具体体现。但是，这一章程只是强调民族危机的沉重和清朝官员的误国，并没有直指清皇帝；章程只强调了成立此会是为了维护国体，但是如何维护并无界定。可以看出，孙中山此时的革命思想还并未完全成熟。

孙中山的《伦敦被难记》反映了 1895 年兴中会在广州秘密活动失败及其之后的事件，孙中山被迫逃亡海外，次年在英国被捕，经过多方营救才得以脱险。从中也可以看出革命者为了祖国和人民，为了伟大的理想所经历的挫折和苦难。1904 年，孙中山在《中国问题的真解决》中谈到"要想解决中国的问题，则必须以一个新的，开明的，进步的政府来代替旧政府"，明确地表示了要通过革命政权的转换，实现建立独立富强的新中国的伟大目标。第二年，孙中山与黄兴等人在日本东京成立了资产阶级革命党同盟会，以《民报》为同盟会的机关报。在《〈民报〉发刊词》中，孙中山提出了早已开始酝酿的"三民主义"：民族主义、民权主义、民生主义。它是从同盟会成立时会员的誓词"驱除鞑虏、恢复中华、创立民国、平均地权"中概括出来的。民族主义要求结束压迫，实现民族独立和平等；民权主义要求结束封建专制制度，建立资产阶级立宪政体，实现民主政治；民生主义则希望达到国家的繁荣昌盛。三民主义完整地体现了资产阶级的革命愿望，但他所设想的是实行某些社会改良政策以求避免资本主义发展所带来的"祸患"，则又反映了中国早期资产阶级的性格中必然的软弱性。

1911年10月10日，武昌起义爆发并取得成功。1912年1月1日，孙中山就任中华民国临时大总统，并发表宣言。在《临时大总统宣言书》中，孙中山明确提出中华民国临时政府的任务是“尽扫专制之流毒，确定共和，以达革命之宗旨”，规定了对内“民族、领土、军政、内治、财政”之一统的方针；对外洗去清朝之羞辱历史，与友邦和平相处的方针。但在宣言中，却未提出如何对待帝国主义侵略中国的问题，这为以后袁世凯的篡权埋下了祸根。

由于受到帝国主义、封建主义的强大压力和革命党本身的涣散无力，孙中山被迫辞去了临时大总统职，让于袁世凯。但袁世凯却大搞复辟，孙中山以维护中华民国为号召，发表了《讨袁宣言》，为捍卫共和制度而斗争。1917年7月，因段祺瑞为首的北洋军阀政府拒绝恢复《临时约法》，孙中山再一次举起了护法的大旗进行了两次护法战争，并在第二次时发表了《护法宣言》，为捍卫三民主义而奋斗。孙中山坚持革命、斗争到底的决心在这两篇文章中表露无疑。

从1917年到1919年，孙中山着手完成了过去已开始撰写的《建国方略》一书，对以往的革命经验进行总结，提出了改造和建设中国的宏伟计划。《方略》分为三个部分：第一部分是《行易知难》，在这篇文章中，孙中山将“知之非艰，行之惟艰”之说视为中国积弱衰败的原因，又将“行易知难”视为“救中国的必由之道”，他下决心打破“知之非艰，行之惟艰”的迷信，号召国民奋起仿效，推行革命之三民主义、五权宪法，建设一世界最文明进步之中华民国，使中国达于富强之地位。反映了孙中山先生在革命的实践后思想上、心理上的变化。第二个部分是《实业计划》，这一部分把地、物、货三者分解为包罗万象的三十三个部门、一百四十一个方面和二十四点的六大计划来加以论证和规划，所论的内容涉及经济建设的方方面面，是孙中山关于中国工业近代化建设理论和实践相结合最富于创造性的一部光辉著作。第三个部分是《民权初步》，在此篇中，孙中山分析了世界上最大亦最优秀的中华民族为何不能富强独立的原因，号召国民争取自己的权利，以用来提高国民的素质。文中教人如何集会，如何投票行使公民的权利义务，以及如何动议、讨论、投票表决等许多程序问题。这是一部启蒙国民民权的重要著作。

1919 年的五四运动，使得孙中山对人民群众的力量有了新的认识。他写下了《关于五四运动》一文，高度赞扬了青年学生的热情和行为。在这之后，孙中山开始和苏俄接触，在陈炯明叛变后，接受了中国共产党和共产国际的帮助，思想发生了极大的变化。这在 1924 年 1 月的《中国国民党第一次全国代表大会宣言》中得以体现。在《宣言》中，孙中山对三民主义作了新的解释，充实了反帝反封建的内容。在经过重新阐释的三民主义中，民族主义方面，主张在国内实行民族平等，对外反对帝国主义的侵略，使中国获得民族独立；民权主义方面，主张普遍平等的民权，一切反对帝国主义的个人和团体都可享受自由民主权利；在民生主义方面，主张平均地权，节制资本，改善工农的经济地位和生活状况。孙中山的新三民主义，成为国共两党建立统一战线的共同政治纲领。从大会后期直到 8 月份，孙中山连续演讲三民主义三十六讲，《文集》中的《三民主义》一文即是对这三十六讲的整理稿。至此，孙中山的革命思想一步步地走向了成熟和完善。

1925 年 3 月 12 日，孙中山先生在北京逝世。他在对自己四十年革命经验总结的基础上，留下了“必须唤起民众，及联合世界上以平等待我之民族，共同奋斗”的遗嘱，发出了“革命尚未成功，同志仍需努力”的号召，希望他的革命主张和革命主义能够得到实现。

孙中山是中国伟大的民主革命的先行者，为了改造中国耗尽了毕生的精力，在历史上建立了不可磨灭的功勋。《孙中山选集》可以说是他这光辉一生的真实写照。

《蔡元培选集》

《蔡元培选集》，共六十七篇，蔡元培著。蔡元培，字鹤卿，号孑民，曾经化名蔡振等。1868年生于浙江绍兴，1940年于香港去世。是清光绪朝进士，翰林院编修。全家历代经商。十余岁就学《史记》、《汉书》、《困学纪闻》、《文史通义》、《说文通训定声》等书。其后他又深究宋明理学。1884年设立私塾开始授徒，从事教育工作。百日维新失败，给蔡元培带来巨大震动，于是决心投身教育，培养人才。1905年加入同盟会，1907年进入德国莱比锡大学，研究哲学、文学、心理学、人类学等。蔡元培曾经担任过南京临时政府教育总长，确立了我国资产阶级民主教育体制。1917年任北京大学校长，支持新文化运动。蔡元培办学本着“相容并包，思想自由”的宗旨，是我国现代教育史上地位高、贡献大、影响远的人，是我国现代教育的先驱。他的主要著作有：《文变》三卷，《中国伦理学史》一册《欧洲美术小史·赖斐尔传》，《石头记索引》一册，《哲学大纲》一册，《中学修身教科书》五册，《华工学校讲义》四十篇，还有各种译著及论文、杂作、书信、讲演、序跋等等。

《蔡元培选集》共收入文章六十七篇，是1902年到1937年间蔡元培有代表性的著作，都是按照时间先后顺序排列，反映了蔡元培各个时期的重要思想，是研究中国近代教育思想史的重要文献。

蔡元培先生早年就具备了民主思想。他反对保皇主义，赞成民主政治。在康有为、梁启超倡导维新时，蔡先生就不愿和他们发生关系。首先是认为在维新运动中，康有为等人没有注意到教育的重要性，不去培养人才，不从改革教育入手，等于空言；其次是他看到康有为、梁启超等人主张君主立宪，仍然拥护清皇室，不愿与之合流。后来孙中山在东京成立同盟会，他就毅然加入，并成为一名重要的领导者。

蔡元培的重要贡献有很多，首先他是我国新文化运动劳苦功高的“保姆”，半个多世纪以前，当新文学处于襁褓之中，被守旧派诬蔑为洪水猛兽必欲置之死地而后快的时候，蔡元培先生作为北京大学校长义无反顾地站出来严正地驳斥了那些张牙舞爪的刽子手，在《洪水与猛兽》中，蔡先生说：“我以为用洪水来比新思潮，很有几分相象”，“至于猛兽，恰好作军阀的写照”，“所以中国现在的状况，可算是洪水与猛兽的竞争。要是有人能把猛兽驯伏了，来疏导洪水，那中国就立刻太平了”，蔡元培先生不遗余力地扶持、呵护着新文学的成长，正是在他的小心庇护下，新文学运动才得以发展壮大。

蔡元培还是我国新文化和新式教育尤其是高等教育的拓荒者。他用自己的智慧兼采撷我国固有的儒家思想和当时流行的理想主义、实用主义的精华，做出了很多重要的大事。

1. 蔡元培先生主张学术自由和兼容并包。在《致公言报记者并答林琴南书》中讲：“有两种主张如下：（1）对于学说，仿世界各大学通例，循‘思想自由’原则，取兼容并包主义，与公（林琴南）所提出之‘圆通广大’四字颇不相背也。”蔡先生极力赞同学术自由，终其一生，都注重理智和科学方法。在北大，他所聘请的教授，最注重的是他们有没有专门的学问。（2）对于私人的政治见解，只要不影响他所教授的科目，蔡元培先生就不以之为取舍的标准。他还采取以教授治校的原则。蔡元培先生到北大后，组织一个聘任委员会，对教授的聘请要经过严格的审核，这种原则使大学不至于成为官僚式机构，不易于为政治力量所左右，能够独立发展。对于外国留学归来的学生，他更尽力设法延请到北大，是真正的注重学术自由和兼容并包。

2.蔡元培先生提出了宏远正确的以“五育”为内容的教育方针。《对于教育方针之意见》中说：“五者，皆今日之教育所不可偏废者也，军国民主义、实利主义、德育主义三者，为隶属于政治之教育。世界观、美育主义二者，为超秩政治之教育。”在此主张以美育代替宗教。当时，中国人的信仰以佛教和道教最有力量，而西方的基督教也渐渐有了势力。

蔡先生是反对盲从主义的人，他并不对宗教持完全反对的态度，而是认为佛教或道教并不能够充分地发挥它的力量，如果要改进社会的道德，就需要以美育代替宗教。

3.蔡元培极力主张以科学的方法整理国学并吸收消化西方文化的精髓，铸成符合新时代的中华新文化。《文明之消化》中说：“至于今日，始有吸收欧洲文明之机会，而当其冲者，实为我寓欧之同人”，“审慎于吸收之始，毋为消化时代之障碍，此吴侪所当注意者也。”就是在吸收西方文化的问题上，蔡元培先生不偏袒不盲从，主张“择善而从”，并不像有些人对中西文化作笼统的批判，他认为中国文化的优点应该保持，其缺点和不如人之处应该纠正改革，兼容并蓄，采取东西文化之菁华，以造就中国新文化。

4.蔡元培先生还倡导女权，开男女同校之先河。早年蔡元培就提倡男女平等，他认为中国社会要有个大改革，那么女权就不能不伸张。他看到当时的中国社会，妇女是受到压迫的，尤其是思想方面的压迫特别重，所以大力提倡女权。至于提倡女学就更早了，而且几乎成为他毕生的意志，蔡先生公开提倡男女平等，并主张男女同学校，他是顶住了来自教育部的反对和社会批评的强大压力的。中国社会素有男女之别，蔡元培先生打开新风气后，行之数十年，并无重大的障碍和特别的流弊，蔡先生为中国妇女的解放事业作出了莫大的贡献。

蔡元培先生关心教育的文章还有相当多，诸如《普通教育和职业教育》、《文化运动不要忘了美育》、《市民对于教育之义务》、《美育实施的方法》等。另外蔡元培先生对青年非常关心，《世界观和人生观》、《现代学生的三个基本条件》、《在清华学校高等科的演说词》等等文章提出了对青年寄寓的厚望和要求，比如《世界观和人生观》中说，“人类之义务，为群伦不为小己，为将来不为现在，为精神之愉快而非为体魄之享受”等等。总之，他对妇女教育、职业教育、教科书、宗教信仰、国文注音符号等等都十分关注，都有独到的见解。

《蔡元培选集》，1959年中华书局出版，另有香港文学研究社出版的小本《选集》。1984年，中华书局出版了《蔡元培全集》，收录作者一生所著专著、论文、记叙、小说、建议、序跋、演说词、谈话、书信、电报、呈文、宣言、科考试卷等等，共八卷本。

《饮冰室合集》

梁启超著。梁启超（1873—1929），广东新会人。字卓如，号任公，别号饮冰室主人。自幼在家中接受传统教育，1884 年中秀才，1889 年中举人，但会试未中。回乡途中路经上海，看到《瀛环志略》等介绍西方地理历史的书籍，眼界大开，同年结识了康有为，便就读于万木草堂，从此走上了改良维新的道路。1895 年再次参加会试的梁启超协助康有为发动了旨在要求清政府拒和、迁都、变法的“公车上书”运动。

戊戌变法期间，梁启超表现活跃，以《万国公报》（后改为《中外记闻》）和《时务报》为阵地，大力宣传维新思想，文风慷慨激昂，文笔流畅，在社会上引起很大反响。戊戌变法失败后，梁启超远走日本，期间一度和孙中山的革命派有过接触，但其主张由“保皇”到“新民”，由“开明专制”到“拥护立宪”始终是改良主义的，基本立场并未发生改变。

武昌起义后，梁启超先是宣扬“虚君共和”，后又支持袁世凯与国民党争夺权力。在袁世凯称帝野心日益彰显时又与之决裂，加入到护国运动之中。后任段祺瑞政府财政总长，1917 年段倒台后亦随之辞职，从此退出政坛。

晚年的梁启超四处游历，著书立说，在文化艺术上取得的成就远大于在政治方面的成就。他在文学、史学、哲学、佛学等领域有较深造诣，而且自身便是“史界革命”的发动者。

梁启超一生著述颇丰，逝世后，其著作由好友林志钧编次为《饮冰室合集》，分《文集》、《专集》两部分。所收著作按文体或内容进行分类，每类之中又按年代顺序排列。

《文集》十六册四十五卷，收入了政论、散文、学术著作、题跋、序、祭文、墓志铭等七百余篇，诗话一种，诗词三百余首。

所收政论之中，以下几篇是读者不应错过的，而且不精读便难以全面领会梁启超在不同时期的政治思想。

第一卷《变法通议》，作于戊戌变法之前。梁启超首先引经据典，结合中外历史列举了不变法的危害；而后又说明洋务运动不是真变法，所以失败了，要变法就要去陈用新，改弦更张；而后重点论述了“科举”、“学会”、“师范”、“女学”、“幼学”这五项教育改革措施，提倡译书；也考虑到如何在变法后安置守旧大臣，鼓励开报馆、废缠足等。不可谓不全面。

第四卷《各国变法异同论》中，介绍了“政体”“三权”的概念，并从国会与君主的权力、臣民的权利和义务、大臣之责任等方面比较了各立宪君主国宪法的异同，体现了其政治思想的变化。

第二十四卷《中国国会制度私议》，筹划了中国国会制的蓝图。他认为鉴于中国国情，两院制更为适合，随后对西方国家上院组织形式进行了比较。他认为中国上院代表不应为贵族和富族，而应设各省代表；皇族议员不可缺，但要限制其权力；同时上院还应设敕选议员和蒙藏议员。随后又论述了选举权和被选举权以及计算方法，对下院议员的人数、任期也有规定。最后在比较之中阐述了中国应采取的立法方式，这样在立宪问题上有了更详细的施政纲领。

所收学术著作是《文集》的又一闪光点。第七卷《论中国学术思想变迁之大势》，将中国学术思想史分为“胚胎时代”、“全盛时代”、“儒学统一时代”、“老学时代”、“佛学时代”几个时期，分别叙述了源流，并对其盛衰原因进行了归纳。第九卷《新史学》继《中国史叙论》提出不应以“一朝为一史”，将中国历史分为“上世”、“中世”、“近世”后，又猛烈地批判了旧史学“陈陈相因”，提出新史学是要“叙述人群进化之现象而求其公理公例”，是将进化论用于历史学研究的典范。

其余所收散文、序跋、诗词等则从生活的侧面为后人研究梁启超的思想提供了背景基础。

《专集》二十四册一百零四卷，是梁启超为政、治学思想的结晶。

第一卷《戊戌政变记》，正文共五篇。首先叙述了改革内容，一丝留恋之情蕴含在对种种变法举措的叙述中。第二篇则叙述了光绪帝的废立始末，更以太监寇连材的笔录证明了西太后对光绪帝的迫害，并确认西太后的行为“乃废立而非训政”。第三篇分析了政变之所以发生的“总原因”、“分原因”，并驳斥了认为变法“操之过蹙”的观点，把失败归因于民智未开。接下来两篇记述了政变经过和六君子殉难的事迹。在附录中又列出《光绪圣德记》，高度评价光绪帝“舍位忘身而变法”、“从善如流”、“特善外交”等明君风范。

第三卷《中国四十年来大事记》，实为李鸿章的专传。文章从“李鸿章的位置”说起，对作为“兵家”和“外交家”的李鸿章，乃至“洋务时代”、“中日战争时代”和“投闲时代”的李鸿章一一做了评述，最后还进行了“结论”。是研究李鸿章学者的必读书。

第四卷《新民说》，梁启超心中的急务由明确的“保皇上”转变为培养“新民”，并由此详细解释了其所谓的“新民主义”理论，进而对公德、进取、冒险、自由、自治、自尊、合群、生利、分利、义务、思想、尚武、政治能力等问题进行了专题论述。

第五到十三卷是梁启超所作的关于中外民族英雄的传记；第十四到二十一卷为国别史内容，特别是详细地记述了越南、朝鲜的亡国过程，并对其原因进行了分析。

第二十二卷和二十三卷均为游记。《新大陆游记节录》记述了从日本横滨赴加拿大、再由加拿大进入美国的航程，以及在纽约、华盛顿、费城、芝加哥、旧金山等地的见闻。与封建士大夫的游记不同，梁启超以史家的良心和国人的自尊在正文后附以《记华工禁约》一文，对旅美华人的人数、美国人排华的论据以及华人的抗争都做了详细记载。《欧游心影录节录》详细分析了“一战”前后的欧洲形势，在这一点上也高于普通游记的价值。不仅如此，梁启超还从一个学者的视角评价了巴黎和会、和约以及战后成立的国际联盟。他发现了西方社会也有许多弊病，于是高呼“中国人对于世界文明有大责任”。

第二十四卷到三十二卷为一些散论，三十三卷《盾鼻集》收录了一些公文、函牍、电报和论文。

第三十四卷《清代学术概论》和第七十五卷《中国近三百年学术史》是梁启超对明清学术史的论著。梁启超在序言中表明要“纯以超然客观之精神”来研究这三百年（1623—1923）间的学术思想的发展变化，包括晚清文学运动及其自身的功过。他的贡献在于对学术思想变迁总括的描画，作为一种思想资料，是有借鉴作用的；但对于许多具体问题的论述却要认真地加以分析，其中某些观点是错误、甚至反动的。

第三十五卷到四十卷、第五十卷，是有关先秦思想的著述。梁启超在《先秦政治思想史》中认为儒墨道法这四家显学的主张即是：礼治、人治、天治和法治四大主义。四者不仅有所继承和借鉴，也与西方的许多政治思想有着相通之处。认为它“有其不朽之位置”，体现了强烈的爱国情感。

第四十一卷到第四十九卷为中国古代民族、宗教的研究，五十一到六十八卷为佛学研究。其余各卷还有经学、史学、文学史、文献学理论著作，以及小说、戏剧注、年谱等内容。

《观堂集林》

王国维（1877—1927），字静安，又字伯隅，晚年自号观堂，浙江海宁人。在他年轻的时候曾经两次参加乡试，但是都以落第告终。1898 年，他来到上海，在《时务报》做校对工作，1901 年东渡日本留学，第二年便因生病回国治疗。病愈后，他到南通师范学堂任职， 1903—1906 年，他先后在南通师范学堂、江苏师范学院当教习。在这一段时间里，王国维开始研究词曲。1913 年以后，他又致力于中国古文字的研究。从此他一发不可收拾，在学术上多方面取得突出的成就。1925 年，他来到清华大学，担任清华研究院的教授。1927 年，他在颐和园昆明湖投湖自尽。王国维是清代末期著名的国学大师，博学通儒。他治学范围之广，功力之深，对学术界影响之大，为近代以来所仅见。他一生的著述非常丰富，身后遗著收为全集者就有《王忠悫公遗书》、《王静安先生遗书》、《王观堂先生全集》、《王国维遗书》等数种。以小册出现的书籍更是不可胜数。在王国维的作品中，最能体现他的学识广博的是他在辛酉年间（1921）出版的《观堂集林》。

1921 年，王国维在已经出版的几十种书中选取重要的篇章，同时又增加了新研究成果，分为《艺林》八卷、《史林》十四卷和《缀林》二卷，共二十四卷，总称为《观堂集林》。由于王国维的《观堂集林》渊博精识，并充分运用当时大量出土的古文字器物，古史新证，取得了巨大的成就，因此，罗振玉在《观堂集林》一书出版时曾经在前言中评价说："海内新旧学者咸推重君书无异辞。"（《国学丛刊序》，《王国维遗书》第一册，《观堂集林》前言，上海：上海古籍出版社，1983。）

王国维在学术界率先提出“学无中西、无新旧”的主张，从纯学术的角度和理性认知上开启了现代学术的枢纽，在学术史与思想史上都具有十分重要的意义。在王国维看来，古今、东西的学问不外乎三大类：科学、史学和文学。并且认为无论做什么学问，在达到一定的境界之后就无不相通，也就无所谓学科之间的差别了。在王国维的观点中，学问也无中西之分。只有彻底清除了中西学问之间的藩篱，才有可能完全打破对西方学术思想的隔膜和敌视，进而真正地了解并接受西方文化，将中西文化逐步融会贯通，从而真正地改造中国传统的学术思想体系。在当时的学术界，王国维在这一问题上的认识是相当先进的。正因为有这种认识，他广泛地吸取西方学术思想，借鉴西方的研究方法，在研究中做了许多开创性的尝试，得出了许多具有独创性的新见解。

王国维曾经总结清代学术的发展说：“我朝三百年间，学术三变：国初一变也，乾嘉一变也，道咸以降一变也。顺康之世，天造草昧，学者多胜国遗老，离丧乱之后，志在经世，故多为致用之学。求之经史，得其本原，一扫明代苟且破碎之习，而实学以兴。雍乾以后，纪纲既张，天下大定，士大夫得肆意稽古，不复视为经世之具，而经史小学专门之业兴焉。道咸以降，途辙稍变，言经者及今文，考史者兼辽金元，治地理者逮四裔，务为前人所不为，虽承乾嘉专门之学，然亦逆睹世变，有国初诸老经世之志。故国初之学大，乾嘉之学精，道咸以降之学新。”（《沈乙盦先生七十寿序》，见前揭《王国维遗书》第四册，《观堂集林》卷二十三，第25—26页。）

王国维师承清代汉学，因此他在做学问时所用的基本方法是乾嘉考据学，在古、今文学的学术分野中，属于古文学的范畴。他曾站在古文学派的立场上，批评道咸两朝以来的“新学”“颇不循国初及乾嘉诸老为学之成法”，认为“其所陈夫古者，不必尽如古人之真；而其所以切今者，亦未必适中当世之弊，其言可以情感而不能尽以理究”（同前）。

王国维不仅认为学术上无中西、古今、新旧的区别，而且还特别强调学术也无有用和无用的区别。因此，王国维的学术虽然源自乾嘉之学，但是并不局限于乾嘉之学，这不仅表现在他研究的领域相当广泛，远远超出乾嘉考据学，也不是完全表现在他研究问题时力图将史实的考证与对历史规律的探讨相结合等方面，更表现在他在探求真理和知识的同时所寄托的悲天悯人、务求有益于世道人心的情怀。在他中年以后研究古史这种学问的时候，他就一直有一个虽然没有明确揭示却经常显现的目标，那就是希望从中国古史的得失成败中借鉴，为中国的自强自立寻找一条可以遵循取法的道路来。虽然他最终也没能找出这一种道路，而且以自杀结束其不断探索的一生，但是他的这种理想抱负，决非埋首于故纸堆、不敢稍涉时事的乾嘉诸老所能比。因此，可以说，王国维在治学的过程中，实际上融会了清初顾亭林等人经世致用的思想传统以及乾嘉之学实事求是的学术传统，并将这两种传统进行了融合并发扬光大。

王国维在学术上取得了巨大的成就，在很多领域都有开创性的成就。他在研究戏曲时曾经以明确的戏曲观念对中国戏曲的起源、形成、发展的过程进行叙述，从而澄清了戏曲发展中的一些史实，提出了有关真戏剧、真戏曲的标准，对后来的戏曲史研究具有奠基意义。而《人间词话》一书则是他在接受了西洋美学思想的洗礼之后，以崭新的眼光对中国旧文学所作的评论，具有划时代的意义，向来极受学术界的重视。可以说，王国维是中国近代著名的国学大师。他的成就的取得与他的学术态度是息息相关。一个真正的学者，应当视学术为自己的生命，治学的目的就在治学的过程中。王国维就是这样的一个学者。

王国维是中国近代史上一位思想复杂的人物，他的政治思想是极端保守的，但其学术观念却非常先进。他率先破除了自来限制学术发展的古今、中西以及新旧的畛域，以一种开放的博大心胸容纳古今中外一切真知与思想方法，没有门户之见，没有“华夷之防”，凡对认识和理解真理有益的他都加以运用。他重视学术本身的价值，不遗余力地追求学术独立，为学术独立、思想自由这一现代学术理念在中国学术思想界的确立作出了不可忽视的努力。《观堂集林》是他所取得的所有成就中的精华，充分体现了他的学术思想。在王国维投湖自杀之后，他的文集多次被各大出版社出版发行。除了在总集中有《观堂集林》之外，中华书局还点校出版了《观堂集林》单行本，分四册出版，为我们学习和研究提供了方便。

《独秀文存》

《独秀文存》，陈独秀（1879—1942）著。陈独秀字仲甫，家谱名庆同，科举名乾生，辛亥革命后始用陈独秀名，安徽怀宁（今属安庆）人。他出生于官僚地主家庭，少年时在家接受儒学教育，1896年中秀才。1897年，陈独秀到南京参加乡试，亲眼目睹了甲午战争后政治的腐败，接受了正在兴起的维新变法思想。乡试落第后，他到杭州求是书院学习，参加了维新运动的宣传工作，被清政府追捕，逃回安庆。1901年10月，陈独秀赴日本留学，受资产阶级革命思想的影响，加入进步团体励志社。1902年回国后，先后创建“青年励志社”、“中国青年会”、“岳王会”等组织以及《国民日报》、《安徽俗语报》等刊物进行反清斗争。1915年9月，陈独秀创办《青年杂志》（从第二卷改名《新青年》），高举“民主”与“科学”两面大旗，吹响了新文化运动的号角，成为“五四运动的总司令”。俄国十月革命后，陈独秀逐渐由激进民主主义者向马克思主义者转变，对中国共产党的建立做出了巨大贡献，组建了中共上海小组，在1921年7月的中共一大上，他被选为中央局书记。在第一次国内革命战争中，陈独秀犯了右倾投降主义错误，导致革命的失败。后接受托派观点，在党内成立小组织，进行反党活动。1929年11月，他被开除党籍。1932年被国民党政府逮捕，1937年8月出狱。抗日战争爆发后，他主张抗日。1942年5月，陈独秀病逝于四川。

《独秀文存》共三卷。第一卷是“论文”，收录陈独秀在《新青年》、《每周评论》等刊物上公开发表的论文；第二卷是“随感录”，表明了陈独秀对一些时事问题的看法，长的有百余字，短的只有几十字；第三卷是“通信”，主要是陈独秀就新文化运动中的一些重要问题同友人、学者进行的探讨以及辩论。这些文章最初主要发表于《新青年》、《每周评论》等刊物上，后来于1922年由上海亚东图书馆汇编成书出版。1987年，安徽人民出版社又将这本书再版。

毛泽东在1917年这样评价陈独秀：“其人者魄力雄大，诚非今日俗学所可比拟。”《独秀文存》的内容正是对这句话的印证。该书反映了陈独秀在新文化运动时期的思想观点，表达了陈独秀对社会问题的独特看法，体现了新文化运动的“新”字。正如陈独秀在自序中所说，该书的价值是书中所收入的文章，都真实地表达了他对社会问题的看法，突破传统，没有沿袭他人的说法。该书的主要内容，也就是陈独秀在新文化运动时期的主要思想，有以下几个方面：

1.主张民主，反对专制。

在《独秀文存》的开篇《敬告青年》中，陈独秀提出了政治民主、信仰民主、经济民主、社会民主、伦理民主的主张。他之所以要提出民主的主张，目的正如他在《吾人之最后觉悟》中所说，是为了挽救国家的危亡。为了实现民主的主张，他在《抵抗力》、《法兰西人与近世文明》、《今日之教育方针》、《宪法与孔教》、《袁世凯复活》等文章中对实现民主的方法做了论述，那就是学习西方资产阶级民主，加强法制，提高国民觉悟，实行立宪政治。

同时，陈独秀还在《今日之教育方针》、《抵抗力》等文中对封建专制制度进行了深刻批判，认为它太过专制，生杀大权全在统治者手中，人民毫无自由，应该废除。

2.主张科学，反对封建迷信。

在《敬告青年》一文中，陈独秀还提出科学的主张，认为民主与科学并重。在《有鬼论质疑》等文章中，他号召青年破除迷信和盲从，鼓励他们学习科学知识，用科学的态度对待客观事物和各种社会问题。在《偶像破坏论》中，陈独秀把矛头指向孔子、玉皇大帝、耶稣基督等神圣偶像，教育青年要破除偶像崇拜，反映了陈独秀敢于破除一切过时权威的革命精神。

3.主张自由、平等，反对封建伦理道德。

陈独秀从资产阶级的天赋人权论和人性论出发，号召青年自觉起来打碎封建伦理道德。在《一九一六年》一文中，他对封建伦理纲常进行了猛烈批判，认为它们是“奴隶道德”。在《东西民族根本思想之差异》中他还认为维护封建伦理纲常的宗法制有四大罪恶。陈独秀把批判的矛头最终指向孔教，这方面的论述见《驳康有为致总统总理书》、《宪法与孔教》、《孔子之道与现代生活》、《答刘竟夫》、《答吴又陵》等文章。最后，陈独秀在《吾人之最后觉悟》、《宪法与孔教》等文中，提出了他所要建立的新道德是西方式的、自由、平等、独立的道德。

4.发动新文学革命，提倡白话文。

在《答张护兰》的信中，提出了新文学革命的主张。1917年，陈独秀的《文学革命论》下达了向封建文学进攻的号令。他在《答曾毅画》、《再答胡适之》、《三答钱玄同》等文中对封建旧文学进行了批判，提倡白话文。

5.维护公理，热爱祖国。

新文化运动恰逢第一次世界大战，陈独秀对国际动态也很关注。在《俄罗斯革命与我国民之觉悟》中，他认为参战的英、法等国是正义的，主张中国参战。一战后，陈独秀又在《〈每周评论〉发刊词》、《战后东洋民族之觉悟及要求》等文中流露出对巴黎和会的幻想。但幻想马上破灭了，面对中国即将被分割的危险，陈独秀在《为山东问题敬告各方面》、《山东问题与国民觉悟》、《我们究竟应当不应当爱国》等一系列文章中发出了维护国权的呼声。

另外，《独秀文存》也反映了陈独秀革命思想的不彻底性和妥协性，以及他的唯心主义的历史观，如《今日中国之政治问题》、《实行民治的基础》、《抵抗力》等文章。

总之，《独秀文存》记载了陈独秀在新文化运动中的主要活动与反封建的民主思想，是研究这一时期陈独秀的必备资料。又由于陈独秀是新文化运动的主将与领导者，所以要研究新文化运动，也不得不参考《独秀文存》。因此从另一角度来说，《独秀文存》也是一部新文化运动史料的汇编。

《唐人小说》

《唐人小说》是一部收录唐代传述奇闻逸事的文言短篇小说（即唐传奇）的选集。今人汪国垣校录。汪辟疆（1887--1966），名国垣，字辟疆。江西彭泽人，南京大学中文系教授，文献学家。除编校本书外，还著有《光宣诗坛点将录》和《目录学研究》等著作。

在该书《序》中简明扼要地说明了他对唐人小说的看法：（1）他认为小说可以和唐诗相提并论，评价很高，他说："唐代文学，诗歌小说，并推奇作。"（2）考察了它的来源，说它和贡举考试的行卷有密切关系。（3）把唐传奇按主题分为四类，道教类、佛教类、爱情类和侠义类："于是道箓三清之境（指写道教游仙一类作品），佛氏轮回之思；负才则自放于丽情，摧强则酣讴于侠义。"

《唐人小说》分上下两卷。本书的编选内容和先后顺序编者在《序》的最后作了交代："上卷次单篇，下卷存专著。篇章先后，则以作者时代次之。"计上卷收录单篇唐传奇共三十篇，下卷从《玄怪录》、《续玄怪录》、《纪闻》、《集异记》、《甘泽谣》、《传奇》和《三水小牍》等七部传奇集中选录了作品三十八篇，全书共收传奇小说六十八篇，多于鲁迅的《唐宋传奇集》选目。《唐人小说》是一部收罗较为完备的唐传奇选本，所选作品多为唐传奇中的名篇佳作。此书与鲁迅的《唐宋传奇集》唐传奇部分的选目既有重合又有差异，特别是从几部传奇专集中选出的作品，除《步飞烟》外，多为《唐宋传奇集》所无，所以，两书可以互补参照。

编者径称唐传奇为小说，不将小说与历史同等看待，可见其学术眼光。譬如，在下卷专著类录《玄怪录》的怪诞无稽之作《元无有》，按语说：“惟唐人小说，类此尚多。假笔墨以寄才思，流风所播，极于明清。则又不可不肄及之也。”又在引用明朝胡应麟的说法后，言：“惟小说既属设辞，不能责以实录之体。即有一二依托史实，如《虬髯》、《上清》之类。已属无稽；况稽神语怪，本无足置论者乎。”文体意识颇强。上卷《虬髯客传》的按语说得更明确，编者在考证了虬髯者本为唐太宗后，说：“文人狡狯，或以太宗救解卫公（李靖）之故，卒赖其襄助之烈，成不世之勋。以颠倒眩惑之辞，效述异传奇之体，正小说家一时兴到之戏语，不必根于事实也。说部流传，史实转晦。太原三侠，千古艳称。必求史实以实之，亦近凿矣。”小说家与历史学家本就不同，故不必强相牵合。这些论断可以加深我们对唐传奇小说文体的认识。

本书具有以下几大特点：

1. 本书选录来源较广。采用了《太平广记》、《文苑英华》、《太平御览》等多种书籍进行了细致的校勘订正，《序例》中说：“唐人小说，宋初修《太平广记》，大部分已收入。本编取材，即以许（明朝许自昌）刻《广记》为主。其所不备，或间有脱误者，则用《道臧》、《文苑英华》、《太平御览》、《资治通鉴考异》、《太平寰宇记》、明钞原本《说郛》、《顾氏文房小说》、《全唐文》及涵芬楼影印之旧本唐人专集小说校补。”

2. 考辨精深。各篇之后附有按语，有较高的学术价值，除了介绍作者的简历外，编者还做到了：（1）考辨源流，为文学研究提供有价值的线索。尽可能讲清故事的源流等等，有助于了解故事产生演变的过程。又因为唐传奇影响及于元明清，后世多据唐人传奇改编、创作杂剧、传奇，所以，汪国垣又在有关篇章之后开列杂剧、传奇的剧名和作者，正如他本人在《序例》中所说：“俾治唐稗（即唐传奇，古来习说为相对于正史的稗官野史）者，得由此而进治元明剧曲；而治元明杂剧大曲者，亦可由此而追溯本事。”在《离魂记》后，不仅记有：“此即元人郑底辉《倩女离魂》剧本之本事也。其事至怪而乏理解，但古今艳称，诗歌引用，遂成典实。其实类此者，尚有数事，惟此独传耳。”解答了理解上的困惑，而且追本溯源，据《太平广记》详细摘录了《幽明记》中《庞阿》一条、《灵怪录》中《郑生》一条和《独异记》中《韦隐》一则的原文。这样的附录能发挥很大的作用，既为读者提供进一步研究的线索，也为阅读参考带来了莫大的方便。（2）传述附录的理由，或解决理解上的困难。譬如，在录了陈鸿的《长恨歌传》后，又加了按语，考证与其他书中所载的异同，并附录了《丽情集》，说：“至《文苑英华》所附之《丽情集》一篇，既已传自宋初，仍迻录于此，俾肄及此传者，得省览焉。”又在该篇后，加按语说：“又按杨妃事，为唐人艳称。大历以后，其见于歌咏丛谈者尤备。宋抚州乐史子正尝采《明皇杂录》，《开天传信记》，《安禄山事迹》，《酉阳杂俎》，及陈鸿《长恨歌传》，排比润饰，成《杨太真外传》二卷，首尾备具，斐然可观。诵陈传者，不可不连类肄及也。”指出了其材料来源。在考证了乐史应为宋人后，说明了附录它的原因：“今以《外传》虽出于宋人，而文特凄艳；且读此一文，其他唐末侈谈太真逸事者，皆可废也。”（3）推究一些文学史现象的原因。如在元稹的《莺莺传》后加按语，叙述了它对元明杂剧和传奇的巨大影响，现在看来大多可以成为定论。之后，编者又推究了其原因：“唐人小说，影响于元明大曲杂剧者颇多，而此传流传最广。究其原因：一则以传出微之（元稹），文虽不高，而辞旨顽艳，颇切人情；一则社会心理，趋尚在此，观于赵令畤称‘今世士大夫，无不举此为美话。’宋世已然，于今为烈，其流播之故可知矣。”

3. 选录的多为名作，唐传奇发展的中期所产生的许多著名传奇小说，几乎都为本书收录，如李朝威的《柳毅传》、白行简的《李娃传》、蒋防的《霍小玉传》、元稹的《莺莺传》、沈既济的《枕中记》等。

阅读《唐人小说》可以与鲁迅的《唐宋传奇集》对照，鲁书收录了唐传奇三十二篇，分为五卷。书前有《序例》和书后附录的《稗边小缀》，都有考证之功。另外，也可阅读张友鹤选注的《唐宋传奇选》，书中有详细注释，人民文学出版社 1959 年版。

《唐人小说》在 1929 年印行之后，1955 年 12 月，又经汪国垣重新校订，由古典文学出版社重印出版，1959 年又由原中华书局上海编辑所修订重版，1978 年上海古籍出版社根据 1963 年的第三版重印，以汪辟疆署名。

《李大钊文集》

李大钊（1889—1927），直隶乐亭（今属河北）人。原名耆年，字守常，号龟年；后改名李大钊，笔名孤松、猎夫。李大钊幼年时期就父母双亡，由祖父母将其抚养成人。早年读过私塾，1905 年考入永平府中学。1907 年夏考入天津北平法政专门学校，1913 年毕业。后受进步党领袖汤化龙的资助留学日本，在早稻田大学学习政治，1916 年回国。1918 年出任北京大学图书馆主任，兼经济学教授，并应陈独秀的邀请参加《新青年》的编辑工作，同年 6 月又和王光析等人发起少年中国学会，并担任《少年中国》的编辑主任，不久又担任了《国民》等杂志的顾问。

李大钊是我国最早接受和宣传马克思主义的人，也是我国共产主义事业的先驱。在北大期间，李大钊扩充了大量外文版的马克思主义书籍和进步刊物，并向青年人推荐介绍马克思主义书籍。在他的影响下，毛泽东、邓中夏、高君宇等人先后走上革命道路。毛泽东后来回忆说："我在李大钊手下，在国立北京大学当图书馆助理员的时候，就迅速的朝着马克思主义的方向发展。"

李大钊是我党的主要创始人之一。1920 年 3 月，发起和组织了北京的马克思学说研究会和共产主义小组。1921 年 7 月，中国共产党成立后，负责中共北京地方执行委员会工作，兼任中国劳动组合书记部北方区分部主任，先后发动了开滦大罢工、京汉铁路工人大罢工等著名斗争。并受党的委托，参加了国共合作的谈判工作，为国民革命统一战线的建立作出了重大贡献。孙中山逝世后，李大钊坚持广泛的统一战线工作，在北方发起了轰轰烈烈的反对北洋军阀的斗争，又向南方输送了大批的干部，并注重扩大革命运动在农村和军队中的影响。

1926年三一八惨案发生后，李大钊不畏日益严重的白色恐怖，继续领导共产党和国民党的北方组织坚持斗争。次年4月，奉系军阀张作霖在帝国主义的支持下逮捕了李大钊等八十余人，并处以李大钊等二十位革命者绞刑。李大钊临刑时毫无畏惧，率先登上绞刑架英勇就义，享年尚不满三十岁。

《李大钊文集》二卷，上卷收录了李大钊1912年至1919年5月的著作共一百八十四篇；下册收集了李大钊1919年5月至1927年的著作，包括文章一百零三篇，诗歌二十四篇、书信二十七篇，全书约四十六万余字，1984年人民出版社出版。全书以文章写作或发表的时间为序，从这些不同阶段的文章中，我们不难看出李大钊由新民主主义者到马克思主义者的人生轨迹。

《隐忧篇》是李大钊由一个爱国学生转变为忧国忧民的青年志士的标志。在《隐忧篇》中，李大钊不仅看到了“边患”、“兵忧”、“财团”、“食艰”、“才难”这几点“隐忧”，还提出了只要避免“党私”、“省私”和“贼氛”便去了隐忧。《大哀篇》则抨击了当时的“共和”有名无实，认为“骄横豪暴之流，仍拾先烈之雪零肉屑，涂饰其面”，由此一来，革命以前“民之政”，“民权”不是“吾民自得之权”。“幸福”不是“吾民安享之幸福”，为当时人民的痛苦境遇感到“大哀”。

《论民权之旁落》、《论官僚主义》，《一院制与二院制》、《欧洲各国选举制考》、《各国议员俸给考》、《省制与宪法》、《一会之言论》、《立宪国民之修养》等文章，是李大钊在新民主主义下对中国、外国政治的研究所得，可以看出，宪政改革是这一时期李大钊的政治思想。

从《俄国革命之远因和近因》起，李大钊日益关注俄国革命。从1917年3月19日到29日十天之中先后写下了《俄国革命之远因和近因》、《面色与和平运动》、《俄国共和政府之成立及其纲领》和 《俄国大革命之影响》四篇文章，认为俄国共和政府的纲领是由"俄国国民牺牲之血所染成者"，愿意为之"大书特书"；并确认"专制不可复活"、"民权不可复抑"、"共和不可复毁"、"帝政不可复兴"，更坚定了他共和必胜的信念。

与此同时，李大钊也是新文化运动的倡导者和参与者，写下了《孔子与宪法》、《自然的伦理观与孔子》等文章，冲击封建文化思想。

俄国十月革命胜利后，李大钊写下了激情洋溢的《庶民的胜利》、《布尔什维主义的胜利》两篇文章，初步运用马克思主义的观点和阶级分析方法，观察和分析了世界革命和中国革命的问题，提出了一些符合马克思主义观点的崭新结论，特别是在对帝国主义的认识和对十月革命的态度这两个关于中国革命的主要对象和方向道路的重要问题上，已经基本上是马克思主义了。这是李大钊开始由革命民主主义者向共产主义者转变的标志。

针对当时社会上出现的"无血革命"、"三益主义"的声浪，李大钊又写下了《战后之世界潮流（有血的社会革命和无血的社会革命）》，认为"俄式社会民主主义的胜利……将来必至弥漫于世界"，"无血革命"、"三益主义"都是对着这世界潮流的未雨绸缪，表明了他对暴力革命充满了信心。

在李大钊的马克思主义思想成熟的过程中，1919 年 5 月与 11 月所写的《我的马克思主义观》一文无疑最具有代表性。在这篇文章中，李大钊结合中国社会实际和自己的思考系统阐述了马克思主义的唯物史观、经济理论和关于阶级斗争的理论，不仅比较全面地介绍了马克思主义，重要的是，他把马克思主义作为中国革命的指导思想。并提出要把马克思主义从少数知识分子中解放出来，广泛传播到工农群众中去，并在中国社会扎根，从而提出了知识分子必须与工农相结合的思想，提出了马克思注意必须同革命实际相结合的原则。号召马克思主义者，要把马克思主义与中国具体实际相结合，作为自己的首要任务，并根据这一任务和原则，具体研究了中国革命问题，探索了民主主义革命的新道路，把彻底的反帝反封建当作当前革命的中心任务。这篇文章与李大钊在这一时期发表的其他文章相配合，如《再论问题与主义》等等，对宣传马克思主义在理论上做出了巨大贡献。

在1920年，李大钊运用马克思主义经济学原理分析了近代中国思想的变动，写下了《由经济上解释中国近代思想变动的原因》；1922年和1923年，李大钊又连续写了《马克思主义经济学说》一文，反映了他在斗争的实践中思想逐渐成熟和完善的痕迹。

在文集中，还有一些短文，虽笔墨不多，却充满了哲理。如典型的有《最危险的东西》、《掠夺物品的痕迹》、《人治与自治》等，反映出李大钊同志对于道德、人生、社会、政治等方方面面的深邃的调查和清晰的思考，让我们通过对这些类似日记形式的短文的阅读，体验一位伟大人物的忧民、忧国、爱民、爱国的内心世界，从而对他产生崇高的敬意。

《李大钊文集》所收录的这些文章记录了李大钊作为爱国人士、革命民主主义者，为了挽救祖国于危亡而不断追求真理的思想；记录了他由革命民主主义者到马克思主义者的转变；记录了他作为中国共产党的创立和促进中国革命运动所作出的伟大贡献；记录了他作为中国共产主义运动的先驱者的光辉一生。它是宝贵的精神遗产，是研究中国近代史、中国近代思想史和中共早期历史的重要文献。

《胡适文存》

胡适著，共有三集，十七卷。胡适（1891—1962），字适之，安徽绩溪人。在胡适幼年时，其父胡传就去世了。他的母亲冯顺弟为了胡适的将来，对他管教非常严格。虽然冯顺弟没有读过书，但却千方百计地履行胡传的遗嘱，送胡适读书，关心胡适的学业，实在是一位注重智力投资的开明的母亲。后来胡适留学美国，为实用主义哲学家杜威的学生。回国后在北京大学任教，提倡文学改革，后来发表文章，反对马克思主义。曾经担任国民党驻美国大使，胡适的一生从新文化的战士，到蒋介石政权的“过河卒子”，经历了一个逐渐变化发展的复杂过程。他的复杂思想和经历是旧中国半封建半殖民地社会的政治、经济、文化发展过程中各种因素的产物。

《胡适文存》第一集 1911 年出版，共四册，包括论文学改革一卷，讲学性质的论文二卷，杂文一卷；第二集 1924 年出版，共一册四卷，主要是作者 1921 年到 1924 年所写的文章，包括讲学论文二卷，政治论文一卷，杂文一卷；第三集 1930 年出版，共四册，九卷，包括评论时政的文章一卷，整理国故的文章三卷，考证旧小说的文章二卷，读书杂记一卷，关于中国文学的序跋一卷，杂文一卷。《胡适文存》集中了作者一生中最主要的著述，总共一百多万字，反映了作者的学术观点、学术研究方法以及对时政的一些看法，是研究胡适思想的重要资料。上海亚东图书馆印行。

1. 打倒孔家店。五四前期，易白沙在《新青年》上发表了《孔子平议》，批判孔子是“独夫民贼作百世傀儡”，胡适置身新文化运动的洪流中，受《新青年》同人的反孔斗争的激励，也以“打倒孔家店”的姿态出现在新文化运动的行列中。所谓“打倒孔家店”，是因为胡适喜爱读《水浒传》，并有《水浒传考证》等，对“宋公明三打祝家庄”、“时迁火烧祝家店”等烂熟于心，于是造出了“打倒孔家店”妙语，但也恰好体现了五四时代思想解放运动的精神。胡适攻击孔教，矛头直指以孔孟之道为核心的旧伦理道德，批判封建主义的“节烈”和“孝道”观念。但是，“三纲五常”等封建伦理道德紧紧束缚人们的思想，1918 年 7 月胡适发表了《贞操问题》一文，披露当时报纸上的两起怪事，即北洋军阀颁布《褒扬条例》，规定表彰“节烈”条款。胡适严厉斥责道：“这些议论简直是全无心肝的贞操论”，“都是野蛮残忍的法律，这种法律，在今日没有存在的地位。”他认为“今日若要作具体的贞操论，第一步就要反对这种伤天害理的列女论”。胡适对“节烈”的攻击算是抓住了本质，击中了要害。另外他还写有《美国的妇人》、《论贞操问题》、《论女子为强暴所污》等文，批判“饿死事极小，失节事极大”的理学谬论及“良妻贤母”主义，宣传男女平等和妇女解放，在当时很有影响。

2. 文学革命论。《文学改良刍议》发表于 1917 年 1 月，是胡适鼓吹文学革命、提倡白话文学的第一篇正式宣言。其中主张“言之有物”；又朦胧地反对封建主义“文以载道”说；他鼓吹进化论，目的是为了解释文学发展变迁的规律；肯定通俗行远的白话小说，提出“白话文学为中国文学之正宗”的观念；反对模仿古人，提倡“实写今日社会之状况”等，大大充实了文学革命的内容。但这篇文章同样反映了胡适的态度相当软弱，他是经过再三考虑，最后将“文学革命”改为了“文学改良”。

然而《文学改良刍议》毕竟是公认的文学革命的“一个发难的信号”，在当时中国文坛和思想界引起巨大反响。各界有代表性的人物认为文学革命是胡适先生所倡导的，胡适是“首举义旗的急先锋”。1918 年，胡适的长篇论文《建设的文学革命论》，又注意到具体的文学建设上来。他认识到新文学对旧文学的斗争，只能用“取而代之”规律，因而提出建设的标准：一是“活文学”代替“死文学”，即提倡白话文学；二是用“真文学”取代“假文学”，即提倡写实主义文学。在《文学进化观念和戏剧改良》中，他曾经着重从写实主义的角度来鼓吹“悲剧的观念”，抨击旧文学中那种粉饰现实的“说谎文学”，尤其反对旧戏曲旧小说中的“团圆迷信”。胡适的“活文学”、“真文学”和“人的文学”——即内容以人道主义为本，这三个口号基本上概括了五四文学的新思潮，开创了一个文学现代化的新时代。

3.整理国故和考证小说。《胡适文存》卷四之《新思潮的意义》中把“整理国故”作为一个口号提了出来。他的口号有：研究问题、输入学理、整理国故、再造文明。他的“整理国故”与封建守旧派的“保存国粹”有根本的不同。胡适认为国故有“国粹”和“国渣”之别，他提出有评判地对待，借用德国哲学家尼采的话说“重新估定一切价值”，即用科学的方法和精神去研究和整理。胡适还主张“打破闭关孤立的态度，存比较研究的虚心”，向西方学习科学方法。不仅当时难能可贵，在今天看来也不失参考价值。此后，整理国故几乎形成一种运动，中国传统小说和古史研究取得显著的成就，开创了以近代科学方法研究国故学的新局面。

胡适的古史考证及“疑古精神”，从《井田辨》就可见一斑。《孟子·滕文公上》关于井田制的说法，历来读书人将此烂熟于心，到了胡适就提出了怀疑，指出“战国以前从来没有人提及古代的井田制”，这种疑古的精神，是五四思想解放的一种表现，对于反对封建主义传统观念有积极作用，有利于打破人们对古书、古史的迷信和盲从。

胡适还用历史演进法考证小说，成就体现于《水浒传考证》，后来用同样方法考证了《三国演义》、《西游记》、《三侠五义》等小说。胡适考证小说以《红楼梦》用力最多，成就突出，影响最大。他由于考证《红楼梦》而形成了一个“新红学”派，新红学运用实际材料，以“作者自叙传”的新观点，和“整理过的《红楼梦》亚东新版本”，对旧红学发动了全面攻击，从此取代旧红学的地位，左右红学研究达三十余年，影响至深。